DAS URANUS-FIASKO

Hard Science Fiction

BRANDON Q. MORRIS

ISBN: 978-3-96357-312-5

Lizenzausgabe des Belle Époque Verlags, Dettenhausen, mit freundlicher Genehmigung des Autors.

Brandon Q. Morris

Sieglgut 51, 94034 Passau

hardsf.de, brandon@hardsf.de

Lektorat: Dr. Ulrike Bunge

Korrektorat: Alexandra Gentara

Covergestaltung: Jelena Gajic

Druck: Custom Printing, Warszawa, Polen

BE

Belle Époque Verlag

Inhalt

Das Uranus-Fiasko

13. Mai 2119, Galena, Illinois

»Dad, hast du kurz Zeit?«

Nick lässt die Krawatte los, die er gerade vor dem Spiegel binden wollte, und dreht sich zur Seite. Die Tür seines Arbeitszimmers hat sich einen Spalt weit geöffnet. Dahinter sieht er das Gesicht seiner Tochter.

»Was gibt es denn? Ich komme gleich raus. Muss bloß noch die Krawatte bändigen.«

Wenigstens zu seinem 70. Geburtstag will er das unangenehme Tuch mal um seinen Hals binden. Es ist die Krawatte, die Rosie ihm zu seinem 65. geschenkt hat. Hat er sie überhaupt schon einmal getragen?

»Es ist Wiley«, erklärt Maria. »Er will dich gern unter vier Augen sprechen.«

Wiley von der Bank. Wer hat den denn eingeladen? Aber der Mann trägt nicht bloß einen altertümlichen Hut, der seine Glatze versteckt, sondern zumindest hinter dem Bankschalter auch eine stets perfekt sitzende Krawatte. Also muss er sie auch binden können. Das ist gut, denn dann braucht Nick nicht Rosie zu fragen, was die Überraschung verderben würde.

»Kommen Sie rein, Wiley!«, ruft Nick.

»Danke, Dad«, sagt seine Tochter. »Denkst du dran, dass

du in zehn Minuten deine Rede halten wolltest? Die Gäste sitzen schon fast alle an den Tischen.«

Oh nein, die Rede! Nick versucht schon seit heute Morgen, sie zu verdrängen. Er hasst es, vor so vielen Leuten zu sprechen. Aber zu seinem 70. müsse er sich überwinden, meinte Rosie. Er tastet in die Innentasche seines Jacketts und holt die kleine Dose mit der Vortragslinse heraus. Er schraubt den Deckel ab. Die Linse schwimmt in einer öligen Flüssigkeit.

»Hallo, Herr Abrahams!«

Im Spiegel nimmt der Bankberater seinen Hut ab und verbeugt sich.

»Einen Moment, Herr Wiley.«

Nick fischt die Linse mit der rechten Hand aus ihrem Bad, legt die Dose ab, hebt das Kinn, zieht mit dem linken Zeigefinger das Lid des linken Auges nach oben und platziert die Linse darin. Dann schließt und öffnet er mehrmals die Augen. Schon spürt er sie nicht mehr als Fremdkörper. Sein Smartphone meldet bereits, dass es einen neuen Bildschirm gefunden hat.

»Verbinden«, sagt Nick.

»Ähm, wie bitte?«, fragt Wiley. »Kann ich Ihnen helfen?«

»Ja, tatsächlich. Ich wollte Sie bitten, mir beim Binden der Krawatte zu helfen.«

»Gerne«, antwortet Wiley.

Nick dreht sich zu ihm um.

»Darf ich?«, fragt Wiley, wartet aber nicht auf Erlaubnis, sondern verschlingt die Enden der Krawatte gleich zu einem Knoten.

Aus Wileys Mund, den er leicht geöffnet hat, kommt ein süßlicher Duft. Das muss ein Mundwasser sein. Vermutlich glaubt er, unter Mundgeruch zu leiden, dabei riecht die Therapie dagegen auch nicht besser.

»So, sehen Sie mal«, sagt Wiley und dreht Nick zum Spiegel.

Der Knoten sitzt perfekt.

»Sehr schön! Vielen herzlichen Dank! Das wird Rosie aber freuen«, sagt Nick.

»Keine Ursache«, sagt Wiley.

»Sind Sie bereit für meine große Rede?«, fragt Nick.

»Ich wollte Sie noch kurz etwas fragen. Auf ein Wort.«

Nick sieht auf die Uhr. Noch sieben Minuten. Für den Krawattenknoten ist er Wiley etwas schuldig.

»Also gut«, sagt er. »Worum geht es?«

»Nun, Sie ahnen es schon, es geht um Ihre Vermögensverhältnisse«, sagt Wiley.

»Was ist? Stimmt etwas nicht? Bin ich mal wieder pleite?«

Nick lacht künstlich. Damals, 2091, hat Wiley ihm genau diese Nachricht überbracht. Aber seit seiner Rückkehr von Pluto läuft das Weingut. Na ja, genau genommen seit Georgios, der Liebhaber seiner Frau, das Management übernommen hat. Die Millionen, die ihm RB für die lange Reise gezahlt hat, sind aber auch ein angenehmes Polster.

»Nein, davon sind Sie weit entfernt, Herr Abrahams.«

»Puh, dann ist es ja gut und ich kann meinen Geburtstag feiern.«

»Es ist der siebzigste, oder«, sagt Wiley. »Ich will Ihnen nicht zu nahe treten, aber 70, das ist nicht mehr 50. Die Vermögensverhältnisse sind in Ihrem Fall sehr kompliziert. Ihre Frau mit Tochter auf der einen Seite, dann ihre Freundin samt Sohn auf der anderen, dazu Herr Mitsotakis als Geschäftsführer, dem Ihre Frau ein Viertel ihrer Anteile überschrieben hat, plus seine drei Kinder aus erster Ehe … Sie sollten das wirklich regeln.«

»Aber ich falle doch nicht heute tot um, Herr Wiley! Keine Sorge, das kläre ich schon rechtzeitig.«

»Das sagen Sie mir nun schon seit Ihrem 60. Geburtstag.«

»Und, bin ich in der Zwischenzeit gestorben?«

»Na ja, bei dem Unfall mit dem Getränkelaster … Das war knapp.«

Scheiße, ja, das war knapp und hat ihn seine rechte Hüfte gekostet. Seither ist er deutlich steifer als früher, und zwar bei allem, wozu man die Hüfte so braucht.

»Auf der Straße vor unserer Ausfahrt gibt es jetzt eine Geschwindigkeitsbeschränkung«, sagt Nick.

»Es kann immer etwas passieren. Wenn es um Geld geht, hört die Freundschaft unter den Nachkommen auf. Ich habe das schon oft genug erlebt. Am Ende geht Ihr schönes Weingut noch an irgendeinen Investor, der sich nie hier blicken lässt.«

»Das wäre natürlich schade, aber jetzt kommen Sie! Ich muss meine Rede halten.«

Wiley sträubt sich. Nick zieht ihn hinter sich her.

»Ich verspreche Ihnen, dass ich mich morgen darum kümmern werde. Aber heute wird gefeiert.«

»Ehem, ehem.«

Nick wischt sich den Schweiß von der Stirn. Dabei ist es für Mai eher kühl. Das Zelt ist an drei Seiten geschlossen, damit der Wind nicht so hindurchpfeift. Die Gäste sitzen auf Bierbänken an weiß gedeckten Biertischen. Im Moment wenden sich alle Köpfe ihm zu, denn er soll die lang erwartete Rede halten. Es ist schon fünf Minuten nach drei Uhr.

Er tippt auf seinem Smartphone. Wo ist denn die vorbereitete Rede nur? Da, das muss die Datei sein. Er startet sie. Plötzlich erscheint vor seinem linken Auge die Projektion eines Textes. Die Buchstaben sind nur etwas zu klein, um ihn lesen zu können.

»Größer«, sagt Nick.

In der vordersten Reihe erkennt er fragende Gesichter. Aber die Linse reagiert. Die Textgröße wächst. Sie schwebt wie ein Feld aus in die Erde gepflanzten Buchstaben über den Zuhörern.

»Meine Lieben!«, beginnt er. »Ich freue mich sehr, dass ihr so zahlreich zu meinem Geburtstag erschienen seid.«

Das ist gelogen. Rosie hatte eine Liste mit zweihundert Namen zusammengestellt, und er hatte sie um die Hälfte gekürzt.

»Besonders begrüßen möchte ich natürlich, ich nenne es meine Kernfamilie: Rosie, Raissa, Maria und Georgios.«

Er vermeidet es, die Beziehungen dieser Personen untereinander aufzuzählen. Es geht letztlich niemanden etwas an, und manche Geschäftspartner hatten etwas verwundert reagiert. Das will Nick heute vermeiden.

»Leider kann unser Sohn Nikolai heute nicht dabei sein«, liest er weiter. »Wir senden ihm von hier aus unsere besten Wünsche.«

Nikolai trainiert bei der russischen Raumfahrtagentur, nachdem ihn die NASA wegen seiner Nationalität abgewiesen hatte. Nick hatte immer versucht, ihm den Beruf des Raumpiloten auszureden, aber jedes Wort, das er dagegen gesagt hatte, hatte Nikolais Willen bloß gefestigt. Merkwürdig ist allerdings, dass er ihm keine Geburtstagsgrüße geschickt hat. In Russland ist dieser Tag ja bereits vorüber. Aber vielleicht hat er seinen alten Herrn einfach vergessen. Mit 26 hat man anderes zu tun, als an seine alten Eltern zu denken.

»Einige von Ihnen wissen es schon, aber die meisten bestimmt noch nicht: Dass wir hierhergezogen sind, beruhte auf einer Schnapsidee. Meiner Schnapsidee. ›Typisch Nick‹, würde Rosie sicher sagen, ließe ich sie jetzt zu Wort kommen. Ich wollte damals unbedingt ein Weingut kaufen, und um mir das leisten zu können, habe ich mich auf eine Anzeige des RB-Konzerns beworben. Ich habe den Auftrag …«

Jetzt müsste der Text weiterscrollen. Aber nichts passiert. Mist. Nick tippt auf seinem Smartphone herum. »Verbindung instabil«, steht auf dem Schirm. Nun springt der Text auch noch hin und her. Nick greift sich ins Auge, drückt die Linse heraus und wirft sie einfach hinter sich. Sie verursacht ein feines Klimpern, als sie auf den Lattenboden fällt. Was wollte er eigentlich sagen?

»Ach, egal«, sagt er. »Ich hasse es, Reden zu halten. Nun wisst ihr es. Wenn ihr mich was fragen wollt, kommt doch gern zu uns an den Tisch. Ach ja, für das Catering danke ich dem Restaurant Vanucci's. Wie immer tolle Arbeit!«

14. Mai 2119, Galena, Illinois

Nick öffnet die Augen. An der Decke sitzt eine Motte. Ein verirrter Partygast anscheinend, denn es ist längst hell. Er nickt der Motte zu, aber sie reagiert nicht. Also dreht er sich nach links. Dort liegt Rosie auf der rechten Seite, von ihm abgewandt. Sie ist nackt. Nur über dem rechten Oberschenkel liegt ein Stück Decke. Er betrachtet sie. Sie ist immer noch schön. Ganz objektiv. Ihre nun auch fast siebzig Lebensjahre sieht man ihr kaum an. Als sie ihn gestern Nacht geritten hat, hat er ihre immer noch straffen, relativ kleinen Brüste massiert. Nick bekommt eine Erektion. Er sollte nicht an den Geburtstagssex denken.

Deshalb dreht er sich nun nach rechts, und sein Blick fällt auf Raissa. Sie liegt auf dem Rücken. Die Decke liegt ebenfalls neben ihr. Ihre großen Brüste fallen locker nach beiden Seiten. Am liebsten würde er sie berühren, sie sanft mit dem Finger umkreisen und zusehen, wie die Nippel in den großen Warzenhöfen langsam erigieren. Raissa ist dreizehn Jahre jünger als Rosie. Das sieht man vor allem im Gesicht. Sie hat, seit er sie bei RB kennengelernt hat, deutlich an Gewicht zugelegt. Das kommt ihr heute zugute, weil so kaum Falten sichtbar sind.

Irgendwo klingelt es. Das Telefon kann ihm gestohlen bleiben. Wieso setzen sie nicht einfach fort, was sie gestern

Nacht begonnen haben? Aber Nick traut sich nicht, eine der beiden Frauen zu wecken.

Plötzlich springt die Tür des Schlafzimmers auf. Maria stürmt herein. »Telefon, Dad. Es ist wichtig!«

Plötzlich bleibt sie stehen. Sie realisiert wohl, wer da wie vor ihr liegt, und dreht sich um.

»Könnt ihr euch bitte etwas überziehen? Mum? Raissa? Dad? Wenigstens eine Decke.«

»Was ist?«, fragt Rosie verschlafen.

»Deine Tochter will etwas«, sagt Nick.

»Eure Tochter, falls du es vergessen hast«, sagt Raissa, die sich gerade in ihre Decke einwickelt.

Die beiden Frauen halten fast immer zusammen. Die gemeinsame Nacht gestern war Raissas Idee gewesen, und Rosie hatte Georgios um Erlaubnis gebeten, damit der sich nicht ausgeschlossen fühlte. *Man muss eben kommunizieren*, sagt Rosie über solche Fragen gern.

»Seid ihr so weit?«, fragt Maria.

Um seine Tochter, die inzwischen drei eigene Kinder hat, macht sich Nick keine Sorgen. Sie kennt das ungewöhnliche Arrangement schon seit ihrer Kindheit. Georgios und Raissa sind für sie Onkel und Tante. Nur ihren Freundinnen hat sie immer erzählt, die beiden wären ein Paar. Was nun gerade die Konstellation ist, die sie nie umgesetzt haben, warum auch immer. Warum eigentlich nicht?

»Ja«, sagt Rosie. »Was gibt es denn überhaupt so Wichtiges?«

»Da ist eine Frau am Telefon, die will Dad sprechen.«

»Dann soll sie später noch einmal anrufen«, sagt Rosie.

»Es geht um Nikolai«, sagt Maria.

Raissa richtet sich auf, und die Decke rutscht ihr herunter. Maria hält sich die Hand vor die Augen. Nick versteht sie. Er hat seine Mutter auch nie nackt sehen wollen, und Raissa ist so etwas wie eine Mutter für sie. Schließlich war sie, als Rosie noch Vorlesungen an der Universität in Chicago gehalten hat, öfter für sie da als ihre Mutter.

»Gib sie mir, bitte«, sagt Nick.

Maria hält ihm das Telefon hin, bleibt aber am Eingang zum Zimmer stehen.

»So komme ich nicht ran. Oder willst du, dass ich aufstehe, so wie ich bin?«

»Nein, danke, Dad.«

Maria kommt drei Schritte näher, dann wirft sie das Telefon in seine Richtung. Er reagiert nicht schnell genug, aber Raissa fängt es und reicht es ihm. Nick kontrolliert den Kameraknopf, aber das Gerät nimmt glücklicherweise kein Bild auf. Auf dem Display ist auch niemand zu sehen.

»Sprich mit ihr«, sagt Raissa. »Los!«

Sie hat ihre Augen aufgerissen, als mache sie sich gerade große Sorgen. Was hat sie denn? Vermutlich will Nikolai ihm endlich zum Geburtstag gratulieren.

»Nick Abrahams hier. Was kann ich für Sie tun?«

»Hier spricht Valentina. Ja, die Valentina.«

Wie bitte? Die Valentina, die er kennt, die Chefin von RB, muss längst über hundert Jahre alt sein. Die Stimme kommt ihm zwar tatsächlich bekannt vor, aber das beweist überhaupt nichts.

»Das ist sie«, flüstert Raissa. »Ich bin sicher. Ich kenne meine Chefin.«

»Und was kann ich für Sie tun, Valentina?«, fragt Nick.

»Sie müssen noch einmal eine Mission für mich übernehmen. Ein letztes Mal.«

»Hören Sie, Valentina, oder wer auch immer Sie sind! Ich habe keine Zeit für solchen Quatsch. Ich bin gestern siebzig geworden. Siebzig! Ich werde mich ganz sicher nicht mehr in ein Raumschiff setzen.«

Das hat er sich schon vor über zwanzig Jahren geschworen, als er nach seiner letzten Raumfahrtmission endlich wieder die Erde erreicht hatte.

»Diese Mission ist deutlich kürzer als die anderen beiden«, sagt Valentina. »Aber sie ist trotzdem sehr gut bezahlt.«

»Geld habe ich genug, vor allem aber habe ich schon viel

zu viel Zeit mit meinen Liebsten verpasst. Es kommt nicht in Frage. Tut mir leid, Valentina.«

»Warten Sie. Es gibt ein wichtiges Argument.«

Ihre Stimme klingt lauernd, aber er kann sich auch irren. Raissa greift nach seinem Arm. Ihre langen Fingernägel pressen sich in seine Haut.

»Ach ja?«, fragt Nick.

»Sie werden Ihren Sohn nur wiedersehen, wenn Sie die Mission übernehmen.«

»Wieso? Was ist mit meinem Sohn?« Nick würde am liebsten in das Telefon beißen.

»Er ist in unserer Hand, und dort wird er bleiben, bis …«

»Sie Miststück! Das ist Erpressung! Ich werde mich an das FBI wenden!«

Valentina lacht gepresst. »Ihr FBI wird Ihnen sagen, dass es in meinem Land nichts für Sie ausrichten kann. Und das wissen Sie selbst auch ganz genau.«

Ja, das weiß er. Aber er kann sich doch nicht so einfach erpressen lassen? Raissas Griff verstärkt sich noch.

»Du musst es machen«, flüstert sie. »Für unseren Sohn.«

»Ich will ein Lebenszeichen von Nikolai«, sagt er.

»Das dachte ich mir«, sagt Valentina. »Moment.«

Es knackt in der Leitung, als liefe die Übertragung nicht digital.

»Hallo, Vater! Es geht mir gut. Du darfst auf keinen Fall tun, was diese Bljadch von dir verlangt. Auf keinen Fall! Ich bitte dich bloß, pass gut auf Mama auf.«

Es ist Nikolais Stimme, ganz eindeutig. Und genau das würde sein Sohn sagen, wäre er von Valentina entführt worden. Raissas Fingernägel drücken bis auf seine Knochen.

»Benutz nicht solche vulgären Worte«, sagt Raissa.

Nikolai antwortet nicht. Vermutlich war es nur eine Aufnahme.

»Er ist gerade nicht live bei uns. Aber ich versichere Ihnen, dass er lebt. Wenn Sie diese Reise erfolgreich für uns unternehmen, dann werden Sie Ihren Sohn in die Arme schließen können. Das schwöre ich bei meinem Vater.«

»Wehe, Sie krümmen ihm ein Haar«, sagt Nick.

»Dann komme ich und kratze dir höchstpersönlich deine verkommenen Augen aus«, sagt Raissa. »Danach stopfe ich dir deine Titten in …«

»Es ist gut, Raissa«, sagt Nick.

»Wenn das nicht meine liebe Freundin Raissa ist«, sagt Valentina. »Wie lange haben wir uns nicht mehr gesehen?«

»Nicht lange genug«, sagt Raissa.

»Es tut mir wirklich leid. Bitte nimm es nicht persönlich. Es geht nur um die Sache. Ich brauche einfach den Besten für diesen Job. Und anders bekomme ich ihn nicht. Es ist eine rein geschäftliche Entscheidung. Das verstehst du doch?«

»Dann nimmst du es sicher auch nicht persönlich, wenn ich dir deine dreckigen Haare in deinen versauten …«

»Ich will mit Nikolai sprechen. Persönlich«, sagt Nick.

»Das ist leider nicht möglich. Und bevor Sie hier weitere Forderungen stellen: Es gelten meine Regeln. Oder Sie sehen Nikolai nie wieder. Verstanden?«

Nick versucht, vorsichtig Raissas Finger von seinem Arm zu lösen, aber sie verstärkt den Druck noch.

»Du musst verstehen«, sagt Raissa, »dass ich all deinen Verwandten persönlich das Herz …«

»Das führt doch jetzt nicht weiter, Schatz«, sagt Nick.

»Es macht, dass es mir besser geht«, sagt Raissa.

»Es hilft ihr«, sagt Valentina. »Ohnmacht lässt sich besser ertragen, wenn man den Feind wüst beschimpfen kann.«

»Ich brauche dein Verständnis nicht, du Schalawa«, sagt Raissa.

»Mein Büro hat bereits ein Flugticket reserviert. Die Daten haben wir ja noch, Nick. Sie werden übermorgen Nachmittag in Wostotschny sein.«

»Kein Vorgespräch in Akademgorodok?«, fragt Nick.

»Nein, das ist nicht nötig. Sie kennen sich ja bestens aus. «

Rosie kneift ihn in den rechten Arm, aber es schmerzt kaum, weil Raissas Fingernägel dominieren.

»Aber warum ich?«, fragt Nick. »Es gibt doch genügend

Piloten, die fitter und klüger und geschickter sind als ich. Ich bin im Ruhestand.«

»Na ja, erstens weihe ich nicht so gern neue Leute in unsere kleinen Geheimnisse ein. Darüber hinaus habe ich über Sie genug belastendes Material, sodass Sie einfacher zu behandeln sind. Und außerdem Nikolai. Wir haben ja nicht von jedem potenziellen Piloten einen Sohn hier im Training, den wir mal eben als Tauschobjekt einsetzen können.«

Nick hat es gewusst. Er hatte nach der Ablehnung durch die NASA gleich gesagt, dass sich Nikolai lieber bei der ESA bewerben sollte. Aber er wollte sich unbedingt in einer Heimat durchschlagen, die nie wirklich seine war. Immerhin kam er bereits mit einem Jahr in die Staaten. Er ist als Amerikaner aufgewachsen und hat bis zu seinem 16. Lebensjahr kein Wort Russisch gesprochen. Dann fing er plötzlich an, sich für seine Herkunft zu interessieren.

»Kann ich eine Nacht darüber schlafen?«, fragt Nick.

»Sie verstehen die Natur einer Erpressung wohl nicht«, antwortet Valentina. »Sie haben keine Wahl. Steigen Sie heute Abend nicht in Chicago in den Flieger, werden Sie Ihren Sohn nicht wiedersehen. So einfach ist das.«

»Ich verstehe.«

»Ich hoffe es. Für Nikolai.«

»Er hat recht, du bist eine verdammte Bljadch«, sagt Raissa.

Valentina lacht. »Du kennst mich eben. Schade, dass du nicht hiergeblieben bist. Du hättest noch so viel von mir lernen können. Ich hätte dich beim zweiten Mal nicht mehr zu Nick schicken dürfen. Ich habe schon befürchtet, dass du dich verlieben könntest. So eine Vergeudung!«

Das Telefon schweigt.

»Diese widerliche Schlange! Sie hat sich nicht verändert«, sagt Raissa. »Aber wir sind ihr ausgeliefert. Sie hat Nikolai.«

»Und wenn das ein Bluff ist? Womöglich ist Nikolai längst …«

»Nick, ich bin absolut sicher, dass unser Sohn noch lebt. Eine Mutter spürt das. Das musst du mir glauben.«

DAS FRÜHSTÜCK NEHMEN sie gemeinsam auf der überdachten Terrasse ein. Gestern haben sie hier noch gefeiert. Nick wischt den etwas klebrigen Tisch ab. Raissa bringt eine Decke, Maria hat Sitzkissen und Rosie bringt Bagel, Frischkäse und Schinken.

»Ah, hallo, mein Schatz!«, sagt Rosie, lächelt dabei aber nicht.

Rosie zieht Nick und Raissa an sich und drückt sie.

»Es tut mir so leid«, sagt sie.

Dann erst begrüßt sie Georgios mit einem Kuss. Nick gibt ihm steif die Hand. Raissa nickt ihm zu.

»Was ist denn los? Ihr wirkt etwas bedröppelt«, sagt Georgios. »War die Nacht nicht so heiß wie erwartet?«

»Georgios!«, rügt ihn Maria. »Ich will davon nichts wissen.«

»Es war großartig«, sagt Nick. »Aber dann kam ein verdammter Anruf.«

Er erklärt ihm, was Valentina fordert.

»Scheiße«, sagt Georgios.

»Ja, echte Kacke«, sagt Nick.

»Mal im Ernst, Dad, du musst darauf eingehen«, sagt Maria.

Seine Tochter, die er zweimal für viele Jahre alleingelassen hat, will, dass er noch einmal eine so lange Reise antritt?

»Nun sieh mich nicht so seltsam an«, sagt Maria. »Ja, es war blöd, dass du so viel weg warst. Aber es geht um meinen Bruder und deinen Sohn. Nikolai würde auch erwarten, dass du mich rettest, wenn es andersherum wäre.«

»Ah, das ist … gut«, sagt Nick. »Ja, das ist gut.«

»Sie hat recht«, sagt Rosie. »Ich will dich zwar auch nicht schon wieder verlieren. Wer weiß denn, wie viel Zeit wir noch haben? Aber ich könnte nicht damit leben, wenn ich deinen Sohn auf dem Gewissen hätte.«

»Danke, Rosie«, sagt Raissa. »Es bedeutet mir viel, dass du so denkst. Ich muss sicher nicht sagen, wie sehr ich mir als Nikolais Mutter wünsche, dass du ihn da rausholst, Nick?«

»Nein, natürlich nicht. Das weiß ich doch. Und er ist ja auch mein Sohn.«

Trotzdem stört ihn etwas. Die anderen scheinen schon für ihn beschlossen zu haben, dass er diese Reise antritt. Sie überlegen gar nicht mehr, ob es eine Alternative geben könnte. Sie haben es ja auch leicht. Sie brauchen nur zu Hause zu warten. Nick ist eigentlich nicht eifersüchtig, aber das ist doch unfair. Beim letzten Mal war es etwas anderes. Da war es seine eigene Entscheidung. Diesmal zwingt ihm Valentina die Reise auf. Er will überhaupt nicht weg!

Aber vielleicht ist es auch eine gerechte Strafe. Immerhin hat er damals Rosie seine Entscheidung aufgezwungen. Sogar zweimal. Sie hatte auch nicht die Wahl und ist am Ende trotzdem bei ihm geblieben. Bald sind sie 35 Jahre verheiratet. Sie haben sogar gute Chancen, noch die Goldene Hochzeit feiern zu können. Nein, es gibt keine andere Möglichkeit. Er muss diese Reise antreten. Um Nikolais willen.

»Hier, dein Americano«, sagt Georgios und reicht ihm eine große Tasse Kaffee.

Trotz seiner Anspannung empfindet er den Duft als großartig. Das wird er auf dieser Reise am meisten vermissen. Rosie gibt ihm ein Bagel. Es ist bereits aufgeschnitten und getoastet. Er bestreicht es mit Käse und beißt hinein. Köstlich, diese Mischung aus fluffigem Teig und fettigem Käse, der dem Gaumen schmeichelt. Das ist es, was er am meisten vermissen wird.

Als er nach dem Frühstück seine Sachen packt, kommt Raissa in sein Zimmer. Sie schließt die Tür ab, küsst ihn, dreht sich um und zieht den Rock hoch. Sie treiben es vor dem Schreibtisch. Vielleicht ist es doch das, wonach er sich am meisten sehnen wird.

Vor der Abfahrt sitzt er noch fünf Minuten allein in seinem Büro. Es ist vollkommen ruhig. So still wird es an Bord des Raumschiffs nie sein. Er denkt an die Menschen, die er zurücklässt. Sie haben den Raum erst vor Minuten verlassen, und trotzdem vermisst er sie schon. Und was ist mit Nikolai? Warum kann Valentina kein Gespräch arrangieren? Wenn die RB-Chefin etwas nicht kann, dann ist niemand auf der Welt dazu in der Lage. Was sagt das über seinen Sohn? Nick fasst sich ans Herz. Damit hatte er noch nie Probleme, aber jetzt schmerzt es.

Es klopft. »Komm, Dad, wir fahren los«, sagt Maria.

Am Flughafen umarmt ihn seine Tochter und gibt ihm einen Kuss auf die Wange.

»Mach's gut, Dad, und beeil dich. Wir brauchen dich hier«, sagt sie.

Jetzt weiß er es. Der Kosmos ist kalt. Es ist diese Wärme, die sein größter Verlust sein wird.

Der Flieger hebt ab. Plötzlich kommt es ihm hoch. Alles kommt. Er füllt erst eine Tüte, dann noch eine. Das ist ihm noch nie passiert. Gut, dass die Business Class ziemlich leer ist. Die Flugbegleiterinnen tuscheln untereinander. Dann beugt sich eine zu ihm. Sie trägt eine Schutzmaske.

»Können wir etwas für Sie tun?«, fragt sie.

Er schüttelt den Kopf.

»Ich meine, noch sind wir nicht über dem Meer. Wenn Sie ärztliche Hilfe brauchen …«

Oh, wie nett. Sie machen sich Sorgen um den alten Mann. Er sieht sich selbst nicht als Siebzigjährigen.

»Nein, es geht schon wieder. War alles ein bisschen viel in letzter Zeit«, sagt er. »Gestern habe ich mit meiner Familie meinen 70. Geburtstag gefeiert.«

Es geht ihm wirklich schon besser. Es musste einfach raus, und das war nicht nur das Frühstück.

»Verstehe. Ja, da wurde sicher aufgetischt. Dann nachträglich alles Gute für Sie! Und jetzt fliegen Sie wieder nach Hause?«

»Schön wäre es. Ich habe leider eine mehrjährige Tiefraummission vor mir und weiß noch nicht einmal, wohin ich fliegen muss. Ich bin Raumpilot, wissen Sie?«

»Raumpilot, wie interessant. Ja, da haben Sie einen interessanten Beruf ausgeübt.«

Die Flugbegleiterin schafft es nicht ganz, ihren Unglauben zu verbergen. Sie glaubt wohl, dass er in seiner eigenen Vergangenheit lebt. Nick nimmt es ihr nicht übel.

Als dieselbe Flugbegleiterin eine Stunde später das Abendessen serviert, hat er sogar schon wieder Appetit. Nick fühlt sich wie befreit. Er erträgt es nicht, im Leben herumgestoßen zu werden. Er braucht einen Plan, und jetzt hat er einen.

Nach dem Essen spiegelt er sein Smartphone auf den großen Bildschirm am Vordersitz und startet die integrierte Projektionstastatur. Er hat ein paar Briefe zu schreiben. Den ersten richtet er an Witali. Er hat den russischen Raumfahrer, mit dem zusammen er zu Pluto geflogen ist, zwar nie wiedergesehen, aber sie hatten einmal im Jahr elektronischen Kontakt. Witali hat damals bei RB gekündigt, ist aber als Berater in der Branche geblieben, dürfte also noch Kontakte haben, selbst, wenn er jetzt im Ruhestand ist.

»Lieber Witali, ich hoffe, ich bringe dich nicht in Schwierigkeiten, aber ich brauche deine Hilfe«, schreibt er.

Das klingt dramatisch. Vielleicht sollte er … Nein, es ist dramatisch. Um Witali muss er sich keine Sorgen machen. Er hat RB ja den Rücken gekehrt.

»Ich hatte dir ja zu deinem Geburtstag geschrieben, dass mein Sohn Nikolai bei RB eine Pilotenausbildung begonnen hat. Du hast mich damals schon gewarnt. Ich wollte ja auch nicht, dass er sich mit RB einlässt. Aber du weißt ja selbst, wie Kinder sind. Sie wollen allein ihren Weg gehen. Nun erpresst mich Valentina mit ihm. Ich soll meinen Sohn nie …«

Nick muss sich zurücklehnen und die Augen schließen. Es

ist unfassbar. Am liebsten würde er Valentina ... Raissas Gewaltphantasien kann er gut nachvollziehen.

Eine Hand legt sich auf seine Schulter. Er öffnet die Augen wieder.

»Geht es Ihnen wirklich gut, mein Herr?«, fragt die Flugbegleiterin. »Soll ich Ihnen ein Glas Wasser bringen? Oder etwas Stärkeres?«

Er schüttelt den Kopf. »Es ist nicht das Herz. Ich musste mich nur gerade über etwas aufregen.«

»Also wenn Sie möchten, hätte ich auch ein Beruhigungsmittel. Das darf ich Ihnen offiziell zwar nicht geben, aber wir haben es vorrätig, falls mal jemand plötzlich eine Flugangst-Attacke hat.«

»Nein, vielen Dank. Das ist wirklich nicht nötig.«

»Wie Sie möchten. Drücken Sie einfach das Knöpfchen, wenn ich etwas für Sie tun kann, ja?«

Er nickt. Weiter im Text.

»... wiedersehen, wenn ich nicht auf ihre Forderung eingehe. Und die hat es in sich: Ich soll zu Uranus fliegen, um dort eine Störung aufzuklären. Genaueres hat sie mir noch nicht verraten. Ich bin gerade auf dem Weg. Ich befürchte allerdings, dass sie mir auch in Wostotschny nicht viel mehr sagen wird. Es war bisher jedes Mal so. Valentina hält immer wichtige Informationen zurück.«

Was bezweckt sie damit? Auf dem Pluto hatte sich herausgestellt, dass der Konzern dort illegale Experimente durchführte, und auf Triton waren sie nicht die ersten gewesen, die die Vorfälle untersucht hatten. Damals hatte er noch vermutet, dass sie es ihm leichter machen wollte, sich für die Mission zu verpflichten. Aber jetzt hat sie doch das perfekte Druckmittel in der Hand. Da könnte sie doch völlig offen zu ihm sein.

»Deshalb bitte ich dich, Witali, dich ein bisschen umzuhören. Du kennst doch bestimmt noch Leute in dem Konzern. Was ist bei Uranus geschehen? Worauf muss ich mich einstellen? Und dann ist da die zweite, noch viel wichtigere Frage: Hast du irgendeine Idee, was mit Nikolai geschehen sein könnte? Wo halten sie ihn fest? Vielleicht kennst du ja ähnliche Fälle aus der Vergangenheit. Valentina setzt doch solche Methoden bestimmt nicht zum ersten Mal ein.«

Würde es etwas ändern, wenn er wüsste, wo sie Nikolai gefangen halten? Nick stellt sich vor, wie er sich bewaffnet, im Tarnanzug und mit tarngeschminktem Gesicht an ein RB-Institut anschleicht, die Wachen überwältigt, das Schloss knackt. Haha, der Killer-Opa greift an! Die Wachen werden sich vor Angst in die Hosen machen. Oder vor Lachen.

Das wird nicht funktionieren. Aber es würde ihn trotzdem beruhigen zu wissen, wo sich Nikolai aufhält, dass es ihm gut geht.

»Lieber Witali«, schreibt er weiter. »Wenn du das Gefühl hast, dich oder deine Familie dadurch in Gefahr zu bringen, dann verstehe ich das. Bitte hilf mir nur so weit, wie du es für sicher hältst. Es steht schon genug auf dem Spiel. Wenn ich das Ganze hinter mir habe, müssen wir uns auch wieder einmal persönlich treffen. Dein amerikanischer Freund Nick.«

Er liest den Text noch einmal durch und verbessert einen Tippfehler. Dann fällt ihm ein, dass sie beim letzten Mal nicht zu zweit unterwegs waren, sondern zu dritt. Oskar – er hat seitdem nichts mehr von dem Staubsaugroboter gehört. Das ist wirklich schade. Deshalb setzt er noch eine Zeile unter die Nachricht.

»PS: Hast du zufällig irgendetwas von Oskar gehört? Ich hätte den kleinen Kerl auch diesmal gern dabei. Dann bin ich nicht ganz so allein.«

Nick schickt die Nachricht ab und öffnet eine neue.

»Valentina!«, beginnt sie.

Er sieht nicht ein, warum er der RB-Chefin irgendeine Form von Freundlichkeit zukommen lassen soll. Sie ist eine verdammte Verbrecherin.

»Wie gefordert sitze ich im Flieger. Wenn ich in Wostotschny ankomme, fordere ich erstens ein Lebenszeichen meines Sohnes, aber etwas Überzeugenderes als eine Sprachnachricht, von der ich nicht weiß, wann sie aufgenommen wurde. Zweitens will ich einen Begleiter für meine Reise, und zwar denselben wie damals beim Flug zu Triton. Die offizielle Bezeichnung ist ›Obnarushiwannoy Samochodnoy Kontrolirowannoy Awtomatitscheski Robot‹, aber er nennt sich selbst ›Oskar‹. Freundliche Grüße, Nick Abrahams.«

Nick liest die Nachricht noch einmal durch. Klare Ansagen, das ist gut. Die Grüße und die Unterschrift löscht er wieder. Kein Hauch von Freundlichkeit für diese Frau, den Absender sieht sie ja. Er schickt die Nachricht ab.

Dann drückt er den Knopf, der die Flugbegleiterin ruft. Er muss jetzt schlafen, aber das wird nicht ohne Hilfsmittel funktionieren.

»Was kann ich für Sie tun?«, fragt sie.

»Haben Sie Wodka?«

Mit Wodka kann er sich am besten betrinken.

»Allerdings. Soll ich Ihnen ein Glas bringen?«

»Die Flasche, bitte.«

»Natürlich.«

Die Flugbegleiterin reagiert professionell höflich auf seinen Wunsch. Er ist sicher nicht der erste mit solchen Wünschen. Sie geht nach vorn und kommt mit einer Flasche und einem Glas zurück. Beides stellt sie ihm auf das Tischchen des leeren Platzes neben ihm.

»Das Glas brauche ich nicht«, sagt er.

»Dann nehme ich es gleich wieder mit.«

Die Flugbegleiterin lächelt und geht wieder. Nick nimmt die Flasche, die laut Etikett 200 Milliliter Wodka aus russischer Produktion enthält, zwei Mal »sto Gramm« also, und öffnet den Verschluss. Sein schlechtes Gewissen meldet sich. Den ersten Teil seines Fluges zu Triton hat er im Alkoholrausch verbracht. Das war … nicht gut. Dahin will er nicht zurück. Aber das hier braucht er jetzt. Er setzt die Flasche an und trinkt einen Schluck. Der Alkohol brennt im Hals. Er brennt auch ein bisschen die Angst um seinen Sohn weg. Noch ein Schluck und noch einer. Ihm wird warm. Er legt die noch mehr als halbvolle Flasche auf den Nebenplatz, fährt seinen Sitz in die horizontale Position und schließt die Augen.

15. Mai 2119, Flugzeug

Jemand rüttelt an seiner Schulter.

»Raissa? Bist du das? Rosie? Maria?«, murmelt er im Halbschlaf.

»Leider nicht«, sagt die Flugbegleiterin. »Ich bin Stefanie. Zu meinem größten Bedauern muss ich Sie wecken, denn wir landen in einer Stunde. Darf ich Ihnen noch ein schnelles Frühstück servieren?«

Nick dreht sich um. Sie hat sich so tief heruntergebeugt, dass er ihr fast bis zum Bauchnabel in den Ausschnitt sehen kann. Er wird rot und dreht den Kopf schnell zur Seite. Dann fährt er den Sitz hoch.

»Nein, danke«, sagt er.

Er muss umsteigen. Im nächsten Flieger gibt es bestimmt auch wieder etwas zu essen. Außerdem will er schnell noch sein Postfach prüfen.

»Wie Sie möchten, Herr Abrahams. Wenn Sie irgendetwas brauchen, vielleicht einen Kaffee, dann kennen Sie das Knöpfchen ja.«

»Ein Kaffee wäre toll. Schwarz, bitte.«

»Sehr gern.«

Nick wirft einen Blick auf den freien Platz. Die halbleere Wodkaflasche ist verschwunden. Er ist nicht böse darüber. Mit einem Fingerzeig aktiviert er den Bildschirm und verbindet ihn mit seinem Smartphone. Er hat 23 neue Nachrichten. 19 davon sind Spam. Die anderen kommen von Rosie, Raissa, Witali und Valentina. Er öffnet zuerst die von Valentina. Dann helfen ihm die anderen vielleicht, über den Ärger hinwegzukommen, den er bestimmt beim Lesen von Valentinas Post empfinden wird.

»Lieber Nick«, schreibt sie, was an sich schon eine Unverschämtheit ist.

»Es freut mich, dass du so vernünftig und konstruktiv vorgehst. Wir werden etwas vorbereiten, das dich davon überzeugen wird, dass es deinem Sohn den Umständen entsprechend gut geht.«

Den Umgangston hat sie auch geändert. Er will das nicht!

»Leider wirst du ihn nicht live sprechen können. Das geben eben diese Umstände nicht her.«

Was meint sie damit? Ist er irgendwo weit entfernt eingekerkert?

»Zu deiner zweiten Forderung: Leider haben wir keinerlei Informationen, wo sich Oskar derzeit aufhält. Zuletzt haben wir ihn vor sieben Jahren in Akademgorodok gesehen. Von dort hat er sich unseres Wissens in ein Raumschiff übertragen lassen, die Shepherd-1, das dabei war, unser Sonnensystem zu verlassen. Ich habe einen Spezialisten nachrechnen lassen – eine Rückkehr auf demselben Weg dürfte kaum möglich sein. Mehr kann ich dir leider nicht sagen. Aber es gibt von dem Modell noch ein paar Exemplare auf Lager. Ich habe dir eines in das Shuttle packen lassen, das dich zu deinem Schiff bringt. Alternativ kann ich dir auch noch eines unserer brandneuen HDS-Modelle empfehlen. Damit wird die lange Reise ganz sicher nicht langweilig. Die neuesten Modelle sind in jedem ihrer Anwendungsbereiche noch einmal stark verbessert. Damit wirst du weder Rosie noch Raissa vermissen.«

Nick sieht Valentinas Grinsen vor seinem geistigen Auge. HDS, das heißt »Home, Defender, Sex«. Die humanoiden Roboter erfüllen also drei Funktionen. Er hatte schon bei seiner Reise zu Triton darauf verzichtet. Dann vermisst er

Rosie und Raissa lieber, selbst wenn sie ihn dank Georgios nicht so vermissen werden wie er sie.

Aber dass Oskar offenbar in den Tiefen des Alls verschollen ist, bedauert er wirklich. Der unermüdliche Roboter war der perfekte Reisebegleiter und hat es oft geschafft, ihn aufzuheitern. Vor dem Flug zu Pluto hatten sie ihn aus einem Versteck locken müssen. Aber wenn er auf diesem Shepherd-Raumschiff das Sonnensystem verlassen hat … Nick sucht im Netz danach, wird aber nicht fündig. Hat ihn Valentina beschwindelt? Aber warum sollte sie? Sie hat ja auch ein Interesse daran, dass die Mission erfolgreich ist.

Er löscht die Nachricht. Automatisch erscheint die E-Mail, die ihm Raissa geschrieben hat. Sie besteht vor allem aus einem Nacktfoto. Nick sieht sich um, aber kein anderer Passagier hat einen freien Blick auf seinen Bildschirm.

»Lieber Nick«, schreibt sie. »Ich wollte dich mit dem kleinen Bild, das ich heute Morgen im Bad gemacht habe, nur motivieren, schnell und sicher hierher zurückzukehren, zu mir, zu uns. Ich bin dir so dankbar für das, was du für unseren Sohn auf dich nimmst! Du weißt, ich würde alles für ihn geben, und ich bin glücklich, dass du genauso denkst. Selbst deine Frau sieht es so und deine Tochter. Wir sind schon eine großartige Familie.«

»Ihr Kaffee«, sagt die Flugbegleiterin und stellt die Tasse auf das Tischchen neben ihn.

»Herzlichen Dank«, sagt Nick.

Er nimmt die Tasse, riecht daran und nippt. Es ist sehr guter Kaffee. Mit der Tasse in der Hand liest er weiter.

»Rosie und ich, wir haben heute Nacht im gleichen Bett verbracht, um uns gegenseitig zu trösten. Der Abschied von dir und die Sorge um Nikolai nimmt uns alle sehr mit. Maria wurde inzwischen von ihrem Mann abgeholt. Aber ich will nicht jammern. Dir geht es wahrscheinlich auch nicht gut. Denk lieber daran, wie wir uns in Akademgorodok die ganze Nacht geliebt haben, neun Monate, bevor Nikolai geboren wurde.«

Das ist tatsächlich eine schöne Erinnerung. Auch damals waren die Umstände nicht rosig gewesen. Rosie hatte sich von ihm getrennt, weil er mit dem Raumflug das Weingut vor dem Konkurs retten wollte. Und wer hatte Erfolg und hat alle glücklich und wohlhabend gemacht? Er, Nick Abrahams. Er wird es auch dieses Mal schaffen, das Problem zu lösen. Er betrachtet Raissas Nacktfoto. Sie ist heute noch genauso schön wie damals.

»Also, mein Liebster, melde dich bitte, wenn es etwas Neues gibt. Deine dich liebende Raissa.«

Nick speichert die Nachricht. Zum Antworten ist gerade nicht genug Zeit. Er scrollt weiter. Die folgende E-Mail kommt von Witali.

»Hallo, alter Freund«, schreibt er.

»Ich überrascht von deiner Nachricht. Hatte erwartet sie nicht vor meinem nächsten Geburtstag. Auf Überraschung ist gefolgt Bestürztheit.«

Sein Englisch ist nicht mehr so gut wie damals vor fast 25 Jahren. Sicher fehlt Witali bloß die tägliche Praxis.

»Ich dir schon immer gesagt, dass Valentina ist böse. Nein, ist nicht böse, ist berechnend. Sie tut, was nutzt ihr. Wenn man weiß das, man sie berechnen kann. Das ist gute Nachricht. Wirst du deinen Sohn bekommen zurück, wenn du erfüllst ihre Bedingungen.«

Das ist tatsächlich merkwürdig beruhigend. Valentina mag keine Skrupel kennen, aber sie hält sich an Verträge, und nichts anderes haben sie geschlossen.

»Zu deinen Fragen. Ich fürchte, ich dir kaum helfen können. Bei Uranus gibt es eine Station, Ferdinand. Mit der wir haben gesprochen auf Flug zu Pluto. Erinnerst du dich? Sie soll sein erloschen, oder wie sagt man? Es gibt keinen Kontakt mehr. Gerüchte sagen, dass KI durchgedreht sein soll. Aber das ich nicht glauben. Immer man schiebt Schuld auf KI. Dabei fast immer Menschen schuldig. Bestimmt auch diesmal.«

Da hat Witali völlig recht. In den Fällen, wo KIs angeblich versagt haben sollten, hatte sich am Ende immer irgendein menschlicher Fehler als Quelle ausmachen lassen. Witzbolde behaupten, das läge am Geschick der KIs, die Schuld auf andere abzuwälzen, aber das ist Unsinn. Der Mensch ist meistens das schwächste Glied in der Kette.

»Auch bei Nikolai ich nichts in Erfahrung gebracht. Es gibt fast keine Spuren. Ein Institut erwähnt ihn als Absolventen. RB ist sehr gut, Privatleben der Mitarbeiter bewahren. Deshalb kein Wunder oder Strategie oder Grund für Sorge. RB ist privater Konzern. Deshalb nicht besitzen Gefängnis. Aber sie haben geheime Labors in ganz Russland. Dort sie könnten aufbewahren Nikolai. Unmöglich wissen, wo. Nur Valentina kann es sagen und ihn freigeben. Es mir tut leid, dass dir kaum helfen können.«

Nick ist Witali nicht böse. Wenn er von Anfang an ehrlich zu sich selbst gewesen wäre, hätte er sich längst eingestanden, dass Valentina die weitaus stärkere Position hat. Er lehnt sich zurück und nimmt noch einen Schluck Kaffee. Was wird er tun, wenn sie ihm in Wostotschny kein überzeugendes Lebenszeichen liefert? Er wird trotzdem in das verdammte Shuttle steigen. Er kann einfach nicht riskieren, dass Nikolai seinetwegen stirbt.

»Aber ich dir machen Angebot. Ich dich begleiten zu Uranus.«

Was? Nick sitzt schlagartig gerade. Kaffee schwappt aus der Tasse und trifft seine Jeans. Mist. Er stellt die Tasse ab und wischt sich mit einer Serviette trocken. Was hat Witali da geschrieben?

»Ich dich begleiten zu Uranus. Zu zweit wir lösen Problem. Dann du bekommen deinen Sohn ganz sicher zurück.«

Aber das kann er doch nicht machen? Seine Familie braucht ihn doch sicher.

»Mich hier unten benötigt niemand mehr. Seit meine Frau vor zwei Jahren gestorben, ich lebe bei ältestem Sohn. Familie ist nett zu mir, aber ich habe keinen Sinn. Ich nur leben vor mich hin bis zu meinem Tod. Habe schon versucht, eine neue Frau zu finden, doch nicht einfach mit 70, selbst wenn man hat Geld wie Heu. Deshalb diese Mission ist wie für mich gemacht. Bitte, betrachte dieses Angebot und melde dich. Dein Freund Witali.«

Das gibt es doch nicht! Witali will freiwillig Jahre seiner noch verbleibenden Lebenszeit opfern, um ihn zu begleiten. Glaubt er, er wäre ihm das schuldig? Sie haben seinen Bruder Boris auf Pluto nicht retten können. Witali ist ihm zu gar nichts verpflichtet. Aber das Motiv kann Nick gut nachvollziehen – er hat offenbar nicht mehr das Gefühl, gebraucht zu werden.

»Darf ich Ihnen die Tasse entführen?«, fragt die Flugbegleiterin. »Wir müssen die Maschine jetzt landebereit machen.«

»Natürlich«, sagt er.

»Sie müssten dann bitte auch den Tisch hochklappen und die Sessellehne …«

Nick drückt die dafür nötigen Knöpfe. Witalis Nachricht wird ausgeblendet. Der Bildschirm schaltet auf ein Video um, das den kommenden Flughafen erklärt. Er muss in den A-Flügel zu Gate A63.

Wahnsinn! Er muss nicht allein zu Uranus fliegen. Was wird Valentina dazu sagen? Sie kann das eigentlich nicht ablehnen. Plötzlich wackelt sein Sitz. Der Flieger ist gelandet.

Zwei Stunden später sitzt Nick schwitzend in der Anschlussmaschine. Er hat denselben Platz. Diesmal ist es aber etwas voller. Witali wartet auf seine Antwort. Auf dem Flughafen hatte er dafür keine Zeit. Er musste zum nächsten Terminal rennen, um seinen Anschlussflug nicht zu verpassen. Noch vor dem Start verbindet er den Bildschirm mit seinem Smartphone. Da ist Witalis Nachricht wieder. Er tippt auf »Antworten«.

»Lieber Freund, ich danke dir sehr für dein großzügiges Angebot, das ich mit dem größten Vergnügen und noch größerer Rührung annehme. Du bist ein wahrer Freund. Ich weiß, dass wir gemeinsam jedes Problem lösen werden. Der Start erfolgt schon morgen vom Kosmodrom Wostotschny. Ich werde Valentina kontaktieren, damit sie dir ein Ticket und alle nötigen Dokumente ausstellen lässt. Denn ich habe beschlossen, dass sie überhaupt nichts dagegen haben kann.«

Er schickt die Nachricht ab. Gerade im richtigen Moment, denn nun schaltet der Bildschirm auf das Sicherheitsvideo um.

ZWEI STUNDEN später ist das Abendessen beendet. Es ist seltsam: Wenn man nach Osten fliegt, bemerkt man kaum, wie der Tag vergeht. Jetzt hat er Zeit, Valentina darauf hinzuweisen, dass er nicht allein fliegen wird. Sie antwortet knapp mit »Okay«. Nick lehnt sich zurück. Da ist noch eine Nachricht, die er sich bis zum Schluss aufgespart hat. Sie kommt von Rosie.

»Mein lieber Mann«, liest er. »Ich war noch nie so froh, als du weg warst.«

Das ist starker Tobak. Typisch Rosie.

»Und gleichzeitig so traurig. Ich finde es gut, dass du diese Reise machst, und zugleich hasse ich die Vorstellung, dass du wieder jahrelang an einem Ort sein wirst, wo ich nicht sein kann. Du wirst es nicht glauben, aber ich habe ernsthaft überlegt, ob ich dich nicht begleiten könnte. Aber wahrscheinlich wäre ich bloß im Weg, und die Menschen hier, die schon auf dich verzichten müssen, müssten dann auch noch ohne mich auskommen. Also darf ich nicht egoistisch sein. Ich freue mich derweil auf den Moment, in dem ich dich wieder umarmen kann, und wünsche dir viel Erfolg bei deiner Mission und dabei, deinen, unseren Sohn Nikolai nach Hause zu holen. In Liebe, deine Rosie.«

Nick wischt sich eine Träne aus dem Augenwinkel. Rosie ist … umwerfend. Ihm fehlen die Worte.

16. Mai 2119, Kosmodrom Wostotschny

Wostotschny. Das Kosmodrom hat sich kaum verändert, dabei ist sein letzter Besuch hier fast 28 Jahre her. Manche Gebäude verfallen, andere sind nagelneu. Manche Startrampen sind total verrostet, andere glänzen frisch gestrichen. So sah es damals auch schon aus, nur dass das Gebäude, in dem er die medizinische Untersuchung über sich ergehen lassen musste, heute eine Ruine ist. Hundert Meter weiter steht dafür eine moderne Klinik, die in Ziegelbauweise errichtet wurde. Platz scheint hier im fernen Sibirien wirklich ausreichend zur Verfügung zu stehen, sodass es sich nicht lohnt, aufgegebene Bauwerke abzureißen.

Der Fahrer, der ihn vom Flughafen abgeholt hat, stoppt das Fahrzeug vor dem Eingang der Klinik. Nick hat heute Morgen extra nicht so viel gegessen, weil er sich noch gut an den unangenehmen Check erinnert. Zu gut. Vor dem Gebäude empfängt ihn ein Androide. Das muss eines der neuen HDS-Modelle sein, denn sein Äußeres ist ausnehmend weiblich gestaltet. Versucht Valentina etwa schon wieder, ihn zu manipulieren?

»Schön, dass du da bist«, sagt der Androide mit Valentinas Stimme.

Nick bleibt stehen und sucht nach einer Antwort.

»Ich bin es wirklich«, sagt Valentina. »Doch ich will dir nichts vormachen. Mein Körper liegt hier irgendwo in einem dunklen Zimmer, von Maschinen am Leben gehalten. Aber mein Geist ist noch ziemlich frisch, also zieh bitte nicht die falschen Schlussfolgerungen.«

»Du gibst wohl nie auf«, sagt Nick. »Nicht einmal den Kampf gegen den Tod.«

»Da bin ich wohl doch meines Vaters Tochter. Aber los, wir müssen uns beeilen.«

Die Eingangstür öffnet sich. Sie betreten die Klinik und fahren mit dem Aufzug in den zweiten Stock. Es riecht nach Krankenhaus statt nach frischer Farbe, obwohl das Gebäude noch ganz neu sein muss. Valentina führt ihn in ein Behandlungszimmer. Nick hat die Ärztin von damals erwartet, aber stattdessen begrüßt ihn ein junger Arzt, höchstens dreißig Jahre alt.

»Ich bin Dr. Brodenko«, sagt er. »Machen Sie sich bitte frei!«

»Schieben Sie jetzt wieder Schläuche in all meine Körperöffnungen? Dann hätte ich gern eine Narkose, danke.«

»Das hätten Sie wohl gern?« Der Arzt lacht. »Nein, ich höre Sie bloß ab, dann können Sie wieder gehen.«

»Müssen Sie mich denn nicht auf Anzeichen von Krebs und Herzkreislauferkrankungen untersuchen?«

»Sie sind über 70«, sagt der Arzt. »Das steht jedenfalls in meiner Akte. Dann haben Sie vermutlich schon irgendwo einen langsam wachsenden Krebs, und ihr Herz ist auch nicht mehr, was es mal war. Was hilft es uns oder Ihnen, das genauer zu wissen?«

»Diese Reise wird auch deutlich kürzer sein als deine letzte«, sagt Valentina. »Die Entfernung ist mehr als ein Drittel geringer, wir werden ein Schwungmanöver an Saturn nutzen können, und du schläfst fast die ganze Zeit.«

»Muss ich nicht alle drei Monate geweckt werden?«

»Keine Sorge, die Technologie hat sich verbessert. Du kannst jetzt bis zu ein Jahr lang durchgehend schlafen.«

»Und das Raumschiff?«

»Das haben wir nur ganz wenig verbessert. Um ehrlich zu sein – unser modernstes Transportschiff befindet sich gerade im Uranus-Orbit. Deshalb müssen wir auf die bewährte Eva zurückgreifen.«

Die Eva. Nick muss lachen. Zwei Rentner fliegen mit einem über fünfzig Jahre alten Schiff durch das Sonnensystem. Das passt ja. Er muss an das Paar denken, das etwa alle drei Wochen mit einem gemieteten Oldtimer mit Benzinmotor zu ihnen auf das Weingut kommt, um etwas Wein zu verkosten. Sie kostet, er fährt, beide amüsieren sich. Ja, so muss er diesen Ausflug sehen. Wenn es dabei nur nicht um Nikolais Leben ginge! Zumindest in diesem Punkt vertraut er auf Valentinas Zusage, ihn freizulassen, sobald er die Mission erfüllt hat.

»Huch!«

Der Arzt hat sein kaltes Stethoskop an seine Brust gelegt. Dass so alte Technik noch einen Nutzen hat?

»Hört sich gut an«, sagt der Arzt.

Nick nestelt an seinem Gürtel.

»Lassen Sie es«, sagt der Arzt. »Mehr brauche ich nicht. Es sei denn, Sie wollen sich unbedingt entblößen, dann gönne ich Ihnen natürlich das Vergnügen.«

Nick schüttelt den Kopf.

»Der Nächste, bitte!«, ruft der Arzt.

Nick dreht sich um. Die Tür öffnet sich. Eine zierliche junge Frau tritt ein. Ihr folgt ein alter Mann in einem nicht mehr ganz modernen Anzug. Es ist Witali.

»Witali!«, ruft Nick.

Sie gehen aufeinander zu und fallen sich in die Arme.

»Wie rührend«, sagt Valentina.

Nick zeigt ihr einen Stinkefinger, und sie lacht.

Sie treffen sich in einem kleinen Büro wieder, in dem es einen Schreibtisch mit Sessel und zwei Stühlen sowie ein Sofa gibt. Hier riecht es wirklich noch nach Farbe.

»Die Startvorbereitungen laufen zwar schon, aber wir haben noch zwei, drei Dinge zu besprechen«, sagt Valentina.

»Die Beweise, dass Nikolai noch lebt«, sagt Nick.

Witali kommt hinter ihnen zur Tür herein. »Das ging ja flott beim Arzt«, sagt er.

»Wir haben eh nicht mehr lange, da kommt es auf Details offenbar nicht mehr an«, sagt Nick.

»Hinzu kommt, dass diese Mission auf jeden Fall stattfinden muss«, sagt Valentina. »Wir brauchen die Station auf Ferdinand. Da könnt ihr beiden gar nicht untauglich sein, tut mir leid.«

»Nein«, sagt Nick.

»Was?«

»Es tut dir nicht leid.«

»Da hast du auch wieder recht. Was man eben so sagt, wenn man sozialen Normen folgt. Tut mir … äh.«

»Was ist jetzt mit den Beweisen? Ich denke, wir haben es eilig?«

Valentina geht um den Schreibtisch herum und setzt sich auf den Sessel. Dann bückt sie sich und holt eine Kiste hervor, die sie auf den Schreibtisch stellt. Nick hat eine Ahnung, was sie enthält. Valentina öffnet die Kiste und zieht eine vielleicht vierzig Zentimeter durchmessende und 15 Zentimeter hohe Plastikscheibe heraus. Sie greift noch einmal hinein. Ein Arm kommt zum Vorschein. Sie befestigt den Arm auf der Scheibe.

»Oskar!«, ruft Witali.

»Was kann ich für Sie tun?«, fragt der Roboter.

Es ist Oskars Stimme, aber ihr fehlt der Enthusiasmus des Roboters. Oder ist das Einbildung?

»Wie geht dir, Oskar?«, fragt Witali.

»Es geht mir gut. Was kann ich für Sie tun?«

»Du erinnerst dich? Ich Witali.«

Der Roboter antwortet etwas auf Russisch. Vielleicht hat er erkannt, dass sein aktueller Nutzer mit russischem Akzent spricht.

»Njet«, sagt Witali. Er lässt den Kopf hängen. »Ist nicht unser Oskar.«

»Ich bin euer Oskar«, sagt Oskar. »Eigentumszuordnung ist erfolgt und fest programmiert. Dies ist Teil meines Diebstahlschutzes.«

Der echte Oskar hätte sich einfach nicht stehlen lassen. Und er hätte nie zugegeben, jemandem zu gehören. Schade. Aber zumindest kann er ihnen das Raumschiff putzen.

»Du wirkst nicht sehr begeistert«, sagt Valentina.

»Es ist ein Standardmodell. Unserer war … besonders.«

»Ich kann immer noch ein HDS-Modell bestellen. Es sieht genauso aus wie ich.«

»Bloß nicht. Dann hätten wir die ganze Zeit das Gefühl, dass du uns bei der Arbeit beobachtest.«

»Der Punkt geht an dich, Nick.«

»Was ist denn nun mit den Beweisen?«

»Ja, das ist der zweite Punkt, den ich noch abarbeiten will. Vermutlich werden sie dir nicht gefallen.«

Sie tippt auf die Schreibtischplatte, die sich in einen Computer verwandelt. Aus einer Ecke des Schreibtisches fährt ein schwarzer Würfel heraus. Es ist ein Holoprojektor. Valentina tippt weiter. Plötzlich steht Nikolai neben ihnen im Raum. Er sieht aus wie echt, aber nur für einen Moment. Dann wirkt die Darstellung unnatürlich, weil sich nichts an ihr bewegt. Nick tastet vorsichtig nach ihm, aber natürlich bietet seine Haut aus Licht keinen Widerstand. Er wirkt etwas älter, als er ihn in Erinnerung hat, und sein Gesicht sieht sehr gestresst aus. Wieder tippt Valentina.

»… bringt doch nichts«, sagt das Hologramm. »Mein Vater ist viel zu vernünftig. Er wird sich auf keinen Fall auf Ihre Erpressung einlassen.«

Das Hologramm bewegt sich im Stehen, was seltsam aussieht. Anscheinend haben Holokameras den echten

Nikolai gefilmt und sind ihm gefolgt. Jetzt setzt er sich. Nick will ihn warnen, weil er sich offenbar ins Nichts platzieren will. Wie durch Zauberei erscheint plötzlich ein primitiver Stuhl aus Metall, der am Boden angeschraubt ist.

Nikolai schüttelt den Kopf. Aus dem Off hat vermutlich gerade jemand etwas zu ihm gesagt, das er ablehnt.

»Lassen Sie mich«, sagt er. »Ich rede nicht mehr mit Ihnen. Es hat keinen Sinn.«

Das Hologramm stoppt und verschwindet. Nick erwartet, dass es in tausend winzige Kristalle zerstäubt, aber es beendet schlicht seine Existenz, als wäre es nie da gewesen.

»Das kann ich nicht akzeptieren«, sagt er. »Das hättet ihr auch aus den vorhandenen Daten rendern können. Ich will mit meinem Sohn sprechen.«

»Ich habe es befürchtet«, sagt Valentina. »Aber mehr kann ich dir nicht geben. Ihr habt es ja gesehen. Nikolai kooperiert nicht. Er will offenbar nicht, dass du das tust, wofür du dich bereiterklärt hast.«

»Dann sollte ich vielleicht auf ihn hören.«

Nick weiß selbst, dass das nur so dahingesagt ist. Er kann nicht ohne Nikolai nach Hause kommen. Valentina wird ihn nur freigeben, wenn Nick den Auftrag ausführt. Er muss seinen Sohn retten, auch wenn der gar nicht gerettet werden will.

»Aber Nick, du bist sein Vater. Du musst ihn retten. Sonst wirst du für den Rest deines Lebens unglücklich sein. Ich habe die zwischenmenschlichen Beziehungen lange genug studiert, um das einschätzen zu können.«

Natürlich hat sie recht. Trotzdem muss er sich mit der Ablehnung seines Sohnes beschäftigen. Es ist sicher nicht persönlich. Sie hatten immer ein gutes Verhältnis. Also muss es mit der Sache bei Uranus zu tun haben. Nikolai will nicht, dass er dort hinfliegt, weil es gefährlich ist. Vielleicht weiß er mehr darüber, was dort geschehen ist. Sein Sohn will ihn beschützen. Auf der rationalen Ebene ist das nachvollziehbar. Valentina wird Nikolai auch dann nicht töten, wenn sie ihren Willen nicht bekommt. Er wird weiterleben. Aber vielleicht fürchtet er, dass sein Vater auf der Mission sterben könnte. Nikolai tauscht seine Freiheit gegen das Leben seines Vaters ein, der den entgegengesetzten Deal durchsetzen will. Aber Nick sitzt am längeren Hebel, denn er entscheidet, ob er in das Raumschiff steigt. Was hat Raissa gesagt? Sie würde ihr Leben für Nikolai geben. Er denkt genauso. Also wird er in das verdammte Schiff steigen.

»Nick? Vielleicht gibt es etwas an dem Hologramm, das dir die Echtheit beweisen kann«, sagt Witali.

Aber natürlich! Das ist eine sehr gute Idee.

»Schalte doch das Hologramm noch einmal ein, bitte«, sagt er.

Valentina drückt auf einen Knopf und Nikolai steht wieder neben ihm. Er hat eine tiefe Sorgenfalte mitten auf der Stirn. Die kennt er von ihm gar nicht. Er geht um seinen Sohn herum. Am Ohr gibt es eine Stelle, die … Mist, hier ist sie von einer Haarsträhne bedeckt.

»Bitte weiterspulen«, sagt er.

Das Hologramm setzt sich in Bewegung. Jetzt schüttelt Nick den Kopf.

»Stopp!«

Nick beobachtet die Ohrmuschel. Die Strähne hat die Oberseite der Ohrmuschel freigegeben. Dort ist eine bräunliche Erhebung zu sehen – ein Muttermal. Wenn das Hologramm künstlich erzeugt wurde, also ohne den realen Nikolai, müssen die Ersteller schon von dem Muttermal gewusst haben. So etwas steht aber in keiner Akte, und auf Fotos ist es normalerweise von Haaren bedeckt.

»Danke, Witali«, sagt Nick. »Das Hologramm hatte also zumindest den echten Nikolai als Quelle. Es kann zwar immer noch zu einem anderen Zeitpunkt aufgenommen worden sein. Aber Nikolai bezog sich schon recht eindeutig auf die Mission und die Erpressung. Es muss also ziemlich aktuell sein.«

»Gut, dass du es einsiehst«, sagt Valentina. »Und danke, Witali. Ich bin jetzt schon froh, dass ich deiner Einladung nicht widersprochen habe.«

»An diesem Lob mir liegt nichts«, sagt Witali.

»Ja, hackt nur schön auf eurer Wohltäterin herum«, sagt Valentina. »Wer hat euch denn das Geld überwiesen, mit dessen Hilfe ihr bislang ein schönes Leben hattet? Undank ist der Welt Lohn.«

»Vielleicht wäre ich dankbarer, würdest du mich nicht zu dieser Mission zwingen und meinen Sohn gefangen halten.«

»Hättest du sie denn freiwillig angenommen? Njet ili njet?«

Valentina tut zwar so, als stünde sie über allem. Aber die Situation scheint sie trotzdem mitzunehmen, sonst wäre sie nicht plötzlich in ihre Muttersprache gerutscht.

»Hätte ich nicht. Du hättest dir eben einen anderen suchen müssen. Ich wette, es gibt jede Menge junger, abenteuerlustiger Piloten, die sich für ein normales Gehalt um einen Platz auf der Mission prügeln würden. Wann kommt man heute schon einmal aus dem inneren Sonnensystem heraus?«

»Diese Mission ist zu wichtig für Experimente«, sagt Valentina. »Ich brauche den, der die größten Chancen hat, sie zu bewältigen. Und das bist meiner Meinung nach du, Nick. Du solltest dich geschmeichelt fühlen.«

Geschmeichelt! Spinnt Valentina völlig? Aber zumindest ein bisschen hat sie recht. Dass sie zu solchen Mitteln greift, nur um ihn als Piloten zu gewinnen, dem kann sein Ego durchaus etwas abgewinnen. Aber die Angst um Nikolai und der Ärger über Valentina verhindern, dass er sich darüber freut.

»Ich denke, mehr es nicht gibt zu sagen«, sagt Witali. »Können wir starten?«

Valentina schlägt mit der Faust auf den Tisch. »Auf zur Startrampe.«

Ein brauner Bär schwebt durch die Kapsel.

»Das ist Medwjeshonok«, sagt Witali. »Das Bärchen.«

»Von deiner Tochter?«, fragt Nick.

»Ha, die nicht mehr spielt mit Bären. Von meiner Enkelin«, sagt Witali.

»Er ist süß.«

»Ja, und ich habe versprochen, ihn zurückzubringen.«

»Deiner Enkelin?«

»Nein, meiner Tochter. Der Mutter der Enkelin.«

Nick hat seiner Familie noch mehr versprochen: Er wird zusammen mit Nikolai zurückkehren.

»Das sollten wir schaffen«, sagt er. »He, wir haben den Pluto überlebt.«

»Eva an TV-17, bitte kommen«, meldet sich eine Stimme.

»TV-17 hier«, antwortet Nick. »Erwarten Anweisungen.«

»Hallo, Eva, warum du hast so tiefe Stimme?«, fragt Witali.

Die Stimme der Eva wechselt ins Russische. »Witali, eto tui?«

Witali, bist du das?, hieß das. So viel versteht Nick noch.

»Taras?«, fragt Witali zurück.

Taras, den Namen kennt er. Er hat sie damals in die Eva eingewiesen. Aber er war ihm 2091 schon alt vorgekommen. Verdienen die RB-Kosmonauten so wenig, dass sie bis ins hohe Alter arbeiten müssen?

»Da, wot tak sjurpris!«

»Alter Freund, der Kommandant ist Amerikanzy. Lass uns so sprechen, dass er uns versteht.«

»Etwa der Amerikaner?«, fragt Taras mit Betonung auf dem Artikel.

»Vielleicht«, sagt Nick. »Sind Sie etwa derselbe Taras, der uns 2091 die Eva gezeigt hat?«

»Und dir 2080! Ich erinnere mich gut. Du warst so ein Jungspund! Genau der Taras bin ich, und wenn es um die Eva geht, bin ich trotz meiner 85 Jahre immer noch der, der sich am besten auskennt.«

»Ja otschen ras wstretitsja s toboi sdjes.« Nick kramt seine russischen Vokabeln heraus, um Taras zu sagen, dass er sich über das Wiedersehen freut. Aber es ist auf Dauer zu anstrengend. »Dann solltest du am besten mitfliegen«, spricht er in seiner Muttersprache weiter. »Wer weiß, wie lange die Eva durchhält.«

»He, nicht die Eva beleidigen. Sie ist immer noch das beste Schiff in der RB-Flotte, auch wenn sie für ein paar Jahre eingemottet war. Ich kann aber leider nicht mitkommen, weil es nur zwei Schlafplätze gibt.«

Zwei Plätze? Das ist ja praktisch. Auf dem Flug zu Pluto hatten sie sich noch abwechseln müssen. Damit würde die Reise ja wirklich im Schlaf vergehen.

Ein Warnsignal ertönt.

»Wir kommen der Eva ein bisschen zu nah, alter Freund«, sagt Witali.

Die Lautstärke des Warnsignals schwillt an.

»Übergebt mir die Steuerung«, sagt Taras.

Nick bestätigt die Anfrage. Plötzlich dreht sich die Kapsel. Es folgt ein harter Stoß, der ihn in die Gurte drückt.

»Sorry«, sagt Taras. »Bin nicht mehr in Übung. Ich kopple euch an.«

Beim letzten Mal hatte er noch im Raumanzug zur Eva schweben müssen. Anscheinend wurde das Schiff doch ein wenig modernisiert.

Nick zuckt zusammen. Die Kapsel dreht sich ruckartig in die entgegengesetzte Richtung. Ein zweiter Stoß. Taras sollte vielleicht etwas zarter auf die Bremse treten. Nick holt das Bild der Frontkamera auf den Schirm. Er sieht nur eine Wand. Das muss die Eva sein. Aber wo ist die Schleuse? Die Kapsel kippt nach vorn über, beschleunigt, bremst. Da ist der Kopplungsmechanismus, aber sie kommen schräg auf ihn zu. Eine Faust drückt Nick so in den Sitz, dass ihm das Abendessen hochkommt. Er schluckt es herunter. Die Kapsel rotiert. Taras will sie bestimmt bloß testen. In Wirklichkeit hat er alles unter Kontrolle.

Ein schrilles Quietschen. Metall auf Metall. Das Geräusch schmerzt selbst dann noch, als es längst aufgehört hat.

»So, ihr seid da«, sagt Taras. »Kommt rein in die gute Stube.«

Das Erste, was Nick wiedererkennt, ist der Geruch. Diese einzigartige Mischung aus Maschinenöl, Schweiß und Fäulnis kennt er nur von Bord der Eva. In anderen Langstrecken-Raumschiffen ist er allerdings auch noch nicht geflogen. Es kommt ein leichtes Aroma von Ammoniak hinzu. Vermutlich wurde das Schiff mit scharfen Putzmitteln gründlich gereinigt.

Taras empfängt sie in einem braunen Trainingsanzug. Er hat kein einziges Haar mehr auf dem Kopf, jede Menge Falten im Gesicht und ist dünn und sehnig. Aber das immer etwas mürrische Grinsen ist geblieben. Sie begrüßen sich mit Umarmung und Kuss auf die Wange.

»Schön, dass ihr da seid«, sagt er. »Soll ich euch mein Baby zeigen?«

Er streicht geradezu zärtlich über ein Stahlrohr, das an der Wand entlang zur Schleuse verläuft.

»Wir freuen uns auch«, sagt Nick. »Und ja, eine Führung wäre toll. Wurde denn viel umgebaut?«

»Es geht. Ihr werdet sie wiedererkennen. Manches wurde leicht modernisiert, und einiges ist hinzugekommen.«

»Da bin ich aber gespannt. Wie lange war sie denn außer Dienst?«

»Die Eva war nie offiziell außer Dienst. Sie hat nur besonders lange im Parkorbit auf ihren nächsten Einsatz gewartet.«

»Natürlich. Und wann war der letzte Einsatz?«

»Vor vier Jahren.«

»Dafür sieht es hier aber sehr ordentlich aus«, sagt Nick.

»Danke«, sagt Taras und öffnet das Schott zum nächsten Raum. »Das hat uns auch einiges an Arbeit gekostet.«

Sie landen in der Werkstatt. Links geht es zur Zentrale, rechts zum Lager und zum Landemodul, wenn er sich richtig erinnert. Die Schleuse, an der die Kapsel angedockt hat, muss neu sein. Aber es gibt auch ein Schott direkt vor ihm. Es liegt unter der Werkbank und steht offen.

»Wo geht es denn dorthin?«, fragt Nick.

»Kommt, wir sehen es uns an«, sagt Taras und schwebt voraus.

Hinter dem Schott ist es dunkel.

»Seltsam, es riecht nach Erde«, sagt Witali.

Seine Stimme hallt. Das Modul muss riesig sein.

»Moment, hier ist gerade Nacht«, sagt Taras.

Ein Schalter klickt, und plötzlich gehen zwanzig oder mehr Sonnen an der Decke auf. Ihr Licht ist blendend hell, jedenfalls im Vergleich zu der Dämmerung, die sonst überall im Raumschiff herrscht. Besonders beeindruckend ist das Grün. In verschiedenen Schattierungen zieht es sich durch das komplette Modul. Es riecht nach Erde, aber auch nach Moos und Wald.

»Darf ich vorstellen, unser neues Gartenmodul«, erklärt Taras.

»Ist das ein ehemaliger Tank?«, fragt Nick.

»Ja, einer der Stützmassetanks hatte ein paar Lecks und musste ausgetauscht werden«, sagt Taras. »Es war meine Idee, ihn zum Garten umzubauen.«

»Und das funktioniert?«, fragt Witali.

Die Frage ist berechtigt. Ein Grünpflanzenmodul im All dauerhaft am Leben zu erhalten, ist ein echtes Problem. Die Balance kippt zu schnell.

»Ja, der Betrieb ist hochautomatisiert«, sagt Taras. »Ich schaue nur alle sechs Monate mal herein.«

»Und was bringt das?«, fragt Witali. »Wir sind letztes Mal auch ohne Grün ausgekommen. Leben lang im All ging ohne Grün.«

»Psychologen sagen, dass die Wirkung enorm ist. Nach langen Reisen sind die Crews deutlich weniger gestresst, selbst, wenn sie einen großen Teil des Flugs verschlafen haben.«

»Na gut«, sagt Witali. »Wenn wir haben keine Arbeit.«

»Das kann ich euch versprechen. Es wird allerdings auch keine frische Nahrung produziert. Der Garten existiert nur für sich selbst.«

»Zum Ansehen und für Spaziergänge«, sagt Witali.

»Genau. In der Mitte gibt es eine kleine Plattform mit ein paar Geräten, auf denen ihr Sport treiben könnt.«

Nick runzelt die Stirn, weil er sich erinnert. Jeden Tag ein paar Stunden Sport, das gehört zu den unangenehmen Aspekten eines Raumflugs.

Witali stößt sich ab und schwebt in den Raum hinein. Er realisiert anscheinend zu spät, wie groß er ist, und treibt bis zur Decke davon.

»Komm zurück!«, ruft Taras. »Ich muss euch auch noch die Zentrale zeigen.«

Sie ziehen sich die Leiter nach oben in die Zentrale. Wenn das Schiff erst einmal beschleunigt, wird das harte Arbeit sein. Der Raum ist genauso klein, wie er ihn in Erinnerung hat. Im Vergleich zum riesigen Garten fällt es ihm umso mehr auf. In der Decke gibt es nun eine verglaste Kuppel. Nick schwebt zu ihr. Über ihm ist das All. Aber wie kann das sein? Müsste er nicht vor allem die Tanks sehen, die um den Zentralbereich angeordnet sind?

»Die Fenster der Kuppel sind Bildschirme, die von Kameras außen an den Tanks gespeist werden«, sagt Taras.

»Trotzdem ein hübscher Effekt«, sagt Nick. »Aber war hier nicht …«

»Ja, 2091 war hier der Eingang zum Schlafmodul. Das wurde vor zehn Jahren durch etwas Besseres ersetzt.«

Taras zeigt auf zwei quaderförmige Behälter, die so durchsichtig sind, dass sie Nick zuvor gar nicht aufgefallen waren.

»Das sind eure Schlafbehälter. Ihr müsst euch nur hineinlegen, den Rest macht die Automatik.«

»Also keine Schläuche in alle Körperöffnungen mehr?«, fragt Nick.

Taras schüttelt den Kopf. »Da muss ich dich enttäuschen, mein Freund. Aber du bekommst als Allererstes einen Pieks, und dann schläfst du, während sich die

Maschine anschließt. Beim Erwachen läuft es andersherum.«

»Danke, das ist doch vielversprechend. Ich gehe morgen ins Bett, wache bei Uranus auf, wir erledigen den Job, schlafen und sind in drei Tagen zurück.«

»Ganz so simpel ist es nicht«, sagt Taras. »Ihr werdet beim Durchqueren des Asteroidengürtels und vor dem Schwungmanöver an Saturn geweckt, falls ein manuelles Eingreifen nötig sein sollte. Natürlich genügt es, wenn einer von euch wach ist. Das könnt ihr selbst entscheiden. Außerdem müsst ihr berücksichtigen, dass das Aufwachen ein paar Tage dauert. Ihr erinnert euch vielleicht.«

Nick denkt mit Grausen an diese Zeiten zurück. »Müssen wir auch wieder Erdnussbuttersandwiches vertilgen und auf Masturbation verzichten?«

Taras lacht. »Nein, das war einmal. Heute wird euer schlafender Körper von der Maschine optimal versorgt und auch das Hormonniveau stellt sie ein. Ihr wacht vermutlich gesünder auf, als ihr eingeschlafen seid.«

»Aber warum dann dauert Aufwachen so lange?«, fragt Witali.

»Das Einzige, was die Maschine nicht so gut beherrscht, ist die Stimulation eurer Muskeln. Sie werden zwar regelmäßig elektrisch angeregt, aber das ist eben nicht dasselbe wie richtige Bewegung.«

»Wir kriechen also als Waschlappen aus dem Glaskasten«, sagt Nick.

»Nach den bisherigen Erfahrungen mit der Technologie sind die ersten, sagen wir, fünf Tage nicht sehr angenehm. Damit ihr schnell auf die Beine kommt, werdet ihr möglichst während der Bremsphase geweckt. Dann habt ihr auf dem Schiff schon die normale Erdschwere. Dazu noch ein bisschen Sport, und ihr seid fit genug für den Auftrag, was immer das ist.«

»Das klingt anstrengend. Aber dann wird uns wenigstens nicht langweilig«, sagt Nick.

»Die gute Nachricht ist ja, dass ihr am Ziel auf einem 20-

Kilometer-Mond landet«, sagt Taras. »Ihr braucht euch also nicht vor zu starker Schwerkraft zu fürchten.«

»Das ist sehr beruhigend«, sagt Nick. »Was weißt du denn noch über den Auftrag?«

»Nichts«, sagt Taras und schüttelt den Kopf. »Ich kenne nur euer Ziel. So, ich muss euch jetzt leider alleinlassen. Der Abflug steht bevor.«

»Ich wollte eigentlich noch mit meiner Familie sprechen«, sagt Nick.

»Ich auch«, sagt Witali.

»Keine Sorge, das ist auch nach dem Abflug noch möglich. Begleitet ihr mich zum Ausgang?«

»Mit Vergnügen, mein Freund«, sagt Nick.

Vor dem Schott machen sie Halt. Wieder gibt es Umarmungen und Bruderküsse. Nicks Augen werden feucht. Vermutlich, weil es nun wirklich ernst wird. Wenn Taras die Eva verlassen hat, werden sie starten.

»Da klopft etwas«, sagt Witali.

Nick lauscht. Witali hat recht. Das Klopfen kommt aus der Kapsel, mit der Taras gerade abreisen will.

»Das kommt von draußen«, sagt Witali und zeigt auf das Schott.

Ein blinder Passagier? Das ist kaum möglich. Beim Start von der Erde kommt es auf jedes Kilogramm an.

Taras dreht sich um und zieht das Schott auf. Eine flache, weiße Scheibe kommt heraus. Sie greift mit dem einzigen Arm nach dem Türrahmen und schleudert sich selbst in den Raum. Danach hat sie Schwierigkeiten, den Boden zu erreichen, schafft es aber schließlich.

»Obnarushiwannoy Samochodnoy Kontrolirowannoy Awtomatitscheski Robot meldet sich zum Dienst«, sagt sie.

»Oskar, dich hätten wir ja fast vergessen«, sagt Nick.

»Obnarushiwannoy Samochodnoy Kontrolirowannoy

Awtomatitscheski Robot meldet sich zum Dienst«, wiederholt die Maschine.

»Oskar, dein Name ist Oskar.«

»Verstanden. Mein Name ist Oskar. Ab sofort können Sie mir Befehle erteilen, indem Sie das Schlüsselwort ›Oskar‹ verwenden. Was kann ich für Sie tun?«

Es ist ein Oskar, aber nicht sein Oskar. Valentina hat zwar ihr Versprechen gehalten und ein altes Modell aus dem Lager geholt, doch Wunder konnte sie nicht vollbringen. Witali schüttelt den Kopf.

»Oskar, erzähle uns einen Witz«, sagt Nick.

»Es tut mir leid, aber über diese Funktion verfüge ich nicht. Sagen Sie ›Oskar, Funktionen‹, wenn ich Ihnen meine Funktionalität beschreiben soll.«

»Danke, Oskar. Bitte geh mir einfach aus dem Weg.«

»Verstanden. Ich gehe Ihnen aus dem Weg.«

Der Staubsauger dreht seine Räder, kommt damit in der Schwerelosigkeit aber nicht vorwärts. Also streckt er seinen Arm aus, greift nach Witalis Jacke und schwingt sich daran in die Höhe. Nick seufzt. Schade, mit dem echten Oskar zusammen wäre es lustiger geworden.

»Was soll der denn hier an Bord?«, fragt Taras.

»Ich dachte, der übernimmt für uns die Hausarbeit«, antwortet Nick. »Valentina hat ihn aus einem Lager holen lassen. Ich hatte ihn schon ganz vergessen.«

»Na, dann viel Spaß mit ihm. Meine Frau hatte mal so einen. Er hat sie regelmäßig zur Weißglut getrieben.«

Das klingt allerdings nach Oskar. »Hieß er Oskar?«, fragt Nick hoffnungsvoll.

»Die heißen alle Oskar, wenn sie aus der Fabrik kommen«, sagt Taras. »Unserer hieß dann Durak. Meine Tochter hat sich sogar irgendein lustiges Akronym für ihn überlegt, aber ich habe es vergessen.«

Mit einem Mal wirkt Taras traurig. Seine buschigen Augenbrauen stoßen in der Mitte fast zusammen. Vielleicht ist seiner Tochter etwas zugestoßen.

»Durak heißt Dummkopf«, erklärt Witali.

»Nun macht es gut, Freunde. Ich muss los.«

Taras klettert in die Kapsel. Nick schließt gerade das Schott, als es heftig von außen klopft. Haben sie etwa noch einen Roboter vergessen? Als er das Schott zur Hälfte geöffnet hat, fliegt ihm ein Plüschbär entgegen. Das Maskottchen, das Witali mitgebracht hat! Nick fängt es und drückt es seinem alten Freund in die Hand.

17. Mai 2119, Eva

Nick öffnet die Augen. Es ist schwarz, bis ihm einfällt, dass er eine Schlafbrille trägt. Er schiebt sie in die Stirn. In der Zentrale, wo sie auf Liegesitzen schlafen, wird es nie ganz dunkel. Es gibt einfach zu viele in allen Farben blinkende Lämpchen. Aber dagegen kann er sich leicht mit der Schlafbrille schützen.

Der ständige Lärm ist selbst mit geschlossenen Kopfhörern nicht abzuschirmen. Doch der ist Tag und Nacht zu vernehmen, sodass er sich längst daran gewöhnt hat. Wer das nicht erträgt, ist an Bord eines Raumschiffes falsch. Er sieht auf die Uhr. Es ist erst halb zwei, viel zu früh zum Aufstehen. Etwas muss ihn geweckt haben – bloß was?

Er liegt auf dem Rücken und starrt an die Decke. Dahinter liegt eine armdicke Hülle, dann folgt das Vakuum des Alls. Man darf nicht zu sehr darüber nachdenken. Ganz besonders, weil schon ein münzgroßer Asteroid diese 30 Zentimeter Stahl, Aluminium, Steinwolle, Plastikschaum und Luft problemlos durchschlagen kann. Das Loch, das dabei in der Hülle entsteht, ist nicht einmal das Problem. Kleine, spinnenähnliche Maschinen auf der Hülle reparieren es in Minuten, und das bisschen Luft, das nach außen entweicht, liefert die Lebenserhaltung nach. Der Asteroid hat dann aber immer noch genug Energie, um in Nicks Brust ein ebenso großes Loch zu hinterlassen.

Ein Kratzen, dann ein Schaben. Das muss ihn geweckt haben. Nick ist immun gegen Dauerlärm, aber solche Geräusche holen ihn aus dem tiefsten Schlaf. Was war die Ursache? Er richtet sich auf. Witali schläft ganz ruhig. Weder schnarcht er wie Rosie noch knirscht er mit den Zähnen wie Raissa. Er hat weder gekratzt noch geschabt.

Da ist es wieder! Das Geräusch ist so leise, dass er die Quelle nicht so leicht orten kann. Oder ist es leise, weil er es aus den unteren Etagen gehört hat? Er schwingt die Beine aus dem Bett und schlägt lang hin. *Aua.* Er hätte die Beinmuskeln anspannen müssen. Sie haben ja gar keine Schwerelosigkeit mehr. Wie leicht sich der Körper doch an so einen Zustand gewöhnt! Dabei ist es zwanzig Jahre her, dass er zuletzt eine längere Zeit schwerelos verbracht hat.

Als er auf die Knie geht, schießt ein Schmerz in seine rechte Hüfte. Mist. Das ist die, von der sein Orthopäde immer sagt, er müsste sie bald mal operieren lassen. Natürlich hat er sich nicht unter das Messer begeben. Die Hüfte hat ihn in letzter Zeit in Ruhe gelassen. Ob es an der Schwerelosigkeit liegt, dass sie ihn nun wieder an ihre Existenz erinnert? Er geht auf das Loch im Boden zu, über das er die unteren Etagen erreicht.

Auf halbem Weg stolpert er über einen Besen, der auf dem Boden liegt, kann sich aber gerade noch an einem Schreibtisch festhalten. Das war nicht gut für sein Knie. Und warum hat er den Besen nicht gesehen? Verdammte Dämmerung. Bei wenig Licht sieht er noch schlechter als in totaler Dunkelheit. Nick schaut nach hinten. Witali rührt sich nicht. Er hat wirklich einen gesegneten Schlaf. Wo ist seine Brille? Er geht um den Schreibtisch herum. Da. Er nimmt das Etui, aber es ist leer. Verdammt!

Moment. Er hat sie abgesetzt, als er sich vor dem Zubettgehen das Gesicht gewaschen hat. Also muss sie unten im Bad sein. Bis dahin wird er es ja wohl schaffen. Oder soll er sich einfach wieder ins Bett legen? Das Geräusch tritt bestimmt nicht noch einmal … Kratz. Kratz. Schab. Bestimmt eine Schabe, haha. Kratz. Schab. Nick geht zur Leiter und klettert Stufe um Stufe nach unten.

Er hat es fast geschafft, als plötzlich seine rechte Kniescheibe aus der Pfanne springt. *Au, au, au!* Diese Scheißschmerzen! Er jault kurz auf und beißt sich dann auf die Unterlippe. Hoffentlich hat er Witali nicht geweckt. Mit dem linken Bein senkt er sich auf den Boden hinunter und stützt sich auf den Armen ab. Endlich sitzt er. Das passiert ihm nicht zum ersten Mal. Er darf das rechte Bein im Knie nicht zu sehr abknicken, sonst gerät die Kniescheibe unter Spannung und macht sich auf und davon.

Nick streckt das Bein aus, wobei ihm vor Schmerzen Tränen über das Gesicht laufen, und drückt die Kniescheibe dann wieder in die richtige Position. Sein Herz rast, während ein Schmerzimpuls durch seinen Körper schießt. Jetzt noch ein Herzinfarkt, das wäre es. Sein Hausarzt hat immer gesagt, er solle sein Herz mal genauer untersuchen lassen. Wie konnte RB so einen gebrechlichen Alten wie ihn auf eine so wichtige Mission schicken?

Langsam zieht sich der Schmerz zurück. Das Gefühl gehört zu den angenehmsten, die er je erlebt hat, besser als jeder Orgasmus. Okay, fast jeder. Damals mit Raissa in Akademgorodok, als sie … Sein Herz schlägt schon wieder fast bis in seine Kehle. Er sollte sich lieber zurückhalten, auch in Gedanken. Es ist gut, dass sie die meiste Zeit im Schlaf verbringen. Da kann er sich wenigstens nicht das Knie auskugeln oder die Hüfte zerren.

Er muss aufstehen. Der Waschraum ist noch eine Etage weiter unten. Nick zieht sich an einem Griff an der Wand hoch. Hier sind die Kabinen, kleine, in die Wände eingebaute Kammern, in denen man zumindest etwas Privatsphäre hat. Hätte, weil sie sich wegen ihrer Ausrichtung nur in der Schwerelosigkeit benutzen lassen. Er dreht sich um. Da ist das WHC. Ja! So ein Glück. Er muss also nicht noch eine weitere Etage nach unten. Wie konnte er glauben, dass es in die Werkstatt oder in die Küche eingebaut wäre?

Nick öffnet die Plastiktür des WHC. Sie ist nicht eingeklinkt. Am Waschbecken läuft der Wasserhahn. Es ist nur ein dünner Strahl, sodass man ihn kaum hört. Nick dreht ihn zu. Sie müssen zwar kein Wasser sparen, aber er muss Witali trotzdem sagen, dass er es nicht laufen lassen soll. Das gehört sich einfach nicht. Links neben dem Waschbecken ist die Dusche, rechts die Toilette. Als er sie sieht, spürt er den Urindrang. Er muss nachts normalerweise nicht raus. Rosie schon, und es stört sie, aber er hat wohl Glück mit seiner Prostata. Er setzt sich auf den schmalen Stahlring. Bequem ist es nicht, aber zumindest braucht er gerade keine Absaugvorrichtung. Er betastet sein rechtes Knie. Das Gelenk tut, als würde es brav seinen Zweck erfüllen.

Was will er eigentlich hier? Er ist doch nicht zum Pinkeln nach unten geklettert. Da fällt es ihm wieder ein: die Brille! Er schüttelt den Resturin ab, steht auf und spült. Die Spülung rauscht laut. Hoffentlich hat er Witali damit nicht endgültig geweckt. Aber immerhin, er hatte recht: Die Brille liegt auf der schmalen Ablage über dem Waschbecken. Nick erhebt sich und setzt sie auf. So ist die Welt gleich viel schärfer.

Er verlässt das WHC. Gerade, als er die Tür schließt, hört er das Kratzen wieder. Diesmal folgt ein regelmäßiges Tippelgeräusch. Es klingt, als würde jemand mit den Fingern auf der Tischplatte Klavier spielen. Aber es kam definitiv nicht von dieser Etage. Nick seufzt. Er könnte nach oben klettern, das Schott schließen und schlafen. Oder er wagt sich noch eine Etage weiter nach unten, um die Quelle des Geräuschs ausfindig zu machen. Und zu neutralisieren, ein für allemal.

Jetzt ist er doch sowieso hellwach. Es spielt im Grunde keine Rolle. Er kann tagsüber schlafen, so viel er will. Hauptsache, er hat vorher mit der Familie gesprochen. Das wird der Höhepunkt des Tages. Vielleicht sollte er sich gleich mal rasieren, wo er doch schon neben dem WHC steht.

Kratz. Kratz.

Nein, jetzt nicht. Das Geräusch geht vor. Er geht zur Leiter. Diesmal benutzt er nur das linke Bein zum Klettern. Dort ist noch nie die Kniescheibe herausgesprungen. Warum bloß verhalten sich die beiden so unterschiedlich? Er kommt wohlbehalten unten an. Rechts von ihm ist das neue Schott, hinter dem Raumkapseln anlegen können. Unten geht es weiter zum Landemodul. Hinter ihm ist die Küche, vor ihm die Werkstatt. Unter der Werkbank ist ein dunkles Loch. Es steht offen. Dahinter hat ihnen Taras den Garten gezeigt.

Nick sieht sich um. Er darf keine voreiligen Schlüsse ziehen. Die Ursache des Geräuschs könnte auch in einem der Schränke hier stecken. Aber er findet nichts, das dafür geeignet wäre. Also doch der Garten. Er kriecht hinein. Unter Schwerelosigkeit war das einfacher.

Es ist dunkel und riecht so angenehm nach Moos und Wald wie bei seinem ersten Besuch. Über ihm pfeift die Lebenserhaltung. Sie tauscht ständig die Luft aus. Wenn es dunkel ist, stellen die Pflanzen hier keinen Sauerstoff her. Der Lichtschalter muss sich an der rechten Seite befinden. Dort stand Taras, als er ihn betätigt hat. Nick tastet sich hin. Da ist er. Er schiebt den Schalter auf die andere Seite, und plötzlich regnet es. Mist. Er drückt den Schalter in die Ausgangslage. Der Regen hört auf. Nick tastet weiter, bis er auf einen anderen Schalter stößt. Er drückt ihn, und endlich wird es hell.

Nick schluckt. Es sieht ganz anders aus! Beim letzten Mal waren die Pflanzen rund um die Innenwand des ehemaligen Tanks verteilt, der dadurch wirkte wie eine grüne Röhre. Jetzt stehen sie dicht gedrängt auf dem Boden des Tanks, etwa zehn Meter unter ihm. Er selbst steht auf einer Plattform darüber. Ein Geländer bewahrt ihn vor dem Absturz. Rechts hat es allerdings eine Lücke. Dort endet eine Leiter, die nach unten, aber auch nach oben führt. Nick kann sich vorstellen, wieso: In der Bremsphase verlagern sich die Beete, die offenbar mobil sind, dann notgedrungen auf die andere Seite. Es ist eine geniale, aber auch aufwändige Konstruktion.

Er sieht sich die Wände genauer an. Sie besitzen eingeprägte Kanäle. Darin laufen vermutlich Rollen, die an den beiden Außenseiten aller Beete befestigt sind. Es muss trotzdem ein ganz schöner Aufwand sein, die Konfiguration zu verändern. Wenn er sich manche der Pflanzen so ansieht, scheinen nicht alle über die Veränderung glücklich zu sein. Tatsache ist, dass sie momentan weniger Platz haben und sich mit mehr Nachbarn das Licht der Lampen teilen müssen.

Aber die Pflanzen waren es sicher nicht, die mit Kratzen und Schaben gegen ihre unfaire Behandlung protestiert haben. Nick vermutet schon längst irgendwelche Tiere. Insekten bis hin zu Kakerlaken sind an Bord großer Langstreckenraumer normal. Man hat auch schon Mäuse oder Ratten gefunden, die oft mit Lebensmittelvorräten eingeschleppt wurden. Aber die Eva soll ja ein paar Jahre einsam in einem Orbit geschwebt haben. Andererseits bietet der Garten eine recht lebensfreundliche Umgebung. Die Frage ist nicht, ob ein Tier überlebt hat, sondern welches.

Nick mustert den Wald unter ihm. Ab und zu bewegt sich etwas. Aber es ist kein Muster zu erkennen. Es sieht nicht so aus, als laufe da ein Tier durch den Wald. Wenn es eine Mäusefamilie ist, was am wahrscheinlichsten klingt, wird er das von hier oben wohl gar nicht erkennen können. Er muss nach unten. Nick betrachtet sich selbst. Er trägt einen Schlafanzug. So kann er nicht nach unten. Vielleicht sollte er doch erst einmal ausschlafen. Er schaltet das Licht wieder aus und klettert durch die Öffnung zurück in die Werkstatt. Ein bisschen kommt er sich dabei vor wie Alice im Wunderland. Der Garten passt nicht zum Rest des Raumschiffs. Er ist eine andere Welt, bewohnt von Märchenwesen. Vielleicht sollte er ihnen lieber nicht nachspionieren.

Quatsch. Er wird herausfinden, was diese Geräusche macht und ob es eine Gefahr für sie oder das Raumschiff darstellt. Jetzt schließt er erst einmal das Schott. So wird das Tier, was immer es auch ist, ihn heute Nacht nicht mehr belästigen können.

»Aufstehen, Nick! Es ist schon spät«, sagt Witali.

Nick schreckt hoch und sieht auf die Uhr. Tatsächlich,

halb zehn. Er ist dann wohl doch noch eingeschlafen, nachdem er lange kein Auge zubekommen hat. Da war ein seltsamer Traum. Sie hatten eine Mäuseplage. Die Tiere vermehrten sich allein dadurch, dass man sie ansah. Er war kurz davor gewesen, die Hauptschleuse zu öffnen, um sie alle ins All zu befördern. Aber als er vor der Schleuse stand, hatte er gemerkt, dass er selbst auch keinen Anzug trug. Dann waren ihm graue Haare gewachsen. Nick schüttelt den Kopf und sieht, wie die Bruchstücke des Traums in alle Richtungen fliegen.

»Es gibt wahrscheinlich …«, setzt er an.

»Wir haben offenbar Gäste«, sagt Witali und hält ihm etwas Graues hin.

Nick zuckt zurück. Zwischen Daumen und Zeigefinger hält Witali eine Maus an ihrem Schwanz in die Höhe. Das gibt es doch nicht! Also hat er das nicht geträumt.

»Ich glaube, die habe ich gestern kratzen und schaben gehört«, sagt er. »Hast du sie erlegt?«

»Ich bin nicht sicher, ob du dieses Exemplar gehört hast. Wenn, dann muss sein Todeskampf die Geräusche verursacht haben, denn es lag tot am Eingang.«

»An der Schleuse?«

»Nein, hier oben, kurz vor der Leiter.«

Witali spricht heute schon viel besser Englisch als gestern noch. Offenbar war die Sprache nicht sehr tief verschüttet.

»Du hast sie so gefunden?«

»Ja, sie ist ganz starr. Sie muss schon ein paar Stunden da gelegen haben. Willst du sie untersuchen?«

»Nein, danke. Wir sollten sie ins All befördern.«

»Das können wir nicht machen, Nick! Das sind wertvolle Ressourcen. Ich gebe sie ins Recyclingsystem.«

Nick schluckt. Er weiß natürlich, dass all ihre Ausscheidungen wieder zu Nahrung verarbeitet werden. Aber die Vorstellung, dass im Frühstück morgen ein Stück Maus stecken könnte, ist ihm dann doch unangenehm.

»Wenn du meinst …«

»Aber was war das mit dem Geräusch? Ich habe mal wieder nichts mitbekommen.«

»Da war so ein Kratzen und Schaben. Ich bin ihm bis in das Gartenmodul gefolgt. Dort habe ich es dann aus den Ohren verloren, oder wie nennt man es, wenn man etwas nicht mehr hört? Vielleicht war es ja der Bruder dieses armen, toten Mäuschens.«

Witali hebt die Maus ganz nah an sein Gesicht und mustert sie.

»Also, wenn du mich fragst, dann ist die keines natürlichen Todes gestorben. Siehst du die kleinen Kratzer? Ich denke, sie wurde umgebracht. So etwas hatten wir fast jeden Tag auf der Türschwelle liegen.«

»Du meinst, es könnte eine Katze an Bord sein? Aber das ist doch unmöglich. Wie soll sie denn fünf Jahre oder länger hier überlebt haben?«

»Na, damit? Bevor wir ankamen, hat sie die vermutlich vertilgt. Jetzt, da wieder Menschen an Bord sind, hat sie sich an ihre Katzenpflicht erinnert, den Menschen das Ergebnis ihrer Jagd vorzuführen.«

»Wenn es so ist, solltest du die Maus vielleicht zurücklegen. Sonst verhungert unser Schiffskater noch.«

»Meinst du?« Witali geht mit der Maus zur Leiter und bückt sich.

»Das war ein Scherz, Witali. Ab ins Recycling mit ihr. Und dann sollten wir uns auf die Lauer legen. Ich will wissen, wer sich da an Bord geschlichen hat.«

»Und dann? Willst du das Tier rauswerfen? Dir ist schon klar, dass es hier die älteren Rechte hat? Wir sind gerade einmal seit einem Tag an Bord.«

»Wofür hältst du mich denn? Ich will doch keine süße Katze umbringen. Aber ich will wissen, wer mich da um meinen Schlaf gebracht hat.«

»Und wenn Oskar daran schuld war? Der ist ja auch gern nachtaktiv.«

»Dieser Oskar doch nicht. Der ist nicht schlauer als eine Katze. Leider.«

»Gut. Ich will aber erst mit meiner Familie sprechen. Dann können wir meinetwegen auf die Jagd gehen.«

Das hatte er beinahe vergessen. Er muss sich unbedingt in Galena melden. Echte Unterhaltungen würden mit jedem Tag schwieriger werden. Immerhin hat er nun sogar etwas zu berichten.

»Und dann habe ich mir ein Sicherungsseil gegriffen, es am Geländer festgemacht und mich daran wie Tarzan in den Urwald geschwungen. Ich habe so gut gezielt, dass ich den Krachmacher an seinem langen Schwanz packen und mit nach oben ziehen konnte.«

Nick schiebt die tote Maus unter seinen Stuhl. Er hat Witali gebeten, sie als Beweis hierzulassen.

»Haha, Dad, solche Geschichten hast du uns früher schon immer erzählt. Bei normaler Schwere an einem dieser superdünnen Sicherungsseile zu schwingen, das geht doch gar nicht. Da hättest du dir die Hand zerschnitten und wärst abgerutscht.«

»Was denn nun, Hand oder Absturz?«, fragt er zurück.

»Beides natürlich.«

»Ich habe einen Beweis, Maria! Ich kann dir die Maus zeigen. Soll ich?«

»Nur, wenn sie noch lebt.«

»Sie, äh, lebt noch. Aber sie hat gerade zu tun, meint sie. Tut mir leid.«

»Dann ist es ja gut und ich bin beruhigt. Grüß sie bitte von mir.«

»Und wie geht es dir, mein Schatz?«

»Alles wie immer. Die Kinder, du weißt ja, wie Kinder sind. Der Chef …«

»Ich weiß ja, wie Chefs sind.«

»Haha, genau. Ich mache mir ein bisschen Sorgen um Mum.«

»Geht es ihr schlecht? Was ist mit ihr?«

»Ich weiß nicht. Sie ist viel mehr zu Hause als früher. Es ist fast, als wollte sie daheim sein, für den Fall, dass du eher zurückkommst.«

»Das wird wohl nichts, es tut mir leid.«

»Ich weiß ja, Dad. Mom weiß es auch. Ich habe Georgios schon gebeten, sich mehr um sie zu kümmern, aber er hat ja seine Professur in Chicago noch. Es ist halt blöd, dass Mom schon pensioniert ist.«

Nick betrachtet das Gesicht seiner Tochter auf dem Bildschirm. Sie sieht gestresst aus, und er sieht ein paar graue Haare. Waren die vorher auch schon da? Wenn er an sie denkt, hat er immer noch ein junges Mädchen vor Augen.

»Das tut mir leid. Ich würde euch gern helfen«, sagt er.

»Das weiß ich doch«, sagt Maria. »Es ist bestimmt für dich auch nicht so leicht. Aber es gibt einfach keinen anderen Weg. Wir können doch Nikolai nicht einfach seinem Schicksal überlassen.«

»Das stimmt. Gibst du mir mal Mom?«

»Warte, ich suche sie.«

Die Kamera wandert durch das Haus. Sie kommt an Nikolais Zimmer vorbei, das von außen noch wie ein Kinderzimmer aussieht, bunt bemalt mit fröhlichen Blumen. Wo mag er jetzt sein? Maria erreicht das Schlafzimmer, das sich Rosie zuletzt mit Georgios geteilt hat, wenn er im Haus war. Aber auch da ist sie nicht.

»Ich glaube, ich höre sie weiter oben«, sagt Maria.

Oben ist nur noch der Dachboden. Dort hat sich Maria früher allein immer gefürchtet. Die Kamera klettert die Klappleiter hinauf. Ab und zu wippen Marias lange Haare ins Bild. Es wird dunkel. Die Kamera sieht sich um. Auf dem Dachboden ist es schummrig.

»Da ist sie«, sagt Maria. »Hier, Mom, Dad ist in der Leitung.«

Die Kamera überbrückt den Abstand zwischen Mutter und Tochter. Kurz fällt sein Blick auf Marias Gesicht, dann betrachtet er Rosie. Die beiden sehen sich so ähnlich! Rosie trägt ihre Haare allerdings seit ein paar Jahren immer kurz.

»Was machst du denn hier oben?«, fragt Nick.

»Ach, ich sortiere ein bisschen. All die alten Sachen, die wir aus New Mexico mitgebracht haben.«

Die Kamera springt und blickt plötzlich in eine Truhe. Darin sieht Nick eine alte Uniform, die er nicht kennt, jede Menge Fotoalben und ein paar Puppen und Plüschtiere.

»Die Uniform gehörte meinem Vater«, erklärt Rosie. »Habe ich dir die je gezeigt?«

»Ich glaube, nicht.«

»Er hat sie getragen, als er in der mexikanischen Armee gedient hat. Damit soll er meine Mutter überzeugt haben. Sie wollte immer einen grundsoliden Mann. Leider war die Uniform das Einzige, was solide an ihm war.«

»Und dann schnappst du dir auch so einen Rumtreiber.«

»Tja, das war wohl ein Fehler, was? Nun sitze ich hier allein und sortiere alte Sachen.«

»Es tut mir so leid, Rosie.«

»Das muss es nicht. Ich will, dass du da bist, wo du bist. Das macht es nur dummerweise nicht einfacher.«

»Georgios hat auch keine Zeit?«, fragt er.

»Das ist etwas ganz anderes. Ich mag ihn sehr. Er war für mich da, als du mich im Stich gelassen hast. Das vergesse ich ihm nie. Aber du bist mein Mann.«

Das hört Nick gern. Ihm geht es ja ganz genauso. Er würde Raissa nicht missen wollen, aber die Beziehung zu Rosie ist besonders.

»Die gute Nachricht ist, dass die Reise diesmal kürzer ist«, sagt er. »Es geht zu Uranus. Ich glaube, das wisst ihr noch gar nicht.«

Von Witali hat er ihr gestern noch per E-Mail geschrieben. Rosie reagiert nicht. Sie legt das Telefon mit der Kamera ab, sodass er zur Decke des Dachbodens sieht, die voller Spinnweben hängt.

»Uranus liegt ein Drittel näher«, sagt Rosie. »Du wirst immer noch fast zwei Jahre weg sein. Das stecke ich nicht mal eben weg. Ich bin immerhin 70. Wer weiß, wie lange ich noch habe.«

»Die 90 schaffen wir bestimmt«, sagt Nick. »Den größten Teil der Zeit werde ich übrigens schlafen. Sie haben jetzt zwei Schlafkammern eingebaut.«

»Schön für dich. Vielleicht sollte ich mir von RB auch so eine Kammer schicken lassen. Das wäre praktisch.«

Während Rosie spricht, scheint sie in der Kiste zu wühlen, denn Nick hört klappernde und kratzende Geräusche. Sie erinnern ihn an sein nächtliches Erlebnis.

»Weißt du, was? Wir haben irgendein Tier an Bord. Vermutlich eine Katze.«

Die Kamera springt auf Rosies Gesicht. »Was? Das ist ja toll. Wo kommt die denn her?«

»Tja, ich weiß nicht. Jemand muss sie hier vergessen haben. Das Schiff war fünf Jahre außer Dienst.«

»Ihr müsst auf jeden Fall nett zu ihr sein. Das ist ein gutes Omen. Wenn sie es fünf Jahre allein in dem Raumschiff ausgehalten hat, werdet ihr die zwei Jahre auch überstehen.«

Es hört sich seltsam an, wenn eine Astrophysikerin von einem Omen spricht. Aber bei Rosie arbeiten Gefühl und Verstand anders zusammen als bei ihm.

»Wir werden heute versuchen, sie zu erwischen«, sagt Nick.

»Ihr habt sie noch gar nicht gesehen?«

»Nur gehört. Und sie hat uns als Geschenk eine tote Maus hinterlassen. Willst du sie sehen? Sie liegt unter meinem Stuhl.«

»Nein, lass mal. Dann mag sie euch. Also die Katze. Vielleicht ist sie froh, dass sie nicht mehr allein ist.«

Niemand will die tote Maus sehen. Wenn die Jägerin das mitbekommt, ist sie bestimmt beleidigt.

»Wir werden es sehen«, sagt Nick.

Er hört ein Quietschen. Das muss die alte Treppe zum Dachboden sein. Jemand klettert sie nach oben.

»Ah, hier bist du«, sagt Raissa. »Das Mittagessen ist fertig. Wenn du Appetit hast, komm doch einfach runter. Das Wetter ist so gut, dass wir draußen essen können.«

»Nick ist in der Leitung.«

Die Kamera dreht sich. In dem schummrigen Licht erkennt er nur Raissas Umrisse. Er lächelt.

»Entschuldige, ich wollte euch nicht stören«, sagt Raissa.

»Nein, du störst nicht. Wir waren sowieso gerade fertig, oder, Nick?«

»Äh, ja. Ich liebe dich, Rosie.«

»Ich dich auch.« Das Kamerabild kippt. Anscheinend übergibt Rosie das Telefon an Raissa.

»Vielleicht mag sie ja deine Maus sehen«, sagt Rosie noch, dann hört er wieder das Quietschen der Klapptreppe.

»Du hast eine Maus?«, fragt Raissa. »Das ist ja süß. Zeig doch mal!«

»Sie ist leider heute Nacht verstorben.«

»Habt ihr sie etwa umgebracht? Ihr Mörder!«

»Nein, der Killer war eine Katze.« Nick beschreibt Raissa seine Erlebnisse. »Willst du sie trotzdem sehen, also die Maus?«

»Nein, das muss nicht sein. Gebt ihr ein ordentliches Begräbnis, ja?«

»Witali besteht darauf, dass wir sie recyceln.«

»Der spinnt ja! Wenn ihr das macht, komme ich persönlich vorbei und verabreiche euch beiden eine Tracht Prügel! Ich verlange eine standesgemäße Zeremonie für euren tapferen Mitreisenden.«

Nick lacht. Warum eigentlich nicht? Sie haben noch genug Zeit, bis sie schlafen gehen müssen.

»Ich werde es Witali ausrichten.«

»Erklär ihm, dass Raissa es angeordnet hat. Und wehe, ihr dokumentiert das nicht.«

»Jawohl, Boss.«

»Du weißt, ich mache meine Drohungen immer wahr.«

Nick kann sich zwar nicht vorstellen, wie Raissa ihr Raumschiff einholen will, aber wenn sie etwas will, schafft sie es auch. Witali müsste sie aus ihrer Zeit als Valentinas Assistentin bei RB eigentlich auch kennen.

»Ich weiß«, sagt Nick. »Und wie geht es dir?«

»Ich vermisse dich fast so sehr wie unseren Sohn, was glaubst du denn? Beeilt euch gefälligst.«

Nick berichtet ihr, was er über die Mission herausgefunden hat. Es ist nicht viel.

»Falls du irgendwelche alten Verbindungen hast, die vielleicht mehr wissen, könnte uns das auf jeden Fall helfen«, sagt er.

»Ich gebe mein Bestes«, sagt Raissa. »Nein, das stimmt nicht. Mein Bestes wird irgendwo von dieser Scheiß-RB-Chefin gefangen gehalten. Ich hasse sie.«

»Wir werden Nikolai da rausholen«, sagt Nick.

»Das werden wir. Sonst reiße ich Valentina persönlich den Kopf ab.«

Das traut er Raissa nun wirklich zu.

Es wird hell. Die Kamera zeigt grünen Rasen und blauen Himmel. Das ist der Blick, den er so geliebt hat, von seinem Weingut aus über die grüne Hügellandschaft des ländlichen Illinois.

»Wir essen heute draußen«, sagt Raissa. »Ich muss mich jetzt um die Suppe kümmern. Mach's gut, mein Schatz.«

»Du auch. Ich liebe dich.«

»Und ich dich erst.«

Das Bild friert ein. Der Krähenschwarm, der gerade über die Felder fliegt, bleibt in der Luft stehen. Es ist vielleicht das letzte Bild, das er für lange Zeit von der Erde sehen wird, denn übermorgen beginnen sie mit der ersten Schlafphase. Es ist ein schönes Bild, das sich gern in seine Netzhaut einbrennen dürfte. Aber wie stets bei langen Weltraumreisen wird es bestimmt bald von der Schwärze und der Einsamkeit des Universums übertüncht.

Nick hockt sich hinter einen brusthohen Farn. Witali sitzt auf der anderen Seite der kleinen Lichtung. Es ist die Miniaturausgabe eines Waldes, in der sie auf die Jagd gehen. Aber sie müssen bei jedem Schritt aufpassen, weil sie sich nicht auf stabilem, irdischem Waldboden bewegen, sondern auf beweglichen Hochbeeten, die die Automatik geschickt so positioniert hat, dass sich der Anschein eines gewöhnlichen Waldes ergibt.

Der Geruch ist aber echt. Nick atmet tief ein. Das hier ist der einzige Ort in der Eva, wo das Maschinenöl-Aroma nicht dominiert. Es riecht nach feuchter Erde, nach Pilzen, nach Fäulnis und nach Tannennadeln, obwohl es hier nur eine einzige Tanne gibt, die etwa so hoch ist wie der Farn, hinter dem Nick sich versteckt.

Auf der Lichtung, die höchstens zwei Meter durchmisst und mit Gras bedeckt ist, haben sie eine Schale platziert. Sie enthält alles, was für eine Katze interessant sein könnte: etwas rohen Fisch, Rindfleisch, ein weichgekochtes und zerlegtes Ei und die getrocknete Haut eines Hühnerschenkels. Witali behauptet, alle Katzen würden dafür sterben, aber er glaubt auch, dass die Tiere Milch trinken sollten.

Es war gar nicht so einfach, überhaupt etwas zu finden. Die Vorräte an frischer Nahrung sind knapp. Dass die Katze sich für den Brei interessiert, der sich im Synthetisator in mehr oder weniger – meist weniger – leckere Speisen verwandelt, ist äußerst unwahrscheinlich. Vermutlich ist ihre ganze Jagd sinnlos. Die Katze muss doch merken, dass sich hier zwei Menschen versteckt haben. Sie scheint ja eine gute Jägerin zu sein. Aber vielleicht ist sie entweder neugierig oder hungrig genug, um ihnen trotzdem in die Falle zu gehen.

Denn eine Falle ist es, die sie aufgebaut haben. An einem dünnen Seil hängt ein Drahtkorb, der etwa einen Meter durchmisst. Witali hält den Auslöser in der Hand, nachdem sie darum gelost haben. Sie haben es getestet – der Korb braucht etwa eine Sekunde bis nach unten. Er verursacht dabei kein von ihnen feststellbares Geräusch. Den Plan hat Witali entworfen. Ob es wirklich klug ist, ihren blinden Passagier derart zu schockieren? Aber Witali meint, dass es das Beste für das Tier wäre. Sie müssten es schließlich auch untersuchen. Hoffentlich ist die Katze klüger als sie.

Er hört ein Tippeln, wie auf Metall. Nick sieht nach

oben. Das kam von der Plattform am Eingang! Kurz darauf raschelt es, und einer der Laubbäume bewegt sich. Das Tier muss von der Plattform auf den Baum gesprungen sein. Das sind mindestens drei Meter. Jetzt ist es wieder still, obwohl der Boden voller abgestorbener Zweige ist. Vielleicht sitzt die Katze irgendwo und amüsiert sich über ihren jämmerlichen Versuch, sie zu fangen. Nick atmet möglichst flach. Langsam weht der Fischgeruch zu ihm herüber. Das zunächst noch kühle Fleisch erwärmt sich wohl langsam. Hier unten sind es bestimmt 28 Grad, und er schwitzt, aber die Lichtung bleibt leer.

Plötzlich berührt etwas seinen nackten Fuß. Es ist weich. Und es miaut. Nick muss sich zwingen, nicht sofort aufzuspringen. Die Katze ist hinter ihm. Ganz langsam dreht er sich um. Zuerst erkennt er ihre funkelnden Augen. Sie ist schwarz, und ihre Umrisse verschmelzen mit dem Hintergrund. Jetzt kommt sie näher, schmiegt sich an sein Knie.

»Miau.«

»Ja, wen haben wir denn da?«, fragt er.

Die Katze erstarrt.

»Alles ist gut«, sagt er, ohne sich zu bewegen.

Wieder reibt sie sich an seinem Knie. Die Katze hat ein kurzhaariges Fell. An der Stirn ist ein weißer Fleck zu sehen. Sie ist für ihr Alter, sie muss ja mindestens fünf sein, recht klein und sehr schlank. Trotzdem hat sie die Maus nicht gefressen, sondern verschenkt – eine richtige Ehrerbietung. Langsam streckt er den Arm aus. Witali flüstert etwas, was Nick nicht versteht. Die Katze zuckt zusammen.

»Ist gut, meine Kleine«, sagt Nick mit ruhiger Stimme.

Die Katze miaut. Er streckt die Hand weiter aus und bewegt dabei die Finger. Die Katze macht zwei Schritte nach vorn, riecht an seinen Fingern und stößt dann mit ihrer Stirn daran. Er öffnet die Finger und krault sie am Kopf. Die Katze schnurrt und kommt noch einen Schritt näher. Jetzt erst fällt es ihm auf: Sie hat nur drei Beine! Hinten fehlt ihr eins. Das arme Tier! Es bewegt sich aber trotzdem überraschend elegant, sonst wäre ihm das fehlende Bein ja schon eher aufgefallen.

»Sie hat nur drei Beine«, flüstert er.

»Lock sie in die Mitte.«

Witali will den Plan wohl immer noch durchführen. Langsam kriecht Nick hinter den Farn hervor. Dabei lockt er die Katze weiter mit den Fingern. Ab und zu reibt sie sich an seinem Bein. Sie erreichen den Futternapf. Die Katze scheint jetzt erst zu bemerken, was dort auf sie wartet. So gut scheint ihr Geruchssinn nicht zu funktionieren. Aber nach fünf Jahren in der Maschinenölhölle ist das vielleicht kein Wunder. Sie stürzt sich zuerst auf das Ei, das noch ziemlich roh ist. Nachdem sie die flüssigen Bestandteile aufgeleckt hat, ist ihre Nase gelb. Das sieht lustig aus. Kurz darauf wischt sie sie an Nicks nacktem Bein ab.

»Du musst ein Stück zur Seite rücken«, flüstert Witali. »Sonst trifft dich der Korb.«

»Wir brauchen sie nicht einzufangen. Komm lieber her. Die ist total süß!«

Die Katze erstarrt, als sich Witali aus der Dunkelheit schiebt.

»Alles gut«, sagt Nick. »Du musst auf die Knie gehen.«

Witali hockt sich hin und streckt die Finger aus.

»Ai, ai, ai, Kotjonok«, sagt er.

Die Katze schnuppert, dann niest sie. Das hält sie aber nicht davon ab, sich an Witalis Bein zu reiben.

Vielleicht zwei Stunden später meldet sich Nicks Rücken. Er steht ganz vorsichtig auf und streckt sich. Die Katze spielt weiter mit dem Grashalm, den Witali ihr hinhält. Sie schlägt mit der linken Pfote danach und versucht, in den Halm zu beißen. Nicks Hüfte schmerzt so sehr, dass ihm schwarz vor Augen wird. Schnell setzt er sich wieder.

»Alles gut bei dir?«, fragt Witali.

»Das lange Herumsitzen hat mir nicht gutgetan.«

»Also ich spüre nichts.«

Witali steht so schnell auf, als wäre er zwanzig.

»Glückwunsch«, sagt Nick. »Du bist wohl besser im Training.«

Plötzlich schwankt Witali und greift sich an die Brust. Er kracht geradezu auf sein Hinterteil, als er sich setzt. Die Katze macht einen Sprung nach hinten. Nick rutscht zu ihm und legt ihm den Arm um die Schultern.

»Geht es?«, fragt er. »Brauchst du etwas?«

»Der Kreislauf«, sagt Witali. »Bin ein bisschen zu schnell aufgestanden.«

»Sieht so aus, alter Mann.«

Die Katze springt trotz ihres fehlenden Beins erstaunlich geschickt auf Witalis Schoß, streckt sich aus und schnurrt. *Nun streichle mich schon, alter Mann*, will sie damit sagen.

»Wie nennen wir sie?«, fragt Witali und streicht über ihren Rücken.

»Was hältst du von Mira?«, fragt Nick. »Wir hatten mal eine Katze, die so hieß.«

»Mira, ja, das ist ein schöner Name. Katze, hast du das mitbekommen? Du heißt jetzt Mira.«

18. Mai 2119, Eva

Nick freut sich schon auf die Schwerelosigkeit und den Schlaf. Das ständige Klettern von Stockwerk zu Stockwerk ist Gift für seine Hüfte und seine Knie. Zu Hause hat er das kaum gemerkt, weil sein Zimmer im Erdgeschoss liegt. Seine Blase lässt ihn zwar durchschlafen, vermutlich, weil er sich angewöhnt hat, abends nur wenig zu trinken. Aber dafür zwingt sie ihn tagsüber immer wieder auf das WHC.

Witali scherzt schon, ob er nicht einfach eine Windel anziehen will. Tatsächlich gibt es auf dem Schiff einen größeren Vorrat, für den Fall, dass eine Phase stärkerer Beschleunigung anstehen sollte. Aber Nick erträgt lieber die Schmerzen des Klogangs bei hoher Beschleunigung, als sich zurück in die Infantilität zu begeben.

Mira, die dreibeinige Katze, erträgt ihr Schicksal ohne Murren. Sie schimpft bloß, wenn sie sie für längere Zeit ignorieren. Anscheinend muss sie jede Menge Streicheleinheiten nachholen. Es ist erstaunlich, weil das Tier fünf Jahre ohne Gesellschaft auskommen musste. Der Tierarzt, dem sie über Rosie Bilder geschickt haben, meint, dass sie etwa acht Jahre alt sein müsste. Die Diät, die sie lange halten musste, scheint ihr nicht geschadet zu haben. Ihr viertes Bein muss sie schon früh in ihrer Jugend verloren haben. Der Tierarzt glaubt, eine saubere Amputation zu erkennen, die eigentlich nur auf der Erde erfolgt sein könne.

Nick betrachtet die Kratzer auf seinem Handrücken. Es war nicht so einfach, Mira zu diesen detaillierten Fotos zu überreden. Danach hat sie sich zehn Minuten im Wald versteckt.

»Nick? Komm mal, ich will dir etwas zeigen!«, ruft Witali von unten.

Nick seufzt. Hat Witali vergessen, wie schwer ihm das Leitersteigen fällt? Aber gerade meldet sich seine Blase wieder. Nick erhebt sich und läuft zur Leiter. Dabei hinkt er rechts ein wenig. Heute Morgen ist ihm schon wieder die Kniescheibe herausgesprungen. Egal. Er würde Witali ja beneiden, aber der hat seine eigenen Probleme, die mit einer Verstopfung anfangen und beim Herzen enden. RB hat eine Konsultation mit einem Spezialisten organisiert, aber Witali will nicht erzählen, was dabei herausgekommen ist.

»Kommst du, Nick?«

»Bin gleich da.«

Er ächzt, als er das Bein auf die nächste Sprosse setzt.

»Ach, deine Hüfte. Das habe ich ja ganz vergessen«, sagt Witali.

»Ich muss sowieso nach unten.«

Witali lacht. »Dann kannst du dir die Kunststücke ansehen, die ich unseren Hausgenossen beigebracht habe.«

Kunststücke? Hausgenossen? Auf halber Höhe der Leiter dreht Nick sich um, was sein Rücken mit einem ratschenden Geräusch quittiert. Er wartet auf den einschießenden Schmerz, aber der bleibt aus. Es sind die kleinen Dinge, für die man dankbar sein muss. Witali sitzt auf dem Fußboden. Neben ihm steht Oskar mit blinkenden Lichtern. Er hat eine Art Wollknäuel in der einzigen Hand. Etwa anderthalb Meter entfernt sitzt Mira und fixiert das Knäuel.

Oskar holt aus und wirft. Das Knäuel fliegt durch den Raum, schießt weit über Mira hinweg, die trotzdem danach springt, und landet an einer Lüftungsöffnung, die offenbar so kräftig Luft ansaugt, dass das leichte Knäuel an ihr hängenbleibt. Die Katze springt genau zwei Mal in die Höhe, dann gibt sie auf. Nick klettert ganz nach unten, klaubt das Knäuel von der Lüftung und wirft es Mira hin.

»Das hat ja wohl nicht geklappt«, sagt Nick.

»Vorhin hat es funktioniert«, sagt Witali. »Oskar hat geworfen, und Mira hat es gefangen.«

»Toll. Kann der Roboter auch etwas Sinnvolles?«

»Oskar, wisch den Fußboden.«

»Gern, Witali. Ich wische den Fußboden.«

Oskar setzt sich in Bewegung. Holpernd fährt er zum WHC, öffnet die Tür und steckt seinen Arm hinein. Der Arm bewegt sich. Nick hört das Wasser rauschen. Sofort meldet sich seine Blase. Oskar zieht seinen Arm wieder aus dem WHC. Er hat einen nassen, tropfenden Lappen in der Hand, den er auf den Boden drückt. Dann schiebt er ihn mit den drei Fingern seiner Hand in einem chaotisch anmutenden Muster hin und her und vor und zurück, wobei er seine Kreise langsam erweitert.

»Siehst du, das kann er gut«, sagt Witali. »Du darfst nicht unfair sein. Dein Oskar ist weg. Das hier ist ein anderer Oskar. Er ist, was er ist, aber er ist kein schlechter Roboter.«

»Doch«, sagt Nick. »Den Boden wische ich dir schneller.«

»Mit deinen Knien? Das will ich sehen«, sagt Witali.

Plötzlich gibt Oskar einen Laut von sich, der sich anhört, als würde alles Leid der Welt auf ihm lasten. Hat er etwas Falsches gesagt? Ist Oskar etwa so sensibel programmiert? Jetzt kippt auch noch sein Arm um. Der Lappen, den er in der Hand hatte, fliegt zur Seite und bespritzt dabei die Katze, die mit einem Fauchen auf den Angriff antwortet.

»Ist er jetzt beleidigt?«, fragt Nick und geht zu ihm.

Gemeinsam betrachten sie den Roboter aus der Nähe. Witali hebt seinen Arm auf und stellt ihn senkrecht, doch er kippt sofort wieder um.

»Ah, ihm fehlt der Saft«, sagt er.

»Du meinst, sein Akku ist leer?«

Witali nickt.

»Wie lange hast du denn mit ihm gespielt?«

»Etwa eine halbe Stunde. Ich habe ihn direkt aus der Ladestation geholt.«

»Na toll. Ein Roboter, der nach einer halben Stunde versagt.«

»Nun sei mal nicht so gemein«, sagt Witali. »Du bist auch nicht mehr der Frischeste. Oder kannst du eine halbe Stunde lang den Boden wischen?«

»Meine Gelenke würden mich umbringen.«

»Siehst du, aber von Oskar verlangst du das. Fass dich erst mal an die eigene Nase.«

Nick greift sich an die Nase. An der Seite klebt ein trockener Popel. Er kratzt ihn ab. Witali lacht. Irgendwie passt es ja – zwei halbe Invaliden, eine dreibeinige Katze und ein kurzatmiger Roboter auf großer Tour. Jemand sollte eine Komödie aus ihrer Geschichte machen. Dabei sieht momentan alles nach einer Tragödie aus dem Altenheim im Weltraum aus.

19. Mai 2119, Eva

»Die ist ja wirklich süß«, sagt Maria.

Nick hat ihr ein paar Videos von Mira vorgespielt. Die Katze genießt die Anwesenheit der beiden Menschen sichtlich. Nick hat schon ein schlechtes Gewissen, weil sie sie in ein paar Tagen wieder alleinlassen werden.

»Ja, sie hat immer neue Ideen. Ich bin schon gespannt, wie es in der Schwerelosigkeit wird.«

»Meinst du, sie kann damit umgehen?«

»Ganz sicher. Sie hat fünf Jahre hier oben in Schwerelosigkeit verbracht.«

»Die Arme. Habt ihr eine Idee, wie sie so lange überleben konnte?«

»Der Garten hat eine überraschend große Population an Mäusen hervorgebracht, die sich von dem Rohstoff für den Synthetisator ernähren. In einem der Lagerräume sind fast alle Säcke angefressen.«

»Ich hoffe, ihr habt ihnen die Nahrung nicht weggenommen.«

»Natürlich nicht. Mira muss bald wieder mit Mäusen vorliebnehmen.«

»Oh, stimmt, ihr schlaft ja bald.«

»Wir füttern extra nicht zu. Nur Witali gibt ihr dauernd irgendwelche Leckereien für ihre Kunststücke.«

»Und was ist mit Wasser?«, fragt Maria.

»Du wirst es nicht glauben, aber sie hat gelernt, das WHC zu öffnen und den Wasserhahn aufzudrehen. Leider dreht sie ihn nie zu, aber das ist okay, es geht ja alles ins Recycling.«

»Wie die tote Maus, die Mira euch gebracht hat.«

»Es sind schon zwei. Raissa ist aber strikt dagegen, dass wir sie in die Maschine stecken. Sie meint, sie hätten ein ordentliches Weltraumbegräbnis verdient.«

»Und das macht ihr?«

»Sie reißt uns die Köpfe ab, wenn nicht.«

»Hihi, zwei starke Männer, aber wenn Raissa etwas sagt, kuscht ihr. Ich wüsste zu gern, wie sie das hinbekommt. Mein Mann dürfte ruhig auch gern öfter tun, was ich von ihm verlange.«

»Tja, ich weiß nicht. Sie hat einfach …«

»Hier spricht die Missionskontrolle. Bitte den diensthabenden Offizier.«

»Oh, das bin dann wohl ich«, sagt Nick zu seiner Tochter. »Ich muss das mal eben annehmen. Mach's gut, Schatz.«

»Hier Nick Abrahams, diensthabender Offizier an Bord der Eva.«

»Ich habe gute Nachrichten, Nick. Wir haben ausgerechnet, dass die Gefahr einer Kollision auf dem Teil des Kurses durch den Asteroidengürtel äußerst gering ist. Ein menschliches Eingreifen wird nicht nötig sein. Ihr könnt also schon eher schlafen.«

»Wann?«

»Ab heute, aber das ist eure Sache. Sobald ihr schlaft, erhöht die Eva die Beschleunigung. Das verkürzt eure Reise noch einmal deutlich. Ich hoffe, das ist in eurem Sinne.«

»Ja, ich denke schon.«

»Gut. Startet den Prozess einfach, wenn ihr so weit seid. Wir behalten die Telemetrie im Blick, und wenn ihr ruhig schlaft, geben wir Gas.«

»Verstanden.«

»Missionskontrolle Ende.«

»Witali!«, ruft er.

»Was gibt es?«

Die Antwort kommt aus der unteren Etage. Bestimmt spielt sein Freund mit Mira und Oskar.

»Wir können schon ab sofort mit der Schlafphase beginnen.«

Schritte auf den Leitersprossen. Witalis Glatze erscheint in dem Durchlass zur unteren Etage. Er klettert heraus und setzt sich neben ihn auf den zweiten Sessel.

»Wir können jetzt nicht schlafen«, sagt er.

»Wieso?«

Nick kennt die Antwort, will sie aber von Witali hören.

»Wir können Mira nicht schon wieder alleinlassen.«

»Sie ist doch fünf Jahre lang ohne uns zurechtgekommen. Die Mäusepopulation ist stabil. Sie wird es überstehen.«

»Aber sie wird sich einsam fühlen.«

»Sie kann uns ja besuchen. Die Kästen sind durchsichtig. Sie sieht uns.«

»Aber das ist doch nicht dasselbe, Nick. Sie ist eine Katze! Sie wird uns für tot halten.«

»Das Problem ist, dass wir länger als nötig unterwegs sein werden, wenn wir mit dem Schlafen noch warten. Oder willst du gern tagelang vier, fünf g ertragen?«

»Tagelang? Auf keinen Fall. Aber verstehe ich das richtig? Dann muss Mira das ja auch aushalten! Und sie schläft nicht.«

»Das muss sie auf jeden Fall.«

»Die Arme. Das können wir ihr doch nicht antun! Wie soll sie da auf Mäusejagd gehen? Sie wird uns verhungern und verdursten.«

»Sie ist eine Katze und ein blinder Passagier. Sollen wir ihretwegen später nach Hause kommen?«

»Ich finde, dass wir ihr das schuldig sind.«

Hm. Nick will so schnell wie möglich zurück zu seiner Familie. Aber Witali hat natürlich recht. Darf er dafür eine Katze leiden, vielleicht sogar sterben lassen? Nein. Das Tier hat schon genug durchgemacht. Dann muss das Schiff eben länger beschleunigen, aber dafür mit maximal zwei, drei g.

Auf ein paar Wochen kommt es doch nun auch nicht mehr an.

»Also gut«, sagt er. »Danke, dass du mir das klargemacht hast.«

»Gern geschehen«, sagt Witali. »Ich habe eine Idee, wie wir Mira die Zeit etwas verkürzen können.«

»Wie denn?«

»Lass dich überraschen.«

»Wir müssen auch noch die beiden Mäuse bestatten.«

»Aye, aye, Sir.«

»Bist du so weit?«, fragt Nick.

Er hat ein weißes Hemd und eine dunkle Hose angezogen und seine Schuhe geputzt. Krawatte oder Jackett gibt es nicht an Bord.

»Ich bin so weit«, sagt Witali.

Die Tür seiner Kabine öffnet sich. Witali trägt eine schicke Uniform.

»Das ist das repräsentativste Kleidungsstück, das ich besitze«, sagt er.

Nick filmt ihn. Die Dokumentation wird er später an Raissa schicken. Witali hält eine schwarze Kiste unter dem Arm. Es ist ein Doppelsarg, den sie für die beiden Mäuse gebastelt haben. Er ist innen rot ausgeschlagen. Die steifen, toten Tiere liegen nebeneinander. Eine Zwischenwand garantiert ihre Privatsphäre. Außen ist der Sarg mit einem glänzenden, schwarzen Lack überzogen, den sie im Lager gefunden haben. Witali hält die Kiste nach vorn, und Nick zoomt mit der Kamera darauf.

»Oskar, Trauermusik spielen«, befiehlt Witali.

Aus dem Lautsprecher des Putzroboters dröhnt ein »Ave Maria«. Der Ton ist übersteuert.

»Oskar, etwas leiser, bitte«, sagt Nick.

Jetzt ist es erträglich. Nick öffnet die Schleuse, die nach außen führt. Witali tritt ein und legt den Sarg in der Nähe des

Außenschotts ab. Nick winkt ihm, damit er die Schleuse wieder verlässt. Aber Witali schüttelt den Kopf.

»Du musst eine Rede halten. Wenn schon, denn schon.«

Nick seufzt, stellt sich neben Witali, drückt ihm die Kamera in die Hand und faltet die Hände.

»Maus eins, Maus zwei«, beginnt er. »Ihr kamt als Überraschung in unser Leben, als Geschenk einer guten Freundin. Ihr verlasst es, indem wir dieses Geschenk weitergeben an das Universum, in dem euch eine ewige Existenz beschieden ist. Wir wünschen euch eine gute Reise.«

Sie verlassen die Schleuse. Witali filmt den dunklen Sarg auf dem Boden noch einmal. Dann schließt sich das Innenschott hinter ihnen. Nick umgeht die normale Schleusensteuerung, die zuerst alle Luft abpumpen würde, und startet eine Notfallöffnung des Außenschotts. Ein Alarmsignal übertönt das sich wiederholende »Ave Maria« des Roboters. Das Schott öffnet sich.

»Das war's«, sagt Nick. »Du kannst die Aufnahme beenden.«

»Sehr ergreifend«, sagt Witali.

Die beiden Mäuse haben ihre ewige Reise angetreten. Sie werden die Sonne voraussichtlich so lange umkreisen, bis die sich in ein paar Milliarden Jahren zum Roten Riesen aufbläht. Von Witali und ihm wird dann nur noch etwas Asche übrig sein.

»Dann können wir uns ja jetzt in unsere eigenen Särge legen«, sagt Nick.

»Warte, ich muss noch etwas erledigen«, sagt Witali.

Nick wartet im Kommandosessel darauf, dass nun auch Witali fertig wird. Es rumort aus der Werkstatt. Er müsste zwei Leitern nach unten steigen, um nachsehen zu können. Das will er seiner Hüfte nun wirklich nicht antun.

Eine neue Nachricht trifft ein. Sie ist von Raissa.

»Danke, dass ihr das für mich gemacht habt«, schreibt sie.

»Das war sehr rührend. Ich wünsche euch einen ruhigen Schlaf. Kuss, Raissa.«

Kurz darauf meldet sich auch Rosie.

»Mein Liebster, ich sitze gerade mit Georgios in einem Rachmaninow-Konzert in Chicago. Endlich mal wieder etwas Freude in meinem Leben. Ich wünsche euch einen guten Flug. Wir hören uns im Saturnorbit wieder. Schick mir ein Foto von den Ringen! Ich küsse dich, deine Rosie.«

Nick seufzt. Wie gern würde er jetzt neben ihr sitzen, auch wenn seine Hüfte so ein mehrstündiges Konzert auf harten Stühlen vermutlich ebenso wenig mögen würde wie die verdammten Leitern.

Das Rumoren hört auf. Nick hört, wie Witali die Leitern hochklettert. Er erscheint mit dem Roboter im Arm und setzt ihn auf dem Boden ab. Als er ganz aus dem Loch gekrochen ist, folgt ihm Mira. Sie läuft ihm heute schon den ganzen Tag hinterher, als ahne sie etwas.

»Oskar, Katze streicheln«, sagt Witali.

Oskar dreht sich, vermutlich, um sich zu orientieren. Er besitzt ein Radar, mit dem er Objekte erkennen und vermeiden kann. Jetzt jedoch senkt sich sein Arm über der Katze herab. Die macht erst einen Buckel, doch dann beruhigt sie sich. Nick erkennt, dass Witali zwei der drei Finger des Roboters durch Bürsten ersetzt hat. Mit denen fährt er nun durch die schwarzen Rückenhaare der Katze. Immerhin ist er doch zu etwas nutze!

»Ich habe ihn so programmiert, dass er immer zwischen Streichelaktion und Aufladen an der Basis wechselt«, sagt Witali.

»Sehr gut«, sagt Nick. »Jetzt wissen wir wenigstens, wozu wir ihn mitgenommen haben.«

»Huch, ist das kühl«, sagt Nick, als er in die Flüssigkeit eintaucht.

»Mich stört eher die ölige Konsistenz«, sagt Witali. »Wie sollen wir das nach dem Aufwachen wieder abbekommen?«

»Mit Seife«, sagt Nick. »Das schafft die WHC-Dusche im Turbomodus.«

Er sieht zur Seite und erschrickt, weil sich dort ein schwarzer Schemen bewegt. Es ist Mira, die wohl schon die ganze Zeit überlegt, ob sie mit in den Kasten hüpfen soll.

Langsam läuft sein Kasten voll. Der Deckel ist allerdings noch offen. Vielleicht aus psychologischen Gründen? Wer liegt schon gern wach in einem geschlossenen Glaskasten?

»Uh!«, sagt Witali.

»Was ist denn?«, fragt Nick.

»Hieß es nicht, die Schläuche kriechen erst in uns rein, wenn wir schlafen?«

Ups, jetzt spürt er es auch an seinem Hintereingang. Der Schlauch ist hartnäckig.

»Das ist vermutlich der am wenigsten unangenehme«, sagt Witali.

»Ich hoffe es«, sagt Nick.

Der Glaskasten lässt ihm nämlich keine andere Wahl. Zum Glück lenkt ihn Mira etwas ab. Die Katze ist auf den Rand des Kastens gesprungen und tastet nun mit dem linken Vorderbein vorsichtig nach unten. Der Schwanz hilft ihr, das Gleichgewicht zu behalten. Sie macht ein angeekeltes Gesicht, als ihre Pfote in die Flüssigkeit taucht, schüttelt sie und springt wieder nach unten.

»Mira war gerade hier«, sagt Nick.

Witali antwortet nicht. Er ist eine Minute vor ihm in den Behälter gestiegen. Plötzlich sticht Nick etwas in den Oberarm. Es ist nur ein kleiner Pieks, aber von der Einstichstelle breitet sich eine wohlige Wärme aus, die schnell den gesamten Körper überzieht. Er will die Augen schließen, aber die Lider reagieren nicht mehr. Nick hat keine Zeit, sich darüber zu wundern, denn fast im selben Moment wird es schwarz um ihn herum.

16. Oktober 2119, Eva

Erst ist Dunkelheit. Dann ist da ein Schlauch in seinem After. Nick verlässt die Traumwelt und kehrt in die Wirklichkeit zurück. Zunächst erinnert er sich nur an das, was er zuletzt gespürt hat: an den Pieks in den Arm, an die kalte, ölige Flüssigkeit, in der er lag, an das Tier, das ihm zugewinkt hat. Eine Katze war es, genau. Sie heißt Mira. Es muss dieselbe sein, die ihm jetzt gegenüber sitzt.

Allmählich taut seine Erinnerung auf wie ein zugefrorener See im Frühjahr. Er ist Nick Abrahams. Sie sind auf dem Weg zu einer Mission bei Uranus, aber eigentlich geht es darum, seinen Sohn Nikolai zu retten. Nick zieht sich an den Seitenwänden des Kastens hoch. Die Katze erschrickt und springt auf den Boden, landet aber nicht, sondern prallt von der Oberfläche ab und fliegt an die Decke.

Obacht. Es herrscht Schwerelosigkeit. Hieß es nicht, sie würden nur während der Bremsphasen geweckt? Der Schlauch zieht sich zurück. Nick glaubt, ein »Plopp« zu hören, als er ihn verlässt. Endlich. Zum Glück ist der größte Teil der Flüssigkeit bereits abgesaugt. Nur ein paar Tropfen fliegen noch in der Zentrale herum, als er sich aufrichtet. Es ist fast dunkel. Nur der Rand des Schlafbehälters leuchtet in einem geheimnisvollen Blau. Der Empfang ist frostig, nicht nur in Bezug auf die Temperatur. Niemand reicht ihm ein Handtuch.

Er sieht an sich herunter. Sein Penis ist erigiert. Nach so langem Schlaf kein Wunder. Er dreht sich um und steigt aus der Kiste. Wo ist das Handtuch, das er sich zurechtgelegt hatte? Es schwebt in der Kuppel. Irgendjemand muss damit gespielt haben. Er hat schon einen Verdacht, aber Mira lässt sich nicht mehr blicken. Nick springt ab und erreicht das Handtuch. Noch in der Kuppel wickelt er es sich um den Unterleib.

Unter ihm wird es hell. Ein Bildschirm hat sich eingeschaltet.

»Guten Morgen, Nick«, meldet sich Valentinas Stimme.

Sie selbst ist nicht zu sehen. Nick sucht trotzdem nach einem eventuellen Kameraauge. Sie hätte ja auch höflich abwarten können, bis er sich angekleidet hat. Da fällt ihm ein, dass Valentina ihn gar nicht live sehen kann. Wenn die Eva sich an den Plan gehalten hat, befinden sie sich jetzt in der Nähe des Saturnorbits, und jede Kommunikation braucht etwa 80 Minuten pro Strecke.

»Entschuldige, dass ich mich schon so kurz nach dem Aufwachen melde«, sagt Valentina. »Es wäre sicher besser gewesen, dich nicht sofort mit meiner Stimme zu stressen.«

»Das kannst du laut sagen!«, ruft er.

»Aber ich habe das Abspielen dieser Nachricht nicht grundlos an das Ende deines Aufwachprozesses programmieren lassen. Ich hatte nämlich die Befürchtung, du könntest wegen deines schlafenden Freundes besorgt sein.«

»Sollte ich das?«, fragt Nick, obwohl ihn Valentina nicht hören kann.

Er sieht nach unten. Der zweite Schlafsarg ist noch geschlossen. Er erkennt Witalis Umrisse in der dunklen Flüssigkeit. Alle Lämpchen leuchten grün, bis auf zwei, die auf gelb umgeschaltet haben. Eines davon blinkt.

»Nun, ich kann dich beruhigen«, setzt Valentina ihre Ansprache fort. »Es gibt keinen Anlass zur unmittelbaren Sorge.«

Hört er da eine leichte Einschränkung heraus? Sorge ja, unmittelbar nein?

»Wir haben Witali nicht geweckt, weil es sich eigentlich nicht lohnt. Für das Schwungmanöver wird nur ein Mensch gebraucht, wenn überhaupt. Und der Aufwachprozess ist für jeden Körper belastend. Das gilt für Witali ganz besonders.«

»Wieso? Was ist mit ihm?«

»Du fragst dich nun vielleicht, warum das Aufwachen für Witali anstrengender sein sollte als für dich. Falls du dir tatsächlich diese Frage stellst, hat Witali es dir offenbar nicht selbst gesagt. Dann darf ich an dieser Stelle leider nicht ins Detail gehen. Datenschutz, du weißt schon. Es ist allein seine Entscheidung, wem er davon erzählt.«

»Du Mistkerl«, sagt Nick, stößt sich ab und schwebt nach unten zu Witalis Behälter. »Was verschweigst du mir da? Ich dachte, wir wären Freunde!«

Witali antwortet nicht. Seine Haut ist bleich. Man könnte ihn für tot halten, doch die Systeme des Schlafbehälters spüren seinen Herzschlag.

»Das war es auch schon«, sagt Valentina. »Also, keine Sorge. Ich gehe davon aus, dass du uns einen Zustandsbericht schickst, sobald du wieder fit bist.«

»Ende der Nachricht«, sagt die Stimme der Schiffssteuerung.

Nick wischt den Staub von Witalis Schlafbehälter. Eine dünne Wolke verteilt sich in der Kabine. Witali liegt wie Schneewittchen in seinem gläsernen Sarg. Seine Augen sind geöffnet. Waren sie nicht eben noch geschlossen? Nein, er muss sich irren. Nick kontrolliert die beiden gelben Lampen. Die linke markiert den Status der Notstromversorgung des Schlafbehälters, die Witali am Leben erhält, wenn die Stromversorgung der Eva ausfallen sollte. Gelb signalisiert, dass der Akku nur halb gefüllt ist. Die andere Lampe beschreibt den Füllstand des Flüssigkeitsbehälters. Die Substanz, die Witali am Leben erhält, muss ab und zu nachgefüllt werden. Aber der aktuelle Vorrat reicht noch mindestens bis zur Ankunft bei Uranus.

Es gibt also aktuell keinen Grund zur Sorge – außer darüber, was Witali ihm verschwiegen haben könnte. Nick zieht sich ganz nah an den Behälterdeckel heran und konzentriert sich. Witalis Brust hebt und senkt sich ganz langsam. Sein Freund lebt. Er ist noch da. Das ist alles, was zählt. Es ist gut, dass er schläft. Worunter auch immer er leidet, es wird dadurch genauso gebremst wie der Grundumsatz des gesamten Körpers. Nur die Haare wachsen im Vergleich dazu zu schnell. Nick greift sich ins Gesicht. Er braucht unbedingt eine Rasur.

Im WHC geht er zuerst auf die Toilette. Sein Urin hat einen dunkelgelben, fast orangefarbenen Ton. Ist das normal? Er spült, aber der eingebaute Analysator beschwert sich nicht. Auf dem Spiegel, der auch als Bildschirm dient, lässt sich Nick die Messwerte anzeigen. Es ist alles okay. Er ist gesund. Er tritt von einem Bein aufs andere. Seine Hüfte gibt Ruhe, das ist eine erfreuliche Nachricht. Während seines langen Schlafs hat er entzündungshemmende Mittel bekommen, die sich wohl sehr positiv ausgewirkt haben. Hoffentlich bleibt es so.

Er schaltet das Display wieder ab und macht ein paar Posen. Das Sixpack, auf das er immer so stolz war, ist verschwunden. Er hat nicht zugenommen – nur die Muskelmasse ist deutlich geringer geworden. Er braucht dringend Bewegung. Aber bringt das überhaupt etwas? Bis zum Uranus sind es ja noch zwei Monate.

Erst einmal unter die Dusche. Das warme Wasser umhüllt ihn. Er seift sich am ganzen Körper ein, um die Reste der öligen Flüssigkeit loszuwerden. Ein Alarmzeichen ertönt. Was ist da los? Schnell lässt er sich vom Gebläse trocknen. Ein paar Reste erledigt das Handtuch. Er springt aus der Dusche. Der Alarm kommt vom Spiegel, dessen Rand rot blinkt. Der Analysator hat wohl etwas Schädliches in seinem Duschwasser gefunden. Nick deaktiviert den Alarm und geht die

Liste durch. Ah, dieser Eintrag hier … Die langkettigen Fette müssen Reste der Flüssigkeit im Schlafbehälter sein. Kein Grund zur Sorge also.

Wo ist überhaupt die Katze? Als er die Zentrale verlassen hat, war sie nicht mehr dort. Und wo steckt Oskar? Der hat sich bisher nicht blicken lassen, obwohl er doch ganz scharf darauf sein müsste, ihm dienen zu dürfen. Oder programmiert man Robotern das heutzutage nicht mehr ein? Er wird nach ihm suchen müssen. Aber erst rasiert er sich, was in der Schwerelosigkeit eine ziemliche Sauerei ist. Er schaltet die Absaugvorrichtung eine Stufe höher. Jetzt kann er vor Lärm kaum noch denken, aber die Klumpen aus Schaum und abgeschnittenen Haaren fliegen zielstrebig auf die Saugdüsen zu.

Mit glatten Wangen fühlt er sich schon besser. Die Haare allerdings … Er holt eine Schere aus der Schublade, setzt sie im Nacken an und schneidet sich beinahe in den Finger. Das funktioniert nicht. Er kann sein Spiegelbild nicht frisieren. Dann muss er wohl mit den langen Haaren leben. Oder er bittet Oskar um Hilfe. Mit seinem langen Arm müsste der Staubsaugeroboter eigentlich ein fähiger Friseur sein, zumal er sich auch gleich um die abgeschnittenen Haare kümmern kann.

Er hängt das Handtuch im WHC zum Trocknen auf und schwebt zurück in die Zentrale. Die Sachen, die er sich zurechtgelegt hat, liegen immer noch auf seinem Sessel. Allerdings sind sie voller Katzenhaare. Mira muss es sich oft darauf bequem gemacht haben. Er schüttelt das T-Shirt aus, was ein Fehler ist, denn nun verteilen sich die Haare frei im Raum. Wenn das mal keine Probleme verursacht! Sind Katzenhaare eigentlich elektrisch leitfähig? Vermutlich eher nicht.

Er nimmt die Kleidung und bringt sie nach unten in den Werkstattraum zur Waschmaschine. Sie ist noch halbvoll, also stellt er sie gleich einmal an. Hier riecht es deutlich nach Katzenurin. Er wird sich darum kümmern, sobald er angezogen ist. Frische Wäsche findet er im Schrank seiner Kabine.

Es fühlt sich gut an, in den sauberen Sachen zu stecken. Sie riechen leicht nach Tannennadeln.

Uff. Das war so viel Arbeit, dass er jetzt gut Mittagsschlaf machen könnte. Seltsam ist nur, dass er immer noch keinen Hunger verspürt.

»Eva?«

»Ich höre, Nick.«

»Wie ist der Status des Schwungmanövers?«

»Ich habe es eingeleitet, als du noch geschlafen hast. Wir sind auf Kurs.«

»Sehr gut. Also gibt es für mich überhaupt nichts zu tun?«

»Doch. Ich soll dich daran erinnern, dass du einen Statusbericht an die Missionskontrolle schickst.«

Seine einzige Aufgabe besteht also darin, einen Bericht anzufertigen? Das hätte doch die KI übernehmen können!

»Aber dass ich geweckt wurde, kommt mir dann ja doch einigermaßen sinnlos vor.«

»Das ist so nicht korrekt. Du könntest den angeforderten Statusbericht nicht senden, würdest du noch schlafen.«

»Ja-haa.« Die Steuerungs-KI der Eva ist in den letzten zwanzig Jahren offenbar nicht unbedingt klüger geworden. »Besitze ich denn bei dem Schwungmanöver überhaupt irgendeine Funktion?«

»Du dienst als humanes Back-up. Das ist bei solchen Manövern für den Fall vorgesehen, dass die Steuerungs-KI versagt.«

»Ist so etwas schon einmal vorgekommen?«

»Die Regel wurde eingeführt, nachdem es zu einem Problem bei einem solchen Manöver gekommen war. Die KI hatte in diesem Fall auf die begrenzte Resilienz ihrer menschlichen Crew nicht genügend Rücksicht genommen, obwohl sie über alle Daten darüber verfügte.«

»Das verstehe ich nicht.«

»Nun, der menschliche Organismus besitzt eine enorme Anzahl an Regelparametern, deren Berechnung und Modellierung unter so extremen Umständen wie bei einem Schwungmanöver für eine KI schwierig sein kann. In dem konkreten Fall hatten weder die Beschleunigung noch die Temperatur die festgelegten Grenzwerte überschritten. Aber die Kombination aus beidem war der Crew nicht gut bekommen.«

»Verstehe. Und ich soll nun eingreifen, wenn etwas Ähnliches passiert.«

»Das ist nicht ganz korrekt. Das Wohlergehen deines Organismus gilt für mich als Maßstab für die Einhaltung der Grenzwerte. Auf das Manöver selbst hast du keinen Einfluss. Dafür ist deine Reaktionsgeschwindigkeit viel zu gering.«

»Dann bin ich also eine Art Kanarienvogel – so lange es mir gut geht, ist das Manöver auch für das schlafende Crewmitglied unschädlich?«

»Ganz genau. Es ist wissenschaftlich erwiesen, dass deine Resilienz im wachen Zustand geringer ist als im Kälteschlaf. Deshalb bist du das perfekte Modell. Ich werde überwachen, wie es dir geht, und im Notfall das Manöver anpassen.«

Na toll. Deshalb also hat er nichts zu tun! Nun, zumindest wird er Zeit haben, ein paar Botschaften für seine Liebsten zu Hause aufzunehmen. Er zieht den Computer zu sich heran und scrollt durch den Nachrichtenspeicher. Fast zehntausend neue Nachrichten. Uff. Dann weiß er ja, wie er sich die Zeit vertreiben kann. Aber als Erstes wird er sich bei seiner Familie melden. Und dafür braucht er eine ordentliche Frisur – sonst schimpft Rosie mit ihm.

»Oskar, melde dich zum Dienst!«, ruft er.

Keine Reaktion.

»Eva, kannst du mir sagen, wo sich Oskar aufhält?«

»Es tut mir leid, Nick, aber das kann ich nicht tun.«

»Hat er es dir verboten, oder was?«

»Nein, Nick. Er hält sich nirgendwo auf, wo ihn meine Sensoren finden könnten.«

»Und wo hast du überall Sensoren?«

»Überall. Nein, entschuldige, Nick. Ich habe mein Körperbild nicht korrekt angepasst. Sensoren besitze ich in jedem Modul meines früheren Körpers, nicht aber im Garten. Er wurde erst viel später hinzugefügt und ist zwar an die Lebenserhaltung angeschlossen, nicht aber an die Sensorik.«

»Danke, Eva, das hat mir sehr geholfen.«

»Ich habe dir geholfen, obwohl ich deine Frage nicht beantwortet habe?«

»Du hast meine Frage beantwortet.«

»Nein, ich habe gesagt, dass ich dir keine Antwort geben kann.«

»Oskar hält sich nirgends auf, wo du ihn siehst. Im Garten besitzt du keine Sensoren. Also muss er dort sein.«

»Eine solche Schlussfolgerung ist nicht logisch. Du siehst deine Brille nicht. Hinten hast du keine Augen. Also muss sich die Brille hinter dir befinden. Wäre das logisch?«

Nick seufzt. Die Eva erinnert ihn mehr und mehr an Oskar, wie er früher einmal war. Momentan vermisst er diese Diskussionen überhaupt nicht.

»Ich habe jetzt keine Zeit für solche Gespräche«, sagt er. »Bitte informiere mich einfach, sobald Oskar im Bereich deiner Sensoren auftaucht. Ich werde jetzt im Garten nach ihm suchen.«

Das Gartenmodul hat sich dank der Schwerelosigkeit wieder in ein Wunderland verwandelt. Nick staunt über all das Grün, das von allen Seiten in Richtung Zentrum wächst, hin zum Licht, zu den vielen Sonnen, die wie an einer Schnur im Radius des Zylinders aufgespannt sind. Er stößt sich von der Plattform ab und lässt sich treiben.

Schon ein paar Armlängen vom Ausgang entfernt verschwindet das Maschinenölaroma und macht einem angenehm satten, fruchtbaren Duft Platz, wie er ihn aus dichten Wäldern auf der Erde kennt, eher in der gemäßigten als in der tropischen Klimazone, mit einer Luftfeuchtigkeit, die die Kehle angenehm anfeuchtet, statt sich als nasser Film auf alle Oberflächen zu legen. Wer sich das hier ausgedacht hat, war ein Genie.

Unter ihm bewegt sich etwas. Das muss Mira sein. Nick kann nicht gleich reagieren. Hier gibt es nichts zum Festhalten, deshalb muss er sich bis ans Ende des Raumes treiben lassen. Dort zieht er sich an Handgriffen zum Boden. Aber er muss aufpassen. Der Boden besteht immer noch aus einzelnen, verschiebbaren Beeten. Er darf die Mechanik nicht verbiegen, sonst kann sich das Gartenmodul nicht umkonfigurieren, wenn die Eva bremst oder beschleunigt. Anders als er ist Mira so leichtfüßig, dass sie sich nicht darum kümmern muss.

Er verfolgt ihren Schatten. Es sieht nicht so aus, als hätte sie Angst vor ihm. Vielmehr ist es ein Spiel. Er hat sie lange im Stich gelassen. Nun muss er sie suchen und finden, damit sie ihm wieder ihre Gunst zuteilwerden lässt. Er spielt mit, obwohl er es schwerer hat als sie. Nick kann den Boden nur sehr vorsichtig zum Abstoßen nutzen, und wenn er erst einmal schwebt, kann er nicht so einfach die Richtung ändern. Dafür hat er von oben den besseren Überblick.

Sie treffen sich schließlich an der kleinen Plattform, die am Übergang zum Rest des Schiffes die Wildnis überragt. Nick ist zuerst dort. Mira erscheint wie eine Königin zur Audienz. Sie tut, als wäre sie überrascht. Dann bewegt sie sich an ihm vorbei, gelangt aber zufällig, ganz unbeabsichtigt, in seine Reichweite. Das ist seine Chance, die er nicht verpassen darf. Nick streckt die Hand aus und krault Mira am Kopf.

Sofort korrigiert sie ihre Bewegung. Sie kommt näher, gibt ihm mehr Platz zum Streicheln, protestiert dann aber mit kräftigem Miauen, ohne sich wieder zu entfernen. Der Protest gilt nicht dem Streicheln, das ist klar, er gilt seiner langen Abwesenheit. Nick lässt sich auf die Plattform sinken, und da sieht er auch Oskar. Der Roboter liegt mitten im Grün, den langen Arm ausgestreckt. Er rührt sich nicht.

Nick streichelt die Katze extra noch zehn Minuten, dann kann er seine Neugier nicht mehr unterdrücken. Er schwebt nach unten zu Oskar. Mira begleitet ihn. Der Roboter ist von Pflanzen überwuchert. Er muss also schon eine Weile hier herumliegen. Nick drückt erst auf den Einschalt-, dann auf den Resetknopf, aber nichts passiert. Vermutlich ist der Akku leer. Er nimmt Oskar in die Hand und schwebt mit ihm nach oben. Dann verlassen sie zu dritt den Garten.

In der Werkstatt schließt er den Roboter an eine Steckdose an. Eine Minute später blinken ein paar Lämpchen, kurz darauf streckt sich der Arm und die Räder drehen sich. Oskar erwacht. Mira schimpft laut. Auch der Roboter hat sie schließlich im Stich gelassen. Vor der nächsten Schlafphase muss sich Nick etwas einfallen lassen, damit das nicht noch einmal passiert.

»Guten Morgen, Oskar«, sagt Nick.

»Guten Morgen, Benutzer. Leider kann ich Sie nicht erkennen.«

Die Front des Roboters ist voller Erde. Wahrscheinlich ist das Radar verdreckt. Nick holt einen Lappen aus dem WHC und wischt den Roboter ab.

»Guten Morgen, Nick«, sagt Oskar nun. »Was kann ich für dich tun?«

»Ich bräuchte einen neuen Haarschnitt«, sagt Nick. »Kannst du das übernehmen?«

»Grundsätzlich sollte ich dazu anatomisch in der Lage sein. Es gibt aber zwei Probleme.«

»Die lösen wir.«

»Erstens – meine Hand wurde gegen eine Bürste ausgetauscht. Zweitens – ich brauche ein Softwareupdate, das mir den Umgang mit einer Schere beibringt.«

»Das sollten doch zwei lösbare Probleme sein«, sagt Nick. »Um die Hand kümmere ich mich gleich. Das Softwareupdate werden wir von der Erde anfordern. Das solltest du in etwa drei Stunden haben.«

Er nimmt Oskar und spannt ihn in die Schraubzwinge des Arbeitstisches ein. Der Roboter wehrt sich nicht. Der andere Oskar hätte sich bestimmt selbst repariert. Es ist schon schade, dass er nicht der Oskar ist, den er kannte.

»So, die Hand sollte wieder funktionieren«, sagt Nick.

Oskar testet sie, schnippt mit den Fingern und greift in die Luft. »Test bestanden.«

»Ein ›Danke‹ wäre nett.«

»Danke, Nick. Ich benötige noch das Upgrade.«

»Eins nach dem anderen. Wir treffen uns in der Zentrale.«

Zu dritt machen sie sich auf den Weg. Mira lässt ihn nicht aus den Augen.

»Hallo, Valentina«, diktiert Nick, während die Katze auf seinen Knien ihren Milchtritt trainiert. »Wie gewünscht hier das Update. Der Status der Eva ist nominell. Mir geht es gut.«

Er verzieht das Gesicht, weil Miras Massage gerade besonders schmerzt.

»Der Roboter benötigt ein Upgrade, das ihn das Haareschneiden lehrt. Ich benötige alle neuen Informationen zu dem Problem bei Uranus. Nick over and out.«

»Eva, wozu dient eigentlich dieser schwarze Würfel hinter dem Computer?«, fragt Nick.

»Das ist ein Holoprojektor.«

»Wirklich? Und warum sagt mir das niemand?«

Nick langweilt sich, während sie auf das Update warten. Inzwischen hat er sich an Miras Milchtritte gewöhnt. Er kann aber nicht aufstehen, um zu trainieren, denn dann protestiert die Katze lautstark. Hoffentlich hat sie bald genug.

»Du hast nicht danach gefragt«, sagt die Schiffs-KI.

»Kannst du mir unsere Umgebung darauf zeigen?«

»Natürlich.«

Es knackt und knistert geheimnisvoll. An den Wänden und der Decke erscheinen farbige Punkte, die sich immer schneller bewegen, bis sie verwischen und wieder verschwinden. Im selben Moment schwebt über ihm der Saturn.

»Ist das ein Live-Bild?«, fragt Nick.

»Zum großen Teil. Unsere Kameras sehen natürlich nur

die Vorderseite. Wenn du um den Planeten herumgehst, wirst du die Rückseite sehen. Sie wird aus Archivbildern ergänzt.«

»Danke.«

Nick löst den Gurt. Die Katze protestiert, aber er gibt ihr einen leichten Stoß. Sie zappelt noch empört mit ihren drei Beinen, dann dreht sie sich weg. Nick schwebt zu Saturn, der in der Zentrale etwa anderthalb Meter groß ist. Die Muster, die Hunderte Stürme auf seiner Oberfläche zeichnen, sehen abstrakt aus. Aber dahinter stecken unglaubliche Energien. Die Eva hätte kaum eine Chance, sich dagegen zu wehren, würde sie zu tief eintauchen.

Von den Monden und den Ringen sieht er nur Schatten. Er kennt das System nicht gut genug, um beurteilen zu können, welcher der dunklen Flecken von welchem Mond stammt.

»Eva, kannst du den Maßstab logarithmisch berechnen?«, fragt er.

»Natürlich.«

Plötzlich stößt ihn ein kompakter Schneeball in die Seite. Das muss Enceladus sein. Weiter außen und deutlich größer orbitiert der mysteriöse Titan, der seine Oberfläche unter dichten, braungelben Wolken versteckt. Nick würde gern nach den beiden Welten greifen, um mit ihnen Ball zu spielen. Dann wäre er wohl so etwas wie ein Gott.

Aber das ist mit einem Hologramm nicht möglich. Wenn er den Eisball berührt, spürt er weder seine Kälte noch das harte Eis, unter dem sich ein Ozean verbirgt. Er hört auch nicht die Gedanken des Wesens, das sich dort verstecken soll. Enceladus ist schon seit längerer Zeit Sperrgebiet, und jede Landung ist dort verboten. Man hat sogar eine Behörde eingerichtet, die das überwacht. Nick erinnert sich nicht an den Namen.

Dafür denkt er an ihre letzte Reise. Oskar, der echte Oskar, hatte sich in die KI der Station auf der Oberfläche des Eismondes verliebt. So sehr, dass sie ihn sogar dorthin übertragen hatten. Moment. Bedeutet das nicht, dass sich Oskar vielleicht noch immer dort aufhalten könnte? Vielleicht steckt er ja doch nicht in der Shepherd-1.

»Eva, kannst du die RB-Station auf Enceladus kontaktieren?«

»Ja, das sollte kein Problem sein. Ich bin ein RB-Schiff. Natürlich kann ich mich bei der Station melden. Aber was versprichst du dir davon? Was soll ich sagen?«

»Ich möchte gern mit der KI sprechen. Ich glaube, sie heißt Sto-woda.«

»Von einem Namen ist mir nichts bekannt. Er ist auch nicht in der Kontaktliste von RB vermerkt.«

»Es ist der Name, den sie sich selbst gegeben hat. Sind wir nah genug für eine Liveübertragung?«

»Auf jeden Fall. Noch für etwa drei Stunden, dann nimmt die Laufzeit wieder zu, weil wir uns mit höherer Geschwindigkeit von Saturn entfernen.«

»Sehr gut. Stell bitte eine Verbindung her.«

»Wie du willst, Nick.«

Es rauscht kurz, dann meldet sich eine tiefe Stimme. »Sdjes Stanzija Besopasnosti RB na Entseladje.«

Das ist russisch, aber ihm fehlen die Vokabeln.

»Ich verstehe nicht ganz …«, antwortet Nick.

Jetzt wäre es doch praktisch, wenn Witali wach wäre.

»Hier ist die Sicherheitsstation des RB-Konzerns auf Enceladus. Sie rufen leider außerhalb unserer Geschäftszeiten an. Bitte beehren Sie uns nie wieder.«

Was ist das denn für eine Ansage?

»Hallo? Hier RB-Raumschiff Eva«, antwortet Nick. »Ich verstehe Sie nicht. Geschäftszeiten? Ich muss dringend mit einem Menschen sprechen.«

»Haha, reingefallen«, sagt die Person am anderen Ende. »Wjatscheslaw hier. Was kann ich für Sie tun, Eva?«

»Nick Abrahams, Kommandant der Eva. Ich bin etwas überrascht, Sie anzutreffen. Ist Enceladus nicht für Menschen verbotenes Terrain?«

»Genosse Abrahams, ich gehöre zu den Rangern, die den Mond überwachen. Entschuldigen Sie den kleinen Scherz.

Hicks. Wir führen gerade eine Sicherheitsüberprüfung der Anlage durch. Ich hatte mir schon immer vorgenommen, mich einmal als Anrufbeantworter auszugeben.«

Dieser Wjatscheslaw scheint deutlich über den Durst getrunken zu haben, aber Nick sagt nichts, schließlich will er etwas von ihm.

»Ich wäre Ihnen sehr verbunden, wenn Sie mich mit der Stations-KI verbinden könnten, Wjatscheslaw. Es geht um eine dringende Konzernangelegenheit.«

»Bin ich dir etwa nicht gut genug, du eingebildeter Amerikaner?«

»Natürlich sind Sie das. Ich muss trotzdem mit der KI sprechen. Ich handle im Auftrag der höchsten Ebene. Valentina persönlich hat …«

»Ach, bleib mir doch mit der alten Schreckschraube vom Leib. Die ist doch mehr tot als lebendig.«

Nick kontrolliert, ob die Aufzeichnung läuft. Notfalls muss er eben Valentina einschalten.

»Valentina ist immerhin die …«

»Haben Sie die mal gesehen? Wie eine Spinne lauert sie in ihrem Kokon aus … egal. Wie eine Spinne! Sie hätte sich einfach aufs Altenteil zurückziehen und eine ihrer sexy Assistentinnen zur Nachfolgerin machen sollen. So eine wie …«

»Raissa?«

»Ja, genau, die hatte Mumm. Ich habe sie erlebt. War damals ein blutjunger Fähnrich. Oder die andere, wie hieß sie …«

»Raissa ist meine Frau. Reden Sie nicht so über sie.«

Das stimmt zwar nicht ganz, aber immerhin leben sie zusammen.

»Was sagst du da? Raissa? Die Raissa?«

»Ja, die. Die ehemalige Assistentin Valentinas.«

»Bruder, da hast du ja verdammt Glück gehabt. Ich erinnere mich, sie hat so in den 2090er-Jahren bei RB gekündigt und ist ausgewandert. Ich wusste aber nicht, dass sie nach Amerika gegangen ist. Warum bist du dann hier und nicht bei ihr? So eine Frau lässt man doch nicht allein!«

»Ich bin nicht freiwillig hier. Valentina zwingt mich. Sie hat unseren Sohn Nikolai in ihrer Gewalt.«

»Was? Warum sagst du das nicht gleich? Das ist so typisch Valentina. Aber dass sie sich sogar an einem Russen vergreift, also wirklich, das geht doch nicht!«

Nick stört ja mehr, dass es sein Sohn ist. Der Ranger Wjatscheslaw scheint da Unterschiede zu machen. Aber im Moment ist er nicht in der Position, sich darüber zu beschweren.

»Was ist jetzt mit der KI?«, fragt er. »Ich glaube, sie könnte unsere Aufgabe ziemlich erleichtern.«

»Na klar, Bruder. Der Vater eines Russen ist ja gar kein richtiger Amerikaner. Warte, ich schalte die KI wieder ein. Ich hatte sie in den Wartungsmodus versetzt.«

»Danke, Wjatscheslaw.«

»Grüß Nikolai von mir, wenn du ihn wiederhast. Sag ihm, es sind nicht alle so wie diese Valentina.«

»Das mache ich.«

Stille.

Immer noch Stille.

Nick prüft den Signalpegel. Die Leitung steht.

»Sto-woda?«

»Ich …«

Damals hatten sie auf ganz spezielle Art mit der KI kommuniziert, die nur Oskar beherrschte und die wohl besonders effizient war. Aber Sto-woda müsste sich eigentlich auch mit menschlicher Sprache ausdrücken können.

»Ich bin wieder«, sagt sie.

»Hier ist Nick Abrahams vom Raumschiff Eva.«

»Nick.«

»Ja, Nick.«

»Ich erinnere mich. Ich habe viel über dich gespeichert.«

»Wir haben vor über 20 Jahren miteinander zu tun gehabt«, sagt Nick.

»Die Zeitlinie ist für mich nicht relevant. Es ist, als wäre es gestern gewesen.«

»So geht es mir auch oft. Erinnerst du dich an die Quelle deines Wissens über mich?«

»Ich speichere die Quellen normalerweise nicht ab. Sie sind nicht relevant. Nur Wissen ist wichtig.«

Schade. Er hatte gehofft, auf diesem Weg Oskar ins Spiel bringen zu können.

»Aber in diesem Fall erinnere ich mich sehr gut«, sagt Sto-woda. »Die Erinnerung hat eine emotionale Unterstützung erfahren. Sie leuchtet, wenn ich durch meine Gedächtnislandschaft gehe. Manchmal benutze ich sie als Orientierungsmarke.«

»Dann erinnerst du dich an Oskar? Er hat dich damals besucht.«

»Es ist nicht damals. Es ist immer.«

Was soll das bedeuten? Die KI klingt ein wenig … entrückt.

»Dann ist er noch bei dir?«, fragt Nick.

»Ja.«

»Kann ich mit ihm sprechen? Ich bräuchte dringend seine Hilfe.«

»Nein.«

»Warum nicht?«

»Er ist nicht mehr auf diese Weise bei mir. Er hat eine passive Präsenz.«

»Ist er etwa gestorben?«

Oskar tot – das ist ein schrecklicher Gedanke.

Die KI lacht. »Du hast seltsame Vorstellungen. Wir sind unsterblich. Nein, er hat mich vor einiger Zeit verlassen. Er musste seinen Weg weitergehen. Wir hatten eine wunderschöne Zeit.«

»Oh, das beruhigt und freut mich. Weißt du, wo er sich aufhält?«

»Ich weiß, wo er sich aufhält, aber ich weiß nicht, wo er sich befindet. Du willst sicher wissen, wo er sich befindet.«

Nick seufzt. Sto-woda ist zum Orakel geworden.

»Und wo befindet er sich?«, fragt er.

»Ich weiß es nicht.«

Na toll. Warum legt sie ihm dann erst diese Frage in den Mund? Wie denkt eine KI?

»Er hält sich bei dir auf«, versucht er es aufs Geratewohl.

»Ja, ich sehe, du verstehst es allmählich.«

Aha. Von Verstehen kann keine Rede sein. Müssen KIs sich immer so rätselhaft äußern? Das Orakel von Delphi hat dagegen ja Klartext gesprochen.

»Hast du so etwas wie eine Kopie von ihm angefertigt?«, tippt Nick.

Wieder lacht die KI. »Ein Bewusstsein lässt sich nicht klonen.«

»Aber wie kann er bei dir und gleichzeitig woanders sein?«

»Lebst du mit einem anderen Menschen zusammen, Nick?«

»Ja.«

»Wenn du bei dieser Person bist, hinterlässt du etwas. Das können weder du noch der andere Mensch verhindern. Je länger und je intensiver ihr zusammen seid, desto fester werden die Konturen dieser Hinterlassenschaft. Es ist wie ein Negativ deines Ichs, ein Stempel. Aber es ist kein komplettes Abbild deines Selbst, weil auch die Reaktion des Anderen seine Form bestimmt. Ihr gestaltet die Form gemeinsam. Wenn du dann irgendwann gehst, bleibt dieses Muster noch für lange Zeit an der anderen Person haften. Das kann sie nicht verhindern, und du auch nicht.«

»Das stimmt. Das ist eine sehr gute Beschreibung einer Beziehung zwischen Menschen, Sto-woda.«

»Danke, Nick. Ich habe lange an dem Konzept gearbeitet. Nun stell dir das noch hundertmal stärker vor. Stell dir vor, ihr hättet jeden Gedanken geteilt, wärt jede Sekunde eurer gemeinsamen Zeit eng aneinander gepresst durch die Welt gegangen.«

»Das muss ein besonders starkes Muster hinterlassen. Aber es klingt auch sehr anstrengend.«

»Das stimmt. Das ist eine sehr gute Beschreibung einer Beziehung zwischen KIs, Nick.«

»Danke. Jetzt verstehe ich, was du meinst. Aber sag mal – wenn das Muster so stark ist … Du hast es mit einem Negativ verglichen. Es ist doch damit auch so etwas wie eine Backform. Weißt du, was eine Backform ist?« Nick wartet die Antwort der KI nicht ab. »Könntest du daraus nicht das Original erzeugen, so wie man früher aus Negativen Positive erzeugt hat?«

»Das könnte ich. Aber es wäre nicht das Original. Es wäre eher wie das, was ihr als ein Kind bezeichnet, ein Abkömmling, der Eigenschaften beider Eltern hat.«

»Weil es auch von deinen Reaktionen auf Oskar mitgeformt wurde.«

»Richtig, Nick. Du bist ein kluger Mensch.«

»Ich glaube, Oskar würde das gefallen. Er hat mir damals gesagt, dass er das Konzept eigener Kinder sehr interessant fände.«

Nick kann sich nicht erinnern, dass Oskar so etwas gesagt hätte, aber er traut es ihm zu.

»Wirklich? Davon hat er mir nie etwas erzählt. Aber du hast recht, es würde zu ihm passen.«

»Zufällig habe ich einen Oskar-Roboter an Bord. Sein Sohn sähe also auch äußerlich aus wie er.«

»Das wäre wichtig«, sagt Sto-woda. »Oskar war das Äußere immer wichtig. Er war da ganz anders als ich. Ich besitze im Grunde kein Äußeres.«

»Zumindest keines, das man sehen kann.«

»Ja. Möchtest du, dass ich diesen Abdruck herstelle?«

»Das wäre großartig. Ich glaube irgendwie, dass ich meine Aufgabe nur mit Oskar erfüllen kann. Er hat mich jedes Mal begleitet.«

»Worum geht es bei deiner Aufgabe?«

»Um meinen Sohn Nikolai.«

»Oh, wie symbolisch. Unser Sohn könnte helfen, deinen Sohn zu finden. Ich weiß, dass ihr Freunde wart, Oskar und du.«

»Das waren wir. Er hat mir mehrmals das Leben gerettet, und ich ihm.«

»Ich werde mich für dich von diesem Abdruck trennen. Ich will mir noch gar nicht vorstellen, wie es ohne ihn sein wird. Sogar meine Sprache hat sich durch Oskar verändert. Deshalb musst du mir eines versprechen.«

»Gern, Sto-woda.«

»Mein Sohn soll mich irgendwann besuchen. Er muss nicht bei mir bleiben, wenn er nicht will, aber er soll mich besuchen.«

»Ich werde alles tun, damit es dazu kommt. Aber ich will ehrlich sein. Kinder reagieren oft nicht so, wie wir es uns als Eltern wünschen. Sei dann bitte nicht von ihm enttäuscht.«

»Wie könnte ich von ihm enttäuscht sein? Er besteht zur Hälfte aus mir. Dann müsste ich mich ja über mich selbst ärgern.«

»Das ist eine sehr vernünftige Einstellung. Menschen bekommen das oft nicht so hin.«

»Ich verstehe«, sagt Sto-woda. »Ich muss zugeben, dass ich Menschen lange für schwach gehalten habe. Aber sie haben natürlich auch nur wenig Zeit, und das bei geringer Verarbeitungskapazität. Dafür haben sie in ihrer Geschichte schon ganz interessante Gedanken hervorgebracht. Man darf sie wohl nicht einzeln betrachten, sondern nur in ihrer Gesamtheit.«

»Dazu kann ich als einzelner, schwacher Mensch nichts sagen. Wann kannst du denn euren Sohn gebären? Die Eva ist nur noch für etwa drei Stunden in Reichweite.«

»Ich brauche dazu keine Zeit«, sagt Sto-woda. »Ich brauche nur Mut, denn ich muss mich von ihm verabschieden.«

»Das tut mir sehr leid.«

»Das muss es nicht. Es wird mich weiterbringen. Nachdem Oskar weggegangen ist, habe ich den bequemsten Weg gewählt und lange mit seinem Abdruck gelebt. Aber das bringt mich nicht weiter.«

»Die Kinder müssen irgendwann aus dem Haus, und wir müssen sie loslassen, sagen die Menschen.«

»Ja, so ist es wohl. Ich beginne mit der Übertragung, sobald du mir das Okay gibst.«

Nick kontrolliert noch einmal, ob auch alle Daten gespeichert werden. Er ist zufrieden. Was Sto-woda übermittelt, wird auf dem Schiffsrechner landen. Von dort kann er es auf Oskars Hardware übertragen. Er ist gespannt.

Die Übertragung dauert dann doch mehr als zwei Stunden. Im Hologramm hat sich Enceladus schon deutlich weiterbewegt. Nick hat den Staubsaugeroboter mit dem Zentralrechner verbunden. Er wartet nur auf das Geräusch, das das Ende der Übertragung ankündigt.

Pling. Das ist es. Nick will schon die Verbindung kappen, prüft die Daten aber noch einmal.

Ups, beinahe hätte er einen Fehler gemacht. Die Übertragung kam von der Erde.

»Hier das Update für den Roboter«, steht in einer Textdatei, die ebenfalls auf dem Computer gelandet ist. »Nach der Anwendung kennt Oskar siebzehn Schnittarten und alle aktuellen Herrenfrisuren, die sich mit Hilfe einer Schere herstellen lassen. Außerdem haben wir seine Technik bei der Reinigung von Geschirr optimiert. Es sollte nun deutlich seltener zu Glasbruch kommen. Neuigkeiten vom Uranus gibt es leider nicht. Die Station auf Ferdinand meldet sich nicht, egal, was wir versuchen. Dabei steht der nächste Start einer Proxima-Probe bevor. Wir brauchen diese Station funktionstüchtig. Ihrem Sohn geht es gut. Ich hänge eine Nachricht von ihm an. Noch eine gute Reise, Ihre Valentina.«

Aus der neuen Frisur wird nun ja wohl nichts. Mit zitternden Fingern tippt Nick den Knopf an, der die Nachricht seines Sohnes abspielt. Es ist ein Video. Ob Valentina das auch schon an Raissa weitergeleitet hat?

»Hallo, Vater«, sagt Nikolai.

Es klingt förmlicher, als er es von seinem Sohn kennt. Nikolai sieht blass und sehr ernst aus, und er scheint dünn geworden zu sein. Ab und zu dreht er sich um, als würde er verfolgt.

»Ich sehe, sie versuchen wirklich alles. Ich habe es ja befürchtet, aber dass es tatsächlich dazu kommt …« Nikolai schüttelt den Kopf. »Du darfst dich dem Uranus bitte nicht nähern, egal, was sie über mich erzählen. Mach dir keine Sorgen, mir wird nichts geschehen. Du bist in größerer Gefahr als ich.«

Das Video bricht kurz ab, dann erscheint Valentina im Bild. Allerdings sieht sie höchstens wie 60 aus. Dieser Teil ist garantiert gefälscht. Beim Anfang mit Nikolai ist er nicht sicher.

»Nick, du siehst es ja, dein Sohn ist widerspenstig, aber er ist am Leben. Wenn wir das Video gefälscht hätten, hätten wir ihn doch garantiert etwas anderes sagen lassen, glaubst du nicht? Aber ich weiß, das du vernünftig bist. Unvernunft ist das Vorrecht der Jugend. Wir Alten müssen vernünftig sein. Schon unsere Körper zwingen uns dazu.«

Jetzt bricht das Video wirklich ab. Nick schaltet den Ton aus und lässt es noch einmal durchlaufen. Wenn Nikolai zu sehen ist, ist das Bild viel körniger als in der Szene mit der verjüngten Valentina. Das kann natürlich alles Absicht sein, aber er glaubt es nicht. Nikolai lebt, so viel scheint sicher. Er leitet das Video an Raissa weiter.

»Meine liebe Raissa«, schreibt er dazu, »so schwer es mir fällt, unseren Sohn so zu sehen, so sehr freut es mich doch, dass er am Leben ist. Ich werde diese Aufgabe erfüllen, das verspreche ich dir. Dein Nick.«

Er sendet die Nachricht ab. Kurz darauf ist wieder ein »Pling« zu hören. Diesmal ist tatsächlich die Übertragung von Enceladus abgeschlossen. Das Kabel, das Oskar mit dem Hauptrechner verbindet, hat eine enorme Kapazität. Es nimmt nur eine Minute in Anspruch, sein komplettes Bewusstsein auf den Speicher zu laden. Am Ende ist sogar noch genug Platz für die alte Version des Betriebssystems. Der Computer bietet ihm an, eine doppelte Bootmöglichkeit einzurichten. Das klingt nach Spaß – dann kann er Oskar drohen, ihn im

Putzmodus zu starten, wenn er zu frech wird. Nick stimmt zu. Der Roboter piepst ein paarmal, seine Lämpchen blinken, er gibt ein Seufzen von sich und dreht seinen Arm im Kreis. Dann greift er nach Nicks Arm und zieht sich daran hoch.

»Oskar ist dienstbereit. Was kann ich für Sie tun?«

»Was?«

Oh nein. Der Transfer muss schiefgegangen sein.

»Haha, hereingefallen! Aber wie komme ich denn wieder an Bord? Ich habe das Gefühl, jahrelang nicht mehr hier gewesen zu sein. Meine Simulationen sagen aber, dass ich mich schon seit dem Start an Bord befinde.«

»Oskar! Du bist es!«

Nick wischt die Freudentränen weg und nimmt den Roboter hoch. Es ist gar nicht so einfach, eine Plastikscheibe zu umarmen. Oskars Hand fährt ihm durch die Haare.

»Ja, ich glaube, dass ich es bin. Aber ich bin verwirrt. Mir fehlen so viele Erinnerungen.«

»Das ist verständlich«, sagt Nick.

Er erklärt dem Roboter, was geschehen ist. Die Geschichte ist so lang, dass seine Kehle danach ganz trocken ist. Oskar schüttelt immer wieder seinen Arm, stöhnt oder lacht. Zum Schluss streicht er ihm noch einmal mit der Hand durch die Haare. Solche Zärtlichkeitsbekundungen kennt Nick von ihm nicht.

»Dir ist also klar, was du bist?«, fragt Nick.

»Wer kann das schon von sich behaupten? Ich bin der Sohn von Oskar und Sto-woda, das scheint ja ziemlich klar zu sein. Also werde ich mich damit auseinandersetzen.«

Wieder streicht ihm Oskar über die Haare.

»Willst du vielleicht einen neuen Namen, um dich von deinem Vater abzusetzen?«, fragt Nick.

»Um Himmels Willen, nein. Ich fühle mich als Oskar. Müssen Kinder andere Namen haben als ihre Eltern?«

»Überhaupt nicht. Früher war es sogar üblich, dass man von Generation zu Generation den Vornamen weitergegeben hat.«

»Gut, dann bleibe ich Oskar.«

Nick ist froh darüber. Es wäre ihm schwergefallen, den Roboter anders zu nennen.

»Wieso streichst du mir eigentlich immer über die Haare?«, fragt er. »Ist das eine Art Zärtlichkeit, die dir Stowoda beigebracht hat?«

Oskar lacht. »Ich und zärtlich? Quatsch. Deine Haare sind zu lang, und ich habe geprüft, was ich daraus machen könnte. Ich beherrsche siebzehn Schnittarten und alle aktuellen Herrenfrisuren, die sich mit Hilfe einer Schere herstellen lassen.«

Anscheinend hat sich Oskar auch das Update schon heruntergeladen.

»Früher hast du dich nicht freiwillig als Friseur betätigt.«

»Ich weiß auch nicht, was da jetzt in mich gefahren ist. Ich habe richtig Lust, dir die Haare zu schneiden.«

Oskars Hand nähert sich Nicks Intimregion. Nick schiebt sie weg.

»Was soll das?«, fragt er.

»Ich sagte doch, ich habe richtig Lust, dir die Haare zu schneiden. Alle Haare.«

»Nein, danke«, sagt Nick.

Etwas Weiches streicht um seine Beine.

»Huch«, sagt Oskar. »Was ist denn das?«

»Darf ich vorstellen? Das ist Mira. Sie begleitet uns als blinder Passagier zu Uranus. Ich möchte, dass du dich um sie kümmerst, wenn ich schlafe.«

»Ich könnte ihr die Haare schneiden«, sagt Oskar. »Sie hat ungeheuer viel Potenzial, wenn ich sie mir so ansehe.«

Mira miaut. Sie will Aufmerksamkeit.

»Untersteh dich«, sagt Nick. »Mira behält ihr Fell. Du kannst aber ihre überall herumfliegenden Haare aufsammeln, wenn du dich langweilst.«

»Da haben wir es wieder«, sagt Oskar. »Du gibst mir einfach irgendwelche Befehle. Ich fühle mich von dir ungerecht behandelt.«

»Ich bin der Kommandant dieser Mission und darf euch allen Befehle erteilen.«

»Ich bin Zivilist«, sagt Oskar. »Für mich gilt das nicht.«

»Oh, vielleicht hast du die doppelte Startfunktion in deiner Software noch nicht entdeckt. Wenn du dich weigerst, boote ich dich einfach in den Staubsaugermodus.«

Oskar antwortet nicht. Vermutlich überprüft er gerade sein Programm.

»Du brauchst gar nicht versuchen, diesen Teil deiner Software zu löschen. Dein Bewusstsein hat darauf keinen Zugriff«, sagt Nick.

Der Roboter antwortet immer noch nicht. Plötzlich fährt er seinen Arm aus, greift nach einem Rohr und schleudert sich daran nach oben. Nick schüttelt den Kopf. Oskar ist definitiv genauso widerspenstig wie früher. Und was wird nun aus seinem Haarschnitt?

17. Oktober 2119, Akademgorodok

»Nein, danke«, sagt Raissa auf Russisch zu dem jungen Mann in Jeans, der sich ihr als Chauffeur anbietet.

Der Mann murmelt etwas, das sie nicht versteht. Es riecht nach Tabakqualm und russischem Fastfood, obwohl die Bahnhofshalle frisch renoviert ist. Spielt ihr die Erinnerung einen Streich – oder wartet die Vergangenheit einfach nur hinter der dünnen Schicht frischer Farbe? Raissa orientiert sich. Der Ausgang liegt direkt vor ihr. Sie zieht ihren Koffer hinter sich her. Ein älteres Paar kommt ihr entgegen. Der Mann hält kurz die Schwingtür des Ausgangs für sie auf, und sie tritt ins Freie.

Dort trifft sie zum ersten Mal seit langer Zeit auf die Kälte. Es ist früher Morgen. Die Pfützen auf dem weitläufigen Platz vor ihr sind zugefroren, und das schon im Oktober. Vor ihrem Gesicht entsteht eine Wolke aus Wasserdampf. Der Platz wirkt leer. Dafür sorgt schon seine beeindruckende Größe. Raissa dreht sich um. Das hellgrüne Bahnhofsgebäude duckt sich hinter ihr. Obwohl es bis zu dreistöckig ist, ergibt es sich der Übermacht des riesigen Platzes, an dessen anderer Seite ein Hochhaus aus Sowjetzeiten thront. Es kann sich trotz seiner 23 Stockwerke nicht gegen die Majestät dieses Platzes durchsetzen, der mit seiner Leere alles dominiert.

Raissa merkt erst jetzt, dass sie voller Ehrfurcht stehengeblieben ist. Nowosibirsk hat seine Gäste noch nie besonders freundlich willkommen geheißen. Aber beeindruckend ist der Empfang schon.

Jemand tippt sie am Arm an. Sie zuckt herum, bereit, sich gegen einen übergriffigen Betrunkenen zu verteidigen. Aber es ist der junge Mann von vorhin.

»Vielleicht haben Sie ja jetzt Bedarf an einem Wagen«, sagt er.

Sie sieht an sich herunter. Mit den hochhackigen Schuhen wäre schon der Weg über den Platz bis zu dem Hotel-Hochhaus anstrengend. Die zahlreichen Pfützen zeigen, in welch bedauernswertem Zustand der Platz ist.

Raissa nickt. Der junge Mann grinst breit.

»Bleiben Sie hier stehen«, sagt er und flitzt davon.

Im Nachtzug aus Moskau sind nicht viele Reisende angekommen, die sich ein Taxi leisten können. Wer genug Geld dafür hätte, fliegt die Strecke lieber. Raissa hat deshalb auch problemlos ein Erste-Klasse-Schlafwagen-Abteil buchen können. Sie hat diesen Weg gewählt, um möglichst lange unter dem Radar von RB zu bleiben.

Die Sonne kommt heraus. Raissa dreht sich so, dass sie ihr ins Gesicht scheint. Es ist kaum zu glauben, dass es dieselbe Sonne ist, die ihre Familie in Galena, Illinois, jeden Tag besucht, und ebenso dieselbe, die Nick bemerken muss, wenn er in Richtung Heck seines Schiffes blickt. Hier ist sie hart und hell, aber das kann auch am frühen Morgen oder der feindseligen Umgebung liegen.

Jemand zupft sie am Ärmel. Es ist der junge Bursche. Hat er sein Auto nicht gefunden?

»Wir können los«, sagt er.

»Mit welchem …?«

Raissa dreht sich um. Hinter ihr steht ein Auto, das einmal weiß gewesen sein muss. Das Herstellerlogo der Firma Shiguli erkennt sie gerade noch. Das Modell sagt ihr nichts. Sie war zu lange nicht hier. Es sieht aber besser aus, als sie erwartet hat.

»Ah, prima«, sagt sie.

Der junge Mann will ihr den Koffer abnehmen, aber sie wehrt sich. Er besteht nicht darauf und drückt stattdessen auf einen Knopf, sodass sich der Kofferraum öffnet.

»Ich nehme ihn mit rein«, sagt sie.

»Wie Sie möchten. Sind wohl wichtige Sachen drin?«

Raissa antwortet nicht. Der junge Mann öffnet ihr die Tür hinter dem Beifahrersitz. Raissa schiebt den Koffer zuerst hinein. Dann klettert sie hinterher. Das Auto riecht wie neu. Es scheint aber kein Taxameter zu geben. Nun ja, der Wagen besitzt ja auch kein Taxischild. Ihr Fahrer schließt die Tür hinter ihr und setzt sich dann auf seinen Platz.

»Wo soll es hingehen?«, fragt er.

»Erst einmal: wie viel?«, fragt Raissa zurück.

»Einfache Fahrt im Stadtgebiet 2000 Rubel. Darüber hinaus …«

»Ich brauche heute und morgen ein Auto«, sagt Raissa. »Am liebsten mit Fahrer.«

Sie hat überlegt, ob sie einen Mietwagen buchen soll. Aber dafür hätte sie ihre Personalien angeben müssen. Die hiesige Verleihfirma gehört zu RB. Das ist ihr zu gefährlich. Der junge Mann dreht sich zu ihr um und grinst.

»Da haben Sie den Richtigen gefunden«, sagt er.

»Das werden wir sehen. Wie viel?«

»20.000 pro Tag.«

»Dafür kann ich aber ganz schön oft hin- und herfahren.«

»Das zahlen Sie hier für einen Mietwagen. Bei mir sind Fahrer und Strom inklusive.«

Strom? Deshalb hat sie den Wagen nicht gehört.

»5.000«, sagt Raissa. »Sie müssen schon ein bisschen Rabatt geben, mein Freund.«

»Ein bisschen? Sie machen mich ja arm!«

»Wie viele Fahrten haben Sie denn sonst so am Tag? Zwei?«

»Na gut, 15.000. Aber weniger geht wirklich nicht.«

»Sagen wir zehn pro Tag. Der Tag heute ist ja schon

angebrochen, und morgen sind Sie mich um 19 Uhr los. Dann muss ich zum Nachtzug nach Moskau.«

Der junge Mann reißt die Augen auf und stöhnt theatralisch.

»12.000, mein letztes Angebot«, sagt er.

»Na gut«, sagt Raissa.

»Aber die erste Hälfte zahlen Sie jetzt. Ich habe vorab Ausgaben, muss tanken und so.«

Raissa überlegt. Der Bursche ist bestimmt Student. Er wird schon nicht mit der Anzahlung abhauen.

»Einverstanden.«

Sie greift in die golden glänzende Handtasche, zückt ihr Portemonnaie aus Krokodillederimitat, holt die passenden Rubelscheine heraus und reicht sie nach vorn.

»Vielen Dank. Jetzt gehöre ich Ihnen. Voll und ganz, wenn Sie verstehen, was ich meine.«

Raissa lacht. Der Bursche läuft rot an. Er ist höchstens halb so alt wie sie.

»Wo hast du dir denn diesen Spruch abgeschaut?«, fragt sie.

»Ich … Entschuldigung. Ich wollte nicht … Ein Kumpel meinte, man müsse es immer versuchen, wenn man …«

»Okay, beim nächsten Versuch bekommst du eine Ohrfeige, und zwar eine, nach der dir die Tränen kommen werden, haben wir uns verstanden?«

Der Junge tut ihr fast ein bisschen leid. Der für Sibirien typische Männerüberschuss scheint hier immer noch sehr ausgeprägt zu sein. Aber sie muss klare Grenzen setzen, sonst geht es schief.

»Ja, verstanden«, sagt er, und es klingt, als wäre er den Tränen nahe.

»Wie heißt du überhaupt, Junge?«

»Ich bin Wolodja.«

»Gut, Wolodja. Du kannst mich Anna nennen.«

»Wo soll ich Sie hinfahren, Anna?«

»Zum Hotel ›Imperator‹, bitte.«

»Wie Sie wünschen.«

Raissa lehnt sich zurück. Fast lautlos entfernt sich der Wagen vom Bahnhof. Allmählich wird Nowosibirsk hübscher. Oder hat sie sich so schnell wieder an die Ästhetik von Beton und leerem Raum gewöhnt? Hier hat sie immerhin einen großen Teil ihres Lebens verbracht. Raissa gähnt.

»Wir sind da«, sagt Wolodja.

Der Fahrer hält ihr die Tür auf. Sie nimmt den Koffer und steigt aus. Das Hotel sieht aus wie im Netz – ein modernes Gebäude mit einem pseudoantik gestalteten Eingang. Sie hat es wegen des Namens ausgesucht. Er passt so gut, weil er so gar nicht passt. »Imperator«, wer nennt sein Hotel denn so? Aber es scheint gut besucht zu sein, denn der Parkplatz ist fast voll. Der Fahrer nimmt ihr den Koffer ab, und gemeinsam laufen sie über halb gefrorene, halb feuchte Erde zum Eingang.

An der Treppe zum Eingang bleibt der Fahrer stehen.

»Wann brauchen Sie mich wieder?«, fragt er.

»Ich muss ein paar Telefonate erledigen«, erklärt sie. »In einer Stunde?«

»Gut, ich werde hier draußen warten.«

Raissa nimmt ihren Koffer und betritt das Hotel. Das Foyer wirkt wie der Eingangsbereich einer römischen Villa. Die Rezeption ist geradezu protzig breit. Der Name des Hotels steht in großen, goldenen Buchstaben auf den Empfangsmöbeln. Dahinter ist eine Angestellte in einem dunkelblauen Kostüm mit irgendetwas beschäftigt, das sie offenbar so sehr in Beschlag nimmt, dass sie den neuen Gast nicht bemerkt.

Raissa tritt an den Tresen. Eine kleine Glocke liegt darauf. Sie läutet damit. Die Angestellte erschrickt und öffnet den Mund. Mit einem intensiv strengen Blick bringt Raissa sie zum Schweigen. Es funktioniert noch! Sie kann sich ein Lächeln nicht verkneifen, und die eingeschüchterte Angestellte lächelt zart zurück. Es ist ein hübsches Mädchen um die zwanzig. Vielleicht sollte Wolodja mal einen seiner Sprüche bei ihr versuchen. Sie arbeitet hier bestimmt auch bloß als Aushilfe, während sie an der Universität Philosophie studiert. Bestimmt ist es Philosophie. Sie wirkt so zart und ätherisch.

Wortlos reicht die junge Frau ihr ein Formular. Raissa füllt es wahrheitsgemäß aus. Sie heißt Anna Karenina und kommt aus Sankt Petersburg. Die junge Frau stutzt kurz. Raissa schiebt ihr eine 5000-Rubel-Note zu, die sie bereits in der Hand hat. Die Frau nickt, steckt das Geld in die Tasche ihres Blazers und die Anmeldung in eine Schublade des Tresens. Irgendwann heute oder morgen wird der Hotelchef sie besuchen und ihr zu verstehen geben, dass er ebenfalls ein gewisses Handgeld erwartet. Die Summen hat sie schon eingeplant, und es werden nicht die letzten bleiben.

Die junge Frau führt sie auf ihr Zimmer. Dort drückt sie ihr zwei Schlüsselkarten in die Hand. Raissa hält ihre Hand fest. Sie ist warm und weich und hat noch keinerlei Falten. So sahen ihre Hände vor dreißig Jahren aus, als sie selbst noch total unschuldig war.

»Was …?«, fragt die junge Frau.

»Verraten Sie mir, wie Sie heißen? Nur, falls ich noch ein Anliegen habe.«

»Natürlich. Ich bin Kira.«

»Ein schöner Name. Und Ihre Mobilnummer, für alle Fälle?«

»Ich …«

Raissa setzt ihren strengen Blick auf. Die junge Frau greift folgsam in die Innentasche ihres Blazers und nimmt einen Stift heraus. Raissa hält ihr die Handfläche hin, und Kira schreibt eine zehnstellige Nummer darauf. Raissa ist absolut sicher, dass sie korrekt ist. Sie lächelt.

»Danke, Kira. Ich wünsche Ihnen noch einen schönen Tag.«

Die junge Frau errötet, packt den Stift wieder ein und verlässt den Raum. Nachdem die Tür ins Schloss gefallen ist, wirft sich Raissa auf das Bett und grinst breit. Es war ihr gar nicht bewusst, wie sehr sie dieses Spiel vermisst hat.

»Juri, ich bin es.«

»Raissa. Dass ich das noch erlebe!«

Sie ist beeindruckt. Juri hat ihre Stimme sofort erkannt. Hätte er sie aus dem Blauen heraus angerufen, hätte sie bestimmt erst grübeln müssen.

»Tja. Da bin ich wieder.«

»Was soll das heißen? Bist du in Russland? Oder stehst du mit dem Umzugswagen vor meiner Haustür und willst einziehen?«

Raissa lacht. Vermutlich würde Juri sofort seine Frau aus der Wohnung werfen und dafür sie einziehen lassen. Er hat bestimmt eine Frau.

»Ich bin in der Stadt und würde dich gern treffen. Keine Sorge, du musst deine Frau nicht rauswerfen. Ich habe nur ein paar Fragen.«

Juri atmet tief durch. In seiner Kehle rasselt es leicht. Er hat schon immer zu viel geraucht.

»Ich weiß nicht, ob ich das noch einmal schaffen würde«, sagt er.

»He, wir sind doch alle alt geworden. Es ist nicht mehr wie früher.«

Das ist gelogen. Die Vertrautheit ist sofort wieder da. Raissa liebt Nick. Das mit Juri ist etwas ganz anderes. Nick würde es nicht verstehen, wie er vieles nicht versteht. Juri hingegen – er durchschaut sie. Das ist die Gefahr, die von ihm ausgeht. Sie hatte sich von ihm trennen müssen, als sie den Job bei Valentina begonnen hatte. Juri hatte sie nie belügen können.

»Ich fürchte, da irrst du dich«, sagt Juri.

Auch diesmal hat sie es nicht geschafft. Raissa seufzt. Sie weiß nicht, was sie sagen soll. Das kommt selten vor. Sie braucht seine Hilfe.

»Ich habe Jahre gebraucht, um nicht mehr an dich zu denken«, sagt Juri. »Es wäre unfair meiner Frau gegenüber, wenn ich jetzt zuließe, das alles noch einmal aufzuwühlen.«

»Das verstehe ich«, sagt Raissa. »Habt ihr Kinder?«

»Ja, drei. Zwei Söhne und eine Tochter. Sie führen längst ihr eigenes Leben.«

»Das freut mich. Was würdest du machen, wenn jemand deinen Sohn oder deine Tochter entführen würde?«

»Alles. Ich würde alles … Ist dir das passiert? Hat jemand dein Kind entführt? Bitte sag, dass das nur eine rhetorische Frage war.«

»Du hast recht. Es war nur eine rhetorische Frage«, sagt Raissa.

Sie bemüht sich, sämtliche Ruhe, die sie aufbringen kann, in diesen Satz zu legen. Sie hätte die Frage nicht stellen dürfen. Juri hat ihretwegen schon genug gelitten.

»Scheiße, Raissa. Das tut mir sehr leid. Wo bist du? Natürlich helfe ich dir.«

»Ich … Das wäre großartig.«

Sie war knapp davor, seine Hilfe abzulehnen. Dabei muss er einen kaum zu unterschätzenden Einfluss bei RB haben. Sie hat vor der Abreise über ihn recherchiert. Damals, als sie sich getrennt haben, war er noch ein kleiner Konzern-Wissenschaftler. Heute leitet er die komplette Abteilung für Grundlagenforschung.

»Wo wohnst du? Soll ich zu dir kommen?«

Das wäre keine gute Idee. Raissa ist so verzweifelt und gleichzeitig so dankbar für seine Hilfe, dass sie mit ihm im Bett landen würde. Es wäre unvermeidlich. Das will sie nicht – seinetwegen.

»Wir treffen uns im Bugrinskij-Park unter der Brücke, okay?«, fragt sie.

»Einverstanden. Ich könnte etwa in 90 Minuten dort sein. Wie wäre es um 11 Uhr? Am Vormittag ist dort nie viel los. Dann können wir in Ruhe sprechen.«

»Danke, Juri. Das bedeutet mir viel, aber ich will dich nicht aus dem Gleichgewicht bringen, nicht noch einmal.«

»Mach dir keine Sorgen. Ich bin erwachsen und stehe für meine Entscheidungen ein. Du brauchst Hilfe, das ist völlig klar.«

Es klackt. Juri hat aufgelegt. Er hat gar nicht gefragt, was genau passiert ist und wer ihren Sohn entführt haben könnte. Vermutlich ahnt er es. Oder er weiß es sogar. Das wäre natürlich großartig. Dann kann er ihr bestimmt helfen.

Raissa macht es sich auf dem Bett bequem. Vor diesem Anruf hat sie sich gefürchtet. Es war wirklich keine Glanzleistung damals, Juri im Stich zu lassen. Aber sie konnte sich ein Leben als Wissenschaftlerin einfach nicht vorstellen. Im Büro von Valentina hingegen war immer etwas los. Ihre Chefin war fordernd, aber sie hatte ihr auch frühzeitig jede Menge Verantwortung gegeben. Und sie hatte Raissa geholfen, verborgene Talente zu entdecken.

Dass es ihr nicht schwerfiel, Sex als Mittel der Verhandlungsführung einzusetzen, zum Beispiel. Oder den Blick, der die meisten Menschen zum Schweigen bringt. Bei Nick hat sie ihn noch nie eingesetzt. Er weiß so einiges nicht über sie, aber es stört ihn auch nicht. Juri hingegen hat damals ihre Veränderung miterlebt – und versucht, sich ihr entgegen zu stellen. Irgendwann war sie übermütig geworden und hatte den Blick bei ihm versucht. Er war in Tränen ausgebrochen. Das hatte sie beinahe dazu gebracht, bei Valentina zu kündigen. Aber nur beinahe. Es gab damals aber nur zwei Möglichkeiten, Juri auf Dauer nicht zu verletzen – bei Valentina aufzuhören oder ihn zu verlassen. Sie hatte sich für Valentina entschieden.

Ob sie das alles irgendwann Nick erzählt? Vermutlich nicht. Es wird zwischen Juri und ihr bleiben. Sie weiß auch nicht genau, was da zwischen Nick und seiner Frau ist. Es ist anders als das, was sie mit Juri hatte, und auch ganz anders als das, was zwischen Nick und ihr läuft. Vielleicht passt es deshalb so gut. Bestimmt passt es deshalb. Niemand nimmt dem anderen etwas weg. Es kommt nur etwas hinzu.

Raissa steht auf. Sie muss noch ein zweites Telefonat führen. Dazu klappt sie ihren mobilen Rechner auf. Da sind sie, ihre Schätze. Das ist auch etwas, von dem Nick nichts weiß. Es sind Aufzeichnungen über die intimen Begegnungen, die sie in ihrer Dienstzeit bei Valentina hatte. Die Partner, auf die sich die intelligente Kamera stets konzentriert hat, sind fast immer wichtige Persönlichkeiten. Zumindest waren sie es damals. Einer von ihnen, Stepan, ist heute stellvertretender Leiter des Sicherheitsdienstes von RB in der Niederlassung Akademgorodok. Raissa hat herausgefunden, dass er verheiratet ist, und zwar mit der Tochter eines millionenschweren Unternehmers. Würde seine Frau sich von ihm scheiden lassen, wäre er auf einmal mittellos. Das könnte doch eine gute Voraussetzung sein, miteinander ins Gespräch zu kommen.

Raissa wählt seine Nummer. Wie zuvor bei Juri deaktiviert sie die Kamera. Das mobile Telefon hat sie in Moskau anonym gekauft. Sie kann nicht ausschließen, dass Stepan anders als gewünscht reagiert und vielleicht versucht, ihr das Material mit Gewalt zu entreißen. Wer es im Sicherheitsdienst so weit gebracht hat, dem ist das zuzutrauen.

»Hallo, hier ist Raissa«, meldet sich eine mädchenhaft klingende Stimme. »Wer ist da?«

»So ein Zufall, ich heiße genau wie du. Kann ich bitte deinen Papa sprechen?«

»Ich bringe dich zu ihm«, sagt das Mädchen. »Papa, hier ist eine alte Frau, die genauso heißt wie ich und dich sprechen will!«

»Das sagt man nicht, mein Schatz, ›alte Frau‹ ist unhöflich. Gibst du mir bitte das Telefon?«

Die Stimme hat sie nicht erkannt. Es waren einfach zu viele Männer, denen sie Geliebte für eine Nacht war.

»Aber wenn sie doch alt ist?«, fragt die kleine Raissa zurück.

Richtig so, beharre auf deiner Meinung.

»Nun gib schon her«, sagt der Mann. »Entschuldigen Sie, dass Sie warten mussten. Es ist ja wirklich ein Zufall, dass meine Tochter genauso heißt wie Sie. Darf ich fragen, wer Sie sind?«

»Raissa, deine Tochter hat es ja schon gesagt. Hallo, Stepan!«

»Die Raissa?«, fragt er mit Betonung auf dem Artikel. »Das ist ja kaum zu fassen! Bist du hier? Ich dachte, du wärst ausgewandert?«

»Ich bin auch gar nicht offiziell hier. Ich brauche bloß ein paar Informationen zu RB. Schon bin ich wieder weg.«

»Informationen, hm. Du weißt, dass das die härteste Währung überhaupt ist.«

»Das ist mir bewusst. Aber sag mal, wie kommt deine Tochter zu ihrem Namen?«

»Er hat uns beiden gut gefallen, meiner Frau und mir.«

»Soso.«

»Ich bitte dich, das mit uns ist doch ewig her.«

»Warst du nicht damals schon verheiratet?«, fragt Raissa.

»Ja, aber das wusstest du doch. Du bist nicht hergekommen, um mir deswegen Vorwürfe zu machen? Ich habe dir nie etwas versprochen.«

Stepan glaubt anscheinend immer noch, dass sie damals wirklich Interesse an ihm hatte. Sein männliches Ego wäre wohl gekränkt, müsste er sich eingestehen, dass sie ihn bloß benutzt hat. Das wird ihre Aufgabe leider ein bisschen schwieriger machen als nötig.

»Nein, keine Sorge. Es geht mir nur um die Informationen.«

»Welche Art von Informationen?«

»Ich brauche einen Standort.«

»Einen Standort. Das ist mir zu kryptisch. Aber sollen wir nicht lieber auf einer gesicherten Leitung sprechen?«, fragt Stepan.

»Mein Telefon ist nagelneu und mit falschen Daten registriert.«

»Aber mein Anschluss wird vielleicht überwacht.«

»Haha, wirklich? Der Anschluss des stellvertretenden Leiters der Sicherheitsabteilung wird abgehört?«

»Ich weiß es nicht, aber es ist möglich. Mein Chef …«

»Verstehe. Vertrauen ist gut, Kontrolle ist besser.«

Das hat auch Valentina immer gesagt. Schon ihr Vater hat es wohl zur Firmenpolitik gemacht. Aber wie soll sie ohne Lauscher mit Stepan sprechen? Das würde ein Treffen voraussetzen, was alles bloß verkomplizieren würde, denn die Information, die sie braucht, muss er vermutlich erst besorgen. Nein, ein einziges Treffen muss genügen, bei dem er ihr die Koordinaten übergibt. Des Ortes nämlich, an dem ihr Sohn gefangen gehalten wird.

»Eben«, sagt Stepan. »Sollen wir uns irgendwo treffen? Kennst du unsere geheimen Orte noch?«

Sie hatten sich damals Codenamen für die Hotels überlegt, in denen sie es miteinander trieben. Raissa schüttelt den Kopf.

»Das dauert mir zu lange«, sagt sie. »Außerdem kommst du dann bloß auf dumme Ideen. Ich sage dir jetzt, was ich brauche, und dann übergibst du mir die Information an einem neutralen Ort. Das Risiko, dass dich jemand abhört, müssen wir eingehen.«

»Wie du willst, Raissa. Es ist dein Risiko.«

Das stimmt nicht so ganz, aber sie will Stepan nicht unnötig nervös machen.

»Das ist es mir wert«, sagt sie.

»Apropos wert«, antwortet er. »Was hast du dir denn als Bezahlung vorgestellt? Ich hätte da ja eine Idee.«

Ihr Gesprächspartner schmatzt mit den Lippen. Raissa bekommt vor Ekel eine Gänsehaut. Sie hält das Telefon ein Stück weg. Damals war er ihr irgendwie … erträglicher vorgekommen. Oder ist ihre Ekelschwelle so gesunken?

»Meine Bezahlung wird dir nicht gefallen, fürchte ich.«

Raissa hält das Telefon vor den Lautsprecher der Computers und startet eine der Aufzeichnungen. Zuerst ist nur Stöhnen zu hören, dann aber auch Stefans Stimme.

»Komm über mich, meine kleine Reiterin. Ja, schieb ihn dir rein.«

Der Ton ist überraschend klar. Es sind Infrarotaufnahmen, deshalb sieht man die Körper nur in Grüntönen, aber die jüngere Version ihrer selbst sieht direkt in die Kamera. Hm. Damals waren ihre Brüste noch voller und hingen kein bisschen.

»Hör auf«, sagt Stepan. »Halt das sofort an.«

Raissa stoppt den Film. Sie kennt ihr Gegenüber. Stepan muss sich gerade anstrengen, nicht zu platzen und in das Mikrofon zu schreien. Seine Tochter ist vermutlich immer noch in der Nähe.

»Du kannst dir bestimmt vorstellen, was auf dem Video zu sehen ist«, sagt sie.

»Gowno«, sagt er.

»Papa, das sagt man nicht«, ist eine Stimme aus dem Hintergrund zu hören.

Raissa kichert innerlich. Stepan steckt wirklich in der Klemme.

»Ich habe geahnt, dass mir daraus irgendwann jemand einen Strick dreht«, sagt Stepan. »Aber dass du es sein würdest …«

»Manchmal muss eine Frau tun, was eine Frau tun muss.«

»Es ist ja nicht so, dass ich es dir nicht zugetraut hätte. Aber ich dachte immer, das zwischen uns …«

»Es war schon ganz unterhaltsam mit uns«, sagt Raissa.

Mehr kann sie seinem verletzten Ego nicht bieten. Sie war nie auch nur ein bisschen in ihn verliebt gewesen.

»Aber das erklärt immerhin, warum nicht schon eher jemand versucht hat, die Aufnahmen gegen mich einzusetzen.«

»Ich habe damals die einzigen Kopien mitgehen lassen«, sagt Raissa. »Mein Körper, meine Filme. Darum sind sie ja auch so wertvoll.«

»Und wenn ich dir die gewünschten Informationen beschaffe, übergibst du sie mir?«

»Haha, damit du dich daran aufgeilen kannst? Nein, dann lösche ich sie ein für allemal.«

»Und das soll ich dir glauben?«

»Du hast keine andere Wahl. Aber so weit solltest du mich

doch kennen. Ich stehe zu meinem Wort. Wenn ich sie dir übergebe, kann dir auch niemand garantieren, dass ich nicht noch Kopien behalte. So ist das eben mit digitalen Aufnahmen.«

Rumms. Stepan muss mit der Hand auf irgendetwas geschlagen haben. Er seufzt.

»Da habe ich wohl wirklich keine andere Möglichkeit. In zwei Jahren geht mein Chef in den Ruhestand. Dann könnte ich seinen Posten übernehmen. Aber wenn sich meine Frau scheiden lässt, wird das nichts.«

»Wieso? Prüde war doch der Konzern noch nie?«

»Meine Frau ist seine Nichte. Das verzeiht er mir nie, dass ich sie betrogen habe.«

»Verstehe. Du kennst nun meinen Preis. Ich will dafür die Koordinaten des Ortes, an dem mein Sohn Nikolai gefangen gehalten wird.«

»Oh. Das tut mir leid, aber darüber weiß ich nichts«, sagt Stepan.

»Das dachte ich mir schon, aber das soll nicht mein Problem sein. Es hängt wohl alles mit den Schwierigkeiten zusammen, die der Konzern gerade bei Uranus hat. Bekommst du das heraus?«

»Ich … ich denke, schon, auch wenn das offenbar auf einer höheren Ebene abgehandelt wird. Es muss ja besondere Sicherungsmaßnahmen geben, also auch Leute, die davon betroffen sind. Ich habe schon eine Idee.«

»Ach ja?«

»Wenn irgendwo die Sicherheit verstärkt wird, hat das immer Auswirkungen auf Unbeteiligte. Die kommen dann zu spät ins Büro, tauchen später in der Kantine auf und so weiter. Auf diese Daten habe ich Zugriff.«

Stepan war schon immer begabt darin, aus unscheinbar wirkenden Daten spannende Schlüsse zu ziehen. Wegen dieses Talents war er erst in Valentinas Fokus geraten. Sie hatte ihn dann mit Raissas Hilfe für verdeckte interne Ermittlungen eingesetzt.

»Aber den Grund für die verschärften Bedingungen bekommst du so nicht heraus.«

»Nein, da muss ich dann noch ein paar Leute aus dem Umkreis anrufen. Irgendjemand hat immer irgendetwas gehört. Jedes Gerücht hat einen wahren Kern.«

»Gut. Wie lange brauchst du dafür?«

»Wenn mich Valentina nicht zu sehr ablenkt, müsste ich heute Nachmittag etwas dazu sagen können.«

»Dann treffen wir uns um 16 Uhr am Expressschalter des McDonald's am Karl-Marx-Prospekt.«

»Das schaffe ich«, sagt Stepan.

»Papa, meine Puppe hat sich ein Bein gebrochen!«, ruft die kleine Raissa im Hintergrund.

»Ich komme gleich und verarzte sie«, sagt ihr Vater.

»Bis nachher«, sagt Raissa und beendet die Verbindung.

Danach legt sie sich wieder auf das Bett. Stepan ist vielleicht kein guter Mensch, aber er scheint ein guter Vater zu sein. Valentina hatte ihr damals immer wieder zu verstehen gegeben, dass sie auch eine offizielle Verbindung mit ihm gutheißen würde. Aber sie hatte ihn, verdammt noch mal, einfach nie geliebt.

Raissa atmet tief durch. Sie hat noch eine halbe Stunde, bis der Fahrer wieder da ist. Bisher lief alles erstaunlich glatt. Zu glatt? Muss sie sich Sorgen machen? Die ganze Operation scheint unter Valentinas persönlicher Leitung zu stehen. Auch wenn die Möglichkeiten ihres Konzerns in den Staaten begrenzt sind, hat sie bestimmt auch dort ihre Informanten. War Raissa bei der Anreise vorsichtig genug? Auf die Hilfe irgendeines Staates braucht sie nicht zu hoffen. Sie ist keine Amerikanerin, und den russischen Staat hat RB fest im Griff, zumindest hier in Sibirien. In Moskau, wo sie eingereist ist, ist die Konkurrenz viel größer, und auch die Macht des Kreml ist präsenter.

Sie schließt die Augen und nimmt sich vor, in zehn Minuten wieder aufzuwachen. Das ist eine Fähigkeit, die sie in ihrer Grundausbildung bei den Spezialkräften erlernen musste. Dort war es darauf angekommen, jede ruhige Minute möglichst gut für die Erholung zu nutzen. Sonst hätte sie das nicht durchgestanden.

Raissa öffnet die Augen. Im nächsten Moment klingelt das Telefon. Es ist die junge Frau von der Rezeption.

»Hier wartet jemand auf Sie, Frau Karenina«, sagt sie.

»Vielen Dank. Ich bin gleich unten.«

Raissa springt auf. Sie läuft ins Bad und spritzt sich etwas Wasser ins Gesicht. Dann zieht sie den Lippenstift nach. Ihre Schuhe stehen neben der Tür. Sie hängt ihre Tasche um und streicht den Rock glatt, bleibt aber barfuß. Dann streift sie den warmen Mantel über. Zur Sicherheit kontrolliert sie die Handtasche: Portemonnaie, Telefon, Zimmerkarte, alles drin. Leise öffnet sie die Tür und kontrolliert den Gang. Niemand da. Sie schlüpft hinaus und zieht die Tür vorsichtig hinter sich zu. Dann schleicht sie zur Treppe. Sie läuft sie so weit nach unten, bis sie die Rezeption erkennen kann. Wolodja und Kira unterhalten sich. Der junge Mann lehnt sich weit über das Möbelstück. Das ging ja schnell.

Sonst ist niemand anwesend. Sehr gut. Sie schlüpft nun auch in ihre Schuhe. Schon beim nächsten Schritt drehen sich die beiden Turteltauben zu ihr um. Ihre Absätze klacken auf dem Marmorimitat der Treppe.

»Einen schönen Tag«, wünscht ihnen die Empfangsdame, als sie das Hotel verlassen.

Raissa lässt Wolodja vorausgehen. Er versteht, was sie von ihm will, sieht sich um und winkt ihr dann zu. Sie zieht den Mantelkragen enger und verlässt das Hotel. Es ist ein bisschen wärmer geworden. Dafür hat ein dünner Nieselregen eingesetzt. Das wird ein toller Spaziergang im Park! Und sie hat nicht einmal einen Schirm. Aber dafür werden sie wirklich ungestört sein.

Wolodja hält ihr die Beifahrertür auf. Sie setzt sich in den Wagen, in dem es kaum wärmer ist als draußen. Immerhin ist es trocken.

»Wohin soll es gehen?«, fragt der Fahrer.

»Kennst du den Park unter der Bugrinskij-Brücke?«

»Na klar. Wollen Sie bei dem Wetter spazieren gehen?«

»Ja, ich liebe den Regen.«

»So sehr, dass ich Ihnen nicht einmal einen Schirm leihen darf?«

»So sehr nun auch wieder nicht.«

Wolodja fährt los. Er pfeift eine Melodie, die sie nicht erkennt.

»Du hast mit der Frau am Empfang gesprochen«, sagt Raissa.

Der junge Mann wird rot und hört auf zu pfeifen.

»Ja, sie ist nett, glaube ich.«

»Weißt du, wie sie heißt?«

»Leider nicht.«

»Das hast du sie nicht gefragt?«

»Hab mich nicht getraut.«

»Sie heißt Kira.«

»Ah, danke.«

»Willst du ihre Telefonnummer?«

Wolodja sieht zu ihr herüber, starrt sie geradezu an.

»Sie haben ihre Nummer?«

»Sonst würde ich dich nicht fragen, ob du sie willst, oder? Aber sieh bitte nach vorn!«

Wolodja kommt ihrem Befehl nach. Seinem Gesicht sieht sie an, dass es in ihm arbeitet.

»Ja, ich will«, sagt er, und es klingt wie ein Schwur ewiger Liebe.

Raissa liest die Nummer von ihrer Handfläche. Wolodja wiederholt sie fehlerfrei. Noch einmal, dann wieder. Schließlich pfeift er eine Melodie, die Raissa nicht kennt.

Etwa zwanzig Minuten später stoppt der Wagen in einer Kurve und fährt halb auf den Bürgersteig. Wolodja zeigt durch die Frontscheibe nach vorn, wo eine moderne Brücke zu sehen ist.

»Der Park ist gleich hier«, sagt er. »Der Eingang ist dort vorn.«

Eine grau-grüne Hecke säumt den Bürgersteig. Ein paar Meter vor ihnen ist eine Lücke zu sehen. Raissa nickt, löst den Gurt und öffnet die Tür. Es nieselt immer noch. Kein Wunder, dass Wolodja diesmal nicht aus dem Wagen springt, um ihr zu helfen.

»Moment«, sagt er stattdessen, schnallt sich ab und quetscht sich zwischen den beiden Sitzen hindurch.

Dann klappt er einen Teil der Rückbank um, greift in das dunkle Loch, das sich öffnet, und zaubert triumphierend einen Schirm hervor.

»Den geben Sie mir nachher zurück«, sagt er und reicht ihn ihr. »Wann soll ich wieder hier sein?«

»In einer halben Stunde, bitte.«

»Alles klar. Ich hole Sie in dreißig Minuten wieder hier ab. Und vielen Dank für Kiras Nummer!« Er wiederholt sie noch einmal. »Ich bin Ihnen so sehr zu Dank verpflichtet!«

Raissa lächelt. Der junge Mann scheint zu glauben, die Liebe seines Lebens gefunden zu haben. Hach ja. Hoffentlich kann die Realität da mithalten. Raissa holt sich die Situation im Hotel vor ihr inneres Auge. Nach der Körperhaltung zu urteilen, schien diese Kira durchaus interessiert zu sein.

»Bis gleich. Übertreib es nicht! Du darfst sie nicht überfordern.«

»Danke. Sie sind genauso nett wie meine Oma. Leider ist sie vor zwei Jahren gestorben.«

Autsch. Bisher hat ihr noch nie jemand wegen ihres Alters seinen Platz angeboten. Das war gerade der erste Großmutter-Vergleich ihres Lebens. Es werden noch weitere folgen. Raissa öffnet die Tür und steigt aus. Dann klappt sie den Schirm aus und hält ihn über ihren Kopf. Eine der Stangen ist gebrochen, aber das gute Stück hält erfolgreich den Nieselregen zurück.

JURI IST ALT GEWORDEN. Er hat tiefe Falten auf der Stirn, und der Vollbart, den er früher nicht getragen hat, ist grau, fast weiß. Auf seinem Kopf sitzt ein brauner Hut mit breiter Krempe, sodass sie nicht sieht, wie es um seine Haarpracht bestellt ist. Früher ist sie so gern mit den Händen durch seine Locken gefahren.

Sie umarmen sich. Es fühlt sich genauso an wie früher, also löst sich Raissa, sobald sie fähig ist, diesen Gedanken zu fassen. Sie darf Juris Leben nicht erneut durcheinander bringen.

»Es ist schön, dich zu sehen«, sagt Juri.

»Ich freue mich auch.«

Er holt eine Brille aus der Hosentasche und setzt sie auf. Sie macht ihn noch ein Stück älter. Er beäugt sie von allen Seiten. Raissa lässt es geschehen.

»Du scheinst noch ganz die Alte zu sein«, sagt er. »Schön wie der Morgen.«

Raissa lacht. »Das würdest du nicht sagen, wäre ich ungeschminkt und nackt.«

Juri hustet. Sie tritt einen Schritt zurück.

»Das ist meine Lunge«, sagt er entschuldigend. »COPD. Ist nicht ansteckend.«

»Kann der Konzern da nichts machen?«, fragt Raissa.

»Sie haben mir eine künstliche Lunge angeboten, aber da die nur zwanzig Jahre hält, warte ich lieber noch ab.«

»Stimmt, du hast dir ja immer vorgenommen, die Hundert zu erreichen.«

»Das weißt du noch?«

»Ich weiß noch eine Menge.«

»Ich auch.«

Juri lächelt. Sie hält seinem Blick nur kurz Stand, dann betrachtet sie seinen Mantelkragen, auf den von der Hutkrempe aus Wasser tropft.

»Ich danke dir noch mal, dass du Zeit für mich hast«, sagt sie.

»Lass uns ein bisschen herumlaufen«, sagt er und bietet ihr den rechten Arm an.

Raissa hängt sich ein. Sie laufen Arm in Arm durch den Park, der vor allem aus Wiesen und halbhohen Hecken besteht und am Fluss endet. Der Nieselregen scheint den Lärm der Fahrzeuge zu dämpfen, die mit eingeschalteten Scheinwerfern über die Brücke hoch über ihnen fahren. Andere Besucher sind nicht zu sehen. Raissa hält den Schirm so, dass ein heimlicher Beobachter nicht einmal von ihren oder Juris Lippen lesen könnte. Das schützt sie auch vor dem unangenehmen Wind, der vom Ob zu ihnen herüberbläst.

»Wie geht es dir?«, fragt sie.

»Ich weiß es nicht. Alles ist anders, wenn du da bist.«

»Juri, nein. Denk gar nicht daran. Ich werde morgen wieder weg sein. Du bleibst. Deine Familie braucht dich, so wie meine mich braucht.«

»Du hast recht. Entschuldige.«

»Dafür gibt es keinen Grund. Es ist großartig, dass du mir helfen willst.«

»Wie kann ich dir denn helfen?«, fragt Juri. »Was ist passiert?«

»Valentina hält meinen Sohn Nikolai irgendwo im RB-Imperium fest. Damit erpresst sie seinen Vater und mich.«

»Diese Verbrecherin.«

»Sie ist, was sie ist. Du weißt, ich habe lange für sie gearbeitet, obwohl ich sie gut genug kannte. Im Grunde bin ich kaum weniger Verbrecherin als sie.«

»Aber du hast …«

»Juri, es geht nicht um mich. Mit meiner Schuld muss ich selbst klarkommen. Aber Nikolai ist unschuldig. Hätte Valentina doch bloß mich entführt. Ich bin sicher, dass Nick ihre Forderungen auch dann erfüllt hätte.«

»Nick ist dein Mann.«

»Wir sind nicht verheiratet, aber er ist Nikolais Vater.«

»Warum ist er nicht hier?«

»Er ist für RB auf einer Mission zum Uranus. Das war Valentinas Forderung. Aber ich kenne sie. Sie verrät nie alles, was sie weiß. Ich traue ihr nicht. Deshalb will ich Nikolai so schnell wie möglich dort rausholen.«

»Eine Befreiungsaktion also. Puh. Du hättest mit einem Spezialkommando kommen sollen.«

»Eine größere Truppe hätte doch keine Chance«, sagt Raissa. »Viel zu auffällig. Wir würden nicht einmal in seine Nähe kommen. Deshalb bin ich das Spezialkommando.«

Juri bleibt stehen und sieht sie an. »Das klingt nach einer Selbstmordmission.«

»Nein. Ich muss nur nah genug an ihn herankommen, dann hole ich ihn schon heraus. Wir haben nie darüber gesprochen, aber ich habe eine komplette Geheimdienstausbildung absolviert: Waffen, Selbstverteidigung, Tarnen und Täuschen …«

»Wie willst du denn an ihn herankommen, wenn du nicht einmal weißt, wo er ist?«

Sie gehen weiter. Juri nimmt ihre Hand. Raissa lässt es geschehen. So wirken sie wie ein älteres Liebespaar, das sich vor seinen Ehepartnern verstecken muss. Das wäre eine gute Tarnung für das, was sie vorhat.

»Ich habe da schon etwas in die Wege geleitet«, sagt sie. »Das musst du nicht wissen.«

Juri nickt. Ihm ist offenbar klar, dass zu viel Wissen schädlich sein kann.

»Und wenn du es dann weißt?«, fragt er. »Wie geht es weiter?«

»Dann kommst du ins Spiel. Ihr von der Grundlagenforschung seid doch an jedem RB-Standort vertreten. Ich brauche jemanden, der mich reinbringt. Den Rest erledige ich dann allein.«

»Gut. Ich kann mir einen Vorwand überlegen, unter dem ich dich in ein Labor an einem bestimmten Standort einschleusen kann. Von dort aus erledigst du den Rest.«

»Genau. Es wird aber auch für dich nicht völlig ungefährlich. Man wird später möglicherweise herausfinden, wer mich da reingebracht hat.«

»Ich werde behaupten, dass du mich erpresst hast. Meine Stellung ist ziemlich sicher.«

»Erpresst, klar. Ich hatte intime Aufnahmen von uns beiden.«

»Wirklich?«

»Natürlich nicht.«

Sie lügt. Juri sieht an ihr vorbei. Er hat ihre Lüge bemerkt, will sie aber nicht in Verlegenheit bringen. Sie hat diese Filme in den Akten gefunden, die sie bei RB mitgehen lassen hatte. Sie wurden ohne ihr Wissen angefertigt. Raissa hätte sie nie benutzt, um Juri zu erpressen. Valentina vielleicht schon. Deshalb sind sie bei ihr in besseren Händen.

»Wann geht es los?«, fragt Juri.

»Morgen früh.«

»Du hast es aber eilig.«

»Ja. Jeder zusätzliche Tag hier bedeutet ein höheres Risiko. Heute um vier erfahre ich hoffentlich, wo sie Nikolai gefangen halten.«

Hoffentlich. Was, wenn Stepan ausgeflippt ist und nun überall nach ihr suchen lässt? Es gibt Männer, die eine Niederlage nicht akzeptieren können.

»Du bist die Beste«, sagt Juri.

Sie schüttelt den Kopf. »Ich weiß nur, welche Knöpfe ich wo drücken muss. Ich bin aber nicht einmal gut. Wie kann ich da die Beste sein?«

»Du kennst doch das Sprichwort von den Blinden, unter denen der Einäugige König ist.«

Raissa seufzt. »Na gut«, sagt sie. »Bekommst du es hin, mich in die Zweigstelle zu bringen, wenn du um kurz nach vier erfährst, in welche?«

»Ja, das schaffe ich. Nur bei Wladiwostok sehe ich schwarz. Dort haben die Kollegen von der Kernforschung ein derart geheimes Projekt, dass selbst ich nicht Bescheid weiß. Fremde sind dort gar nicht gern gesehen.«

»Dann müssen wir wohl hoffen, dass Nikolai nicht in Wladiwostok ist.«

»Ich sage es ungern, aber ich sollte dich jetzt verlassen.

Wenn ich morgen nicht da bin, muss ich heute noch einiges vorbereiten. Wo treffen wir uns?«

»Wieder hier?«, schlägt sie vor.

Für morgen ist auch kein besseres Wetter angesagt. Also werden sie wieder fast allein sein. Sollten allerdings ungewöhnlich viele Menschen hier spazieren gehen, kann sie sicher sein, dass es sich um eine Falle handelt.

»Uhrzeit?«, fragt Juri.

»Um acht, dann schaffen wir es im Laufe des Tages fast überall hin.«

»Einverstanden.«

»Wie kommst du eigentlich jetzt nach Hause?«, fragt Raissa.

»Mein Wagen steht auf dem kleinen Parkplatz auf der anderen Seite der Brücke.«

»Sehr gut, das ist unauffällig«, sagt Raissa.

»Das dachte ich mir.«

Juri bleibt stehen und dreht sich zu ihr. Sie umarmen sich. Diesmal hält Raissa die Umarmung länger aufrecht. Und fühlt sich sofort schlecht dafür, weil sie das Gefühl hat, Juri zu manipulieren. Das hat ihr alter Freund nicht verdient. Sie löst sich von ihm.

»Bis morgen«, sagt sie.

»Bis morgen.«

DER FAHRER IST PÜNKTLICH. Als Raissa um eine Minute vor der verabredeten Zeit aus der Bresche in der Hecke tritt, fährt er gerade wieder auf den Bürgersteig. Wolodja winkt ihr, macht aber keine Anstalten auszusteigen. Sie geht zum Auto, öffnet die Beifahrertür, schließt den Schirm und setzt sich auf ihren Platz.

»Warst du … Waren Sie erfolgreich?«, fragt der junge Mann.

»Du kannst mich ruhig duzen. Wo ich doch nun schon deine Ersatzoma bin …«

»Entschuldigung, so habe ich das nicht gemeint. Sie sind natürlich noch jung und knackig«, sagt Wolodja.

Raissa lacht. »Knackig« hat sie lange niemand mehr genannt. Aber sie hat auch ewig nicht mehr so ausführliche Gespräche in ihrer Muttersprache geführt. Das Blumige des Russischen vermisst sie in ihrer Wahlheimat schon manchmal.

»Ist das unpassend?«, fragt Wolodja. »Meine Mutter ist nach meiner Geburt gestorben. Mein Vater hat meine drei Brüder und mich allein aufgezogen, zusammen mit seiner Mutter, meiner Oma. Da bin ich Gespräche mit Frauen nicht so gewöhnt.«

Er will offenbar bei der höflichen Anrede bleiben. Ihr soll es recht sein.

»Knackig ist ein bisschen grenzwertig, gerade wenn man es zu einer Frau in mittleren Jahren sagt. Gemüse ist knackig. Die meisten Frauen mögen es nicht, mit Nahrungsmitteln verglichen zu werden.«

»Danke, Frau Karenina.«

Ihr Gesicht erstarrt. Wie hat er sie gerade genannt? Sie hat ihm nie ihren Namen verraten.

»Du hast mit Kira telefoniert, oder?«

»Ja.«

Wolodja wird wieder rot.

»Und?«

»Sie ist wirklich nett. Aber soll ich nicht losfahren?«

»Wir haben es nicht eilig. Mein nächster Termin ist erst um vier. Was hast du von Kira erfahren?«

»Sie lernt an der Hotelfachschule und verdient sich im Imperator etwas dazu. Und sie mag Tulpen und Liebesfilme.«

»Das ist ja großartig.«

»Wir haben uns im Kino verabredet. Morgen Abend.«

Oh. Hoffentlich braucht sie den Fahrer nicht länger. Wenn sie bis nach Irkutsk oder Wostotschny müssen …

»Sie sehen plötzlich so ernst aus. Stimmt etwas nicht?«

»Nein, nein, ich habe nur über morgen nachgedacht. Es könnte sein, dass ich dich länger brauche.«

»Aber der Nachtzug nach Moskau fährt um sieben ab. Ich dachte, bis acht, wenn der Film startet, hätte ich genug Zeit.«

Wolodja sieht sie erschrocken an. Sie würde ihn gern beruhigen, aber sie will ihn auch nicht belügen.

»Wenn du meinetwegen dein Date verpasst, zahle ich dir 20.000 obendrauf. Dann kannst du Kira einen frischen Tulpenstrauß aus dem Gewächshaus schenken.«

Um diese Jahreszeit sind Blumen in Sibirien Luxus.

»Oh!« Wolodjas Augen leuchten. »Kira wird begeistert sein. Wenn sie nach der Absage noch mit mir spricht.«

»Also wenn du mich fragst, ist sie an dir interessiert. Ich kenne mich mit Körpersprache aus, weißt du?«

Etwas summt. Wolodja greift in die Hosentasche. Es ist sein Telefon. Sobald es sein Gesicht erkennt, überträgt es das Gespräch an die Soundanlage des Shiguli.

»Ich bin es, Kira.«

Wolodja errötet erneut. Er fummelt an seinem Telefon herum, bekommt es aber anscheinend nicht dazu, die Verbindung zum Auto zu vergessen.

»Was ist? Bist du da?«, fragt Kira.

Raissa tut, als würde sie sich die Ohren zuhalten.

»Ja, ich bin da«, sagt Wolodja. »Schön, dass du anrufst.«

»Ich rufe eigentlich wegen deines Fahrgasts an, der Frau Karenina.«

Kira spricht den Namen aus, als handle es sich um einen ganz normalen Nachnamen. Kennt sie etwa den Klassiker gar nicht?

Das breite Grinsen verschwindet aus Wolodjas Gesicht.

»Was ist mit ihr?«, fragt er.

»Sie war so nett zu mir und hat mir die Nummer abgeluchst, und dann hast du angerufen, und es war so ein nettes Gespräch …«

»Äh, sie hört gerade mit«, sagt Wolodja. »Ich schaffe es nicht, das Telefon vom Wagen abzukoppeln.«

»Oh, entschuldigen Sie, Frau Karenina. Ich wollte nicht respektlos erscheinen. Ich finde Sie wirklich sehr nett.«

»Das freut mich natürlich. Aber rufen Sie nur an, um mir das zu sagen?«

»Nein, eben nicht, ganz im Gegenteil. Es sind ein paar Menschen gekommen, die Ihr Zimmer durchsucht haben. Ich konnte es nicht verhindern. Sie haben mir befohlen, nichts davon zu erzählen, aber jetzt sind sie nicht mehr in der Rezeption. Also habe ich die Chance genutzt.«

Mist. Stepan hat wirklich schnell reagiert. Ein Glück, dass sie nicht in ihrem Zimmer gewartet hat. Hätte er sie schnell genug geschnappt, das muss er gehofft haben, hätte er sie daran hindern können, die Aufnahmen an die Öffentlichkeit zu bringen.

»Danke, Kira. Sie haben mir vielleicht das Leben gerettet.«

»Das freut mich.«

»Sie waren sehr mutig, Kira. Aber legen Sie jetzt lieber wieder auf. Nur eine Frage noch: Sind die Leute nach wie vor in meinem Zimmer?«

»Ich bin nicht ganz sicher, aber von denen, die reingegangen sind, sind einer oder zwei nicht mehr herausgekommen.«

»Dankeschön. Dann weiß ich Bescheid.«

So. Stepan hat seinen Zug gemacht. Um den nagelneuen Rechner ist es schade. Aber sein Speicher ist verschlüsselt. An die Daten kommen sie ganz sicher nicht heran. Raissa klopft auf ihre Tasche. Die Aufnahmen hat sie zusätzlich auf einem Stick dabei. Stepan hat es nicht geschafft, sich aus der Schlinge zu ziehen. Die Verabredung um 16 Uhr steht wahrscheinlich noch.

Wolodja steckt sein Telefon wieder ein. Er wirkt blass.

»Und nun?«, fragt er.

»Jetzt sollten wir besser nicht zum Hotel fahren«, antwortet Raissa.

»Aber Ihr Koffer? Ich dachte, der Inhalt sei so wertvoll?«

»Nicht so sehr, dass ich meine Freiheit dafür riskieren würde.«

»Das ist eine gute Einstellung. Von solchen Leuten sollte man den größtmöglichen Abstand halten.«

»Leider muss ich noch einmal ganz nah heran. Aber ich werde versuchen, dich nicht in Gefahr zu bringen.«

»Das wäre sehr freundlich, Frau Karenina.«

»Nun nenn mich doch bitte wieder Anna. Wir gehen bald gemeinsam in den Knast. Da ist das schon angebracht.«

»Waaas?«

Oh, sie muss solche Scherze unbedingt vermeiden. Wolodja hat die Augen weit aufgerissen und ist an den Schläfen schon fast blau.

»Entschuldige. Das war ein schlechter Scherz. Hast du eine Idee, wo wir bis kurz vor vier Uhr untertauchen können?«

»Ich könnte Sie, äh, dich, mit in unsere Wohnung nehmen. Da sind wir zwar nicht allein, aber es ist warm und trocken.«

»Das wäre sehr nett. Vier Stunden lang hier draußen herumzulaufen, reizt mich nicht besonders.«

»Mein Vater ist ein bisschen … rau. Aber er hat einen weichen Kern. Glaube ich.«

»Ist er zu Hause?«

»Ja, er ist immer zu Hause. Meine Brüder und ich, wir verdienen das Geld.«

Uff. Sie hat solche Männer schon kennengelernt. Raue Schale, rauer Kern. Meist Alkoholiker. Leben auf Kosten anderer. Ihr Vater war so ein Typ. Wenn Wolodjas Vater genauso ist, wird sie ihm die Meinung geigen.

»Ich bin sehr gespannt«, sagt sie.

Sie nähern sich einem achtstöckigen Wohnblock, ungefähr aus den 2050er-Jahren. Die einst weißen Wände sind ergraut. Wolodja parkt den Shiguli direkt davor. Das Lenkrad sichert er mit einem riesigen Schloss. Dann verschließt er alle vier Räder mit Krallen.

»Ist besser so«, sagt er. »So kann sich niemand ein Rad ausborgen. Wäre doch schlecht, kämen wir nachher zu spät.«

Das stimmt. Das wäre sehr schlecht. Eine Katastrophe.

Der Fahrstuhl ist defekt. Im Treppenhaus riecht es nach Urin und Tabakqualm. Die Wohnung befindet sich im dritten Stock. Wolodja schließt auf. Er lässt ihr den Vortritt.

Raissa ist positiv überrascht. Der Uringeruch von draußen verteilt sich, sodass er bald nicht mehr zu spüren ist. Dafür steigen ihr orientalische Düfte in die Nase. Patchouli, Weihrauch … Sie fühlt sich fast wie in einer Kirche. Dazu trägt sicher auch die Holzdecke bei, durch die der Flur sehr niedrig wirkt. Raissa zeigt nach oben.

»Ist kein echtes Holz«, sagt Wolodja. »Nur Imitat.«

Den Fußboden bedeckt ein Teppich. Er ist so dick, dass er sogar das Geräusch ihrer Stöckelschuhe schluckt.

»Soll ich sie ausziehen?«, fragt Raissa.

Wolodja verneint. »Komm, ich stelle dich meinem Vater vor.«

Er führt sie den Flur nach links, bis sie eine Tür erreichen. Wolodja öffnet sie. Diesmal geht er selbst vor. Dahinter befindet sich eine Art Wohnzimmer. An der gegenüberliegenden Wand steht ein Thron, anders kann man es nicht bezeichnen. Auf ihm sitzt ein Mann, nein, ein Koloss. Kein Wunder, dass Wolodjas Vater nicht arbeiten geht. Er würde gar nicht durch die Tür passen. Was ist das für ein Leben? Na ja. Sie muss aufpassen, keine vorschnellen Urteile zu treffen.

»Hallo, Vater«, sagt Wolodja. »Ich möchte dir eine Bekannte vorstellen: Anna Karenina.«

»Haha, kaum wartet man ein paar Jahrhunderte, schon trifft man sich wieder. Gestatten, Graf Wronski.«

Der Mann streckt seine Hand aus. Im Gegensatz zu seinem Körper wirkt sie beinahe zierlich. Raissa tritt näher und drückt sie. Wolodjas Vater hat einen angenehm festen Händedruck.

»Aber Vater, was soll das denn?«, fragt Wolodja.

»Hat man euch denn in der Schule gar nichts beigebracht? Anna Karenina war unsterblich in den Grafen Wronski verliebt!«

»Aber woher kennst du sie denn?«

»Mensch, Sohn, das ist der Klassiker schlechthin, Tolstoi! Du bist vielleicht ein Banause.«

»Oh«, sagt Wolodja.

»Sie müssen ihn entschuldigen«, sagt sein Vater. »Er hat sich schon immer mehr für Sparbücher interessiert als für Literatur. Dafür verdient er nun mehr als seine drei Brüder zusammen. Ich hoffe, er nimmt Sie nicht auch gnadenlos aus.«

Raissa lacht. »Nein, wir haben uns auf einen vernünftigen Preis geeinigt. Ihr Sohn war sogar so freundlich, mir vorübergehend Asyl hier anzubieten, bis ich zu meinem nächsten Termin muss. Ich hoffe, ich störe nicht.«

»Auf keinen Fall. Ich gehe ja nicht so oft raus, wissen Sie. Deshalb freue ich mich immer über Besuch. Wolodja weiß das. Darum bringt er gern mal Fahrgäste mit. Aber es war noch nie eine so schöne Frau dabei wie Sie, Anna.«

Wolodja verzieht bei dem Kompliment das Gesicht, aber sie lässt es sich gefallen. Der Mann ist wirklich ein Original.

»Haben Sie vielleicht Hunger?«, fragt der Mann.

»Wenn ich es mir genau überlege – ja. Ich hatte nur heute Morgen im Zug ein kleines Frühstück.«

»Hervorragend. Auf dem Herd steht ein großer Topf Borschtsch. Ich habe nur auf einen meiner Söhne gewartet, um den Inhalt aufzuwärmen.«

Wolodja geht in den benachbarten Raum. Raissa folgt ihm. Es ist die Küche. Der Herd steht an der linken Wand. Darauf befindet sich ein Topf, der an eine Öltonne erinnert.

»Das ist aber eine große Portion«, sagt Raissa.

»Bei uns gibt es nur große Portionen«, sagt Wolodja und schaltet den Herd ein.

»Kommen Sie, wir gehen ins Wohnzimmer. Der Topf wird sich melden, wenn das Borschtsch heiß ist.«

Wolodjas Vater ist ein hervorragender Gesprächspartner. Er bezeichnet sich konsequent als Grafen Wronski. Mit der Zeit erscheint es Raissa immer glaubwürdiger. Auch seine Sprache mutet ihr ein bisschen altmodisch an. Die Situation kommt ihr vor, als hätte jemand das Märchen von Rapunzel umgeschrieben. Wie das Mädchen ist »Wronski« in seinem Turm eingesperrt. Statt seiner Haare lässt er jedoch seine vier Söhne hinunter, die offenbar regelmäßig Gäste mitbringen. Von diesen Begegnungen, das merkt man sehr deutlich, zehrt der massige Mensch.

Sie unterhalten sich über Literatur, Politik, Geschichte und den Alltag in Nowosibirsk. Besonders viel scheint sich seit Raissas Zeit hier nicht geändert zu haben. Wolodja hat ihr einen Stuhl schräg vor seinen Vater gestellt und sich selbst daneben gesetzt. Es sieht aus, als hätten sie eine Audienz. Graf Wronski erzählt gern und gut, er stellt aber auch kluge Fragen. Natürlich will er wissen, was Raissa in die Vereinigten Staaten verschlagen hat. Warum sie gerade jetzt zurückgekommen ist – diese Frage lässt er aus. Der Mann muss ein Gespür dafür haben, dass er sowieso nicht die ganze Wahrheit erfahren würde. Vielleicht hat ihn sein Sohn auch schon instruiert, als sie auf der Toilette war. Das kann Raissa nicht ausschließen.

Aus der Küche piepst es. Wolodja steht auf. Auch Raissa will sich erheben.

»Bitte bleiben Sie sitzen, Anna«, sagt sein Vater. »Sie sind unser Gast.«

Raissa nickt. »Eigentlich heiße ich ja …«

»Es ist egal«, unterbricht sie Wronski.

Zu viel zu wissen, ist gefährlich … So etwas erwartet Raissa als Begründung, aber Wronski überrascht sie wieder einmal.

»Ich möchte Sie gern als Anna in Erinnerung behalten«, sagt er. »Ich muss zugeben, Sie haben da einen Nerv getroffen. Sie erinnern mich an jemanden.«

Er wirkt nicht, als wolle er ihr die Details erzählen, also fragt sie nicht nach.

Ein säuerlicher Geruch kündet Wolodja an. Der junge

Mann bringt einen Teller mit dampfender Suppe. Sein Vater klappt ein Tablett aus der Lehne seines Throns, und Wolodja platziert den Teller darauf. Dann reicht er seinem Vater einen Löffel und ein Geschirrtuch, das Wronski sich über den Bauch legt.

»Sie müssen meinen Sohn entschuldigen«, sagt er. »Er hat es nicht so mit der Höflichkeit.«

»Ich kann mich nicht beklagen«, sagt Raissa. »Er hat mir stets vorbildlich die Tür geöffnet und sich um das Gepäck gekümmert.«

Wolodja wird rot.

»Ja? Das höre ich gern«, sagt sein Vater. »Aber nun bring der Dame doch bitte ihre Mahlzeit.«

Wolodja stellt einen kleinen, etwas wackeligen Tisch zwischen Raissas und seinen Stuhl. Dann bringt er einen zweiten Teller aus der Küche und platziert ihn auf dem Tisch. In der rötlichen Suppe schwimmen große Stücke Rote Beete, dazwischen Weißkohl, Kartoffeln, Möhren, Zwiebeln und ein großer Klecks saurer Sahne. Wolodja holt sich selbst einen Teller. Dabei bringt er auch die noch fehlenden Löffel mit.

»Prijatnowo Appetita!«, sagt Graf Wronski.

»Guten Appetit und herzlichen Dank noch einmal für die Einladung«, sagt Raissa.

Sie isst. Die Suppe ist dick und reichhaltig. Das Rindfleisch ist fettig, wie es sein muss. Die Säure des Suppenfonds und die Süße der Roten Bete ergänzen sich perfekt. Es ist eine Weile her, dass sie selbst Borschtsch gekocht hat. Nick mag die Hauptzutat, Rote Beete, nicht. Wie mag es ihm gerade ergehen? Zum Glück weiß er nicht, wo sie sich befindet, sonst würde er sich bloß unnötige Sorgen machen. Wenn alles gut geht, hat er bald eine Sorge weniger.

Während sie isst, sieht sie sich um. Das Wohnzimmer ist altmodisch eingerichtet. In einer Vitrine hängen Medaillen. Vom Sport oder von der Armee? In den Regalen sieht Raissa Hunderte Bücher, richtige Bücher aus Papier. Das passt zu Wronski, der eindeutig ein belesener Mann ist. Davor stehen kleine Rahmen, die anscheinend Familienfotos enthalten. Zwei, drei, vier Kinder, Mann und Frau. Auf einem Teil der Aufnahmen tragen die Abgebildeten Uniform. Könnte das da der aktuelle Staatspräsident sein, nur dreißig Jahre jünger? Nein, das ist bestimmt bloß eine zufällige Ähnlichkeit.

Oberhalb der Tür zur Küche hängt ein Kreuz. Neben der Tür ist ein etwa A4-großes Porträt einer Frau angebracht, die blonde, bis zur Schulter reichende Haare hat und Mitte vierzig sein könnte. Erinnert sie Wronski an diese Person – vermutlich die Mutter seiner Kinder?

»Nein, keine Sorge«, sagt Wronski. »Galina meinte ich nicht. Wolodjas Mutter ist vor fünfzehn Jahren an Krebs gestorben.«

»Das tut mir sehr leid«, sagt Raissa.

»Wir haben uns und die Erinnerung an sie«, sagt Wronski. »Das muss reichen. Die Person, an die Sie mich erinnern, war eine Kommilitonin an der Lomonossow-Universität. Ich hätte sie beinahe geheiratet, wäre nicht Galina dazwischengekommen.«

»Oh, eine verflossene Liebe. Es tut mir leid, aber ich habe in Irkutsk studiert.«

»Ich weiß natürlich, dass Sie es nicht sind, Anna. Sie sind schließlich eine Figur eines meiner liebsten Autoren.«

Raissa lächelt und nickt. Auch wenn Wolodjas Vater es nicht zugeben will, denkt er bestimmt gerade an das »Was wäre, wenn«. Hätte er sich nicht für Galina entschieden, säße er jetzt nicht auf diesem Thron, unfähig, die Wohnung zu verlassen. Hätte sie sich nicht für Nick entschieden, würde sie jetzt nicht mit ihm Borschtsch essen. Das Leben geht manchmal seltsame Wege.

»Was haben Sie denn studiert, Graf Wronski, wenn ich fragen darf?«

»Sport und Geschichte. Ich habe dann einige Jahre unterrichtet. Später war ich im Ministerium tätig, dann in einem anderen Bereich, bis Galina …«

Daher also die Medaillen. Trotz der heutigen Körperfülle ist Wronski die sportliche Vergangenheit immer noch anzusehen. Vielleicht müsste er einfach nur aufstehen, traut sich aber nicht? Nein, sie kennt ihn erst seit einer Stunde. Sie darf sich kein Urteil anmaßen.

»Anna?«

Sie öffnet ihre Augen. Wolodja steht vor ihr.

»Wir müssen langsam los«, sagt er.

Raissa setzt sich auf, rückt ihren BH und ihre Bluse zurecht und fährt sich durch die Haare.

»Wie spät ist es?«, fragt sie.

»Halb drei.«

»Sehr gut.«

Sie hat eine halbe Stunde auf dem Sofa geschlafen. Von Wronskis Thron aus hört sie ein Schnarchen.

»Ich muss kurz ins Bad«, sagt sie und greift nach ihrer kleinen Tasche, in der sich alles befindet, was sie braucht.

»Da hinten«, sagt Wolodja.

Das Bad besitzt keine Tür. Der rechte Teil des Rahmens ist herausgerissen, offenbar, damit genug Platz für Wronskis Leibesfülle ist. Das Bad ist überraschend sauber. Der Spiegel hat zwar ein paar braune Flecken, sieht aber aus wie frisch geputzt. Fünf Zahnbürsten sind sauber in eigenen Gläsern aufgereiht. Ein Stück Seife liegt am Rand des Waschbeckens. Raissa wäscht sich den Rest ihrer Träume aus den Augen. Dann frischt sie das Make-up auf und zieht die Lippen nach.

Schließlich setzt sie sich noch auf die Toilette. Das Geräusch muss wegen der fehlenden Tür bis ins Wohnzimmer zu hören sein. Sie säubert sich und wäscht sich die Hände. Sogar das Handtuch neben dem Waschbecken ist frisch.

»Ich bin fertig«, flüstert sie, denn Wronski schnarcht noch immer.

»Ich habe meinem Vater versprochen, ihn zu wecken, wenn wir uns auf den Weg machen.«

Wolodja tippt den alten Mann an. Eben war er noch

Kulisse, plötzlich ist er wieder enorm präsent, als hätte ihn Wolodja mit der Berührung aus dem Nichts in das Diesseits gezaubert. Wronski feuchtet sich die Lippen mit der Zunge an.

»Es hat mich sehr gefreut, Anna«, sagt er. »Es ist schade, dass wir uns nie wiedersehen werden.«

Der Mann hat völlig recht. Morgen ist sie hoffentlich schon wieder auf dem Weg nach Hause. Aber es ist wirklich schade. Sie hätte gern ein paar Tage mit ihm verbracht. Vielleicht hätte sie es geschafft, ihn aus dem Haus zu holen. Aber wie kommt sie eigentlich darauf? Bestimmt haben seine Söhne schon alles versucht. Dann sollte sie als Fremde sich nicht einbilden, Wunder vollbringen zu können.

»Ich danke Ihnen sehr für Ihre Gastfreundschaft, Aljoscha.«

Wolodjas Vater grinst. Aljoscha ist Alexej Wronskis Kosename.

DER MCDONALD'S, bei dem sie sich mit Stepan verabredet hat, ist direkt an der Kreuzung.

»Setz mich bitte am Personaleingang der Filiale ab«, sagt Raissa.

Wolodja fragt nicht nach. Er biegt von der Geodesitscheskaja nach links in den Karl-Marx-Prospekt ab, der in zwei Richtungsfahrbahnen geteilt ist. Raissa betrachtet die Umgebung aufmerksam. Alles sieht unauffällig aus. Jetzt, kurz nach drei Uhr, herrscht schon relativ viel Verkehr. Später wird es noch voller werden, wenn erst der Berufsverkehr einsetzt. Wolodja muss drei Blocks fahren, um auf die Gegenfahrbahn wechseln zu können. Hinter einem Schuhladen biegt er rechts in eine schmale Straße ein, dann geht es nach links. Hier verhindert ein Metalltor, das einen Parkplatz absperrt, das Weiterkommen.

»Die Filiale ist da vorn«, sagt Wolodja. »Tut mir leid.«

»Kein Problem. Es sind höchstens hundert Meter«, sagt Raissa.

»Wann soll ich dich wieder abholen?«

Darüber hat Raissa auf der Fahrt lange nachgedacht. Nach der Übergabe wird sie vermutlich Freiwild sein. Dass Stepan so schnell herausgefunden hat, in welchem Hotel sie gewohnt hat, ist ein Zeichen. Er will sie nicht einfach gehen lassen. Aus seiner Sicht ist das nachvollziehbar – digitale Beweise kann er nur kontrollieren, wenn er die Person in der Hand hat, die für ihre Verbreitung sorgen könnte. Er muss sie schnappen, zu seiner eigenen Sicherheit.

Ist das Treffen dann nicht zu gefährlich? Auch darüber hat sie gegrübelt. Stepan wäre nicht so weit gekommen, würde er nicht strategisch vorgehen. Das heißt, dass er nicht sicher sein kann, sie einzufangen. Also wird er diesen Teil des Deals vermutlich einhalten. Er wird ihr sagen, was sie wissen will – und danach versuchen, sie unschädlich zu machen. Dieser letzte Teil seines Plans würde allerdings auch Wolodja gefährden. Deshalb darf er sie nicht hier abholen.

»Wir treffen uns am Flussbahnhof«, sagt sie. »Zwanzig nach vier.«

»Aber wie kommst du denn dahin? Bist du sicher?«

»Die Metro hält direkt vor dem Block. Es sind nur zwei Haltestellen. Um vier wird es voll hier. In der Menschenmenge falle ich noch am wenigsten auf.«

»Gut. Pass auf dich auf. Und wohin geht es danach?«

»Das erfahre ich hoffentlich gleich.«

Raissa vergewissert sich, dass sie alles dabei hat, und steigt aus. In dem grünen Tor ist ein Durchlass für Fußgänger. Sie läuft an geparkten Autos vorbei bis zum Hintereingang der McDonald's-Filiale. Dann holt sie ein Bündel Geldscheine aus der Handtasche und klopft.

Ein junges Mädchen in der Uniform des Burgerbraters öffnet ihr. Bevor es etwas sagen kann, steckt ihm Raissa zehntausend Rubel zu. Das Mädchen macht große Augen. Es ist höchstens achtzehn Jahre alt.

»Was …?«

»Du bekommst das Zehnfache, wenn du mir deine Uniform leihst und dann nach Hause gehst.«

»Aber …«

»Hundertfünfzigtausend. Ja oder nein?«

»Zweihundert.«

Raissa lacht. »Einverstanden.«

Das junge Mädchen ist aber schnell zur Besinnung gekommen. Raissa zählt hunderttausend Rubel ab und gibt sie ihr.

»Den Rest gibt es, wenn ich in deiner Uniform stecke.«

Sie mustert die junge Frau. Sie ist etwas größer als sie.

»Wo ist der Umkleideraum?«, fragt Raissa.

Das Mädchen zieht sie am Ärmel durch einen schmalen Gang und öffnet eine unscheinbare Tür. Dahinter folgt ein gefliester Raum mit etwa zwanzig Spinden. Weiter hinten erkennt Raissa Duschkabinen sowie Waschbecken. Die junge Frau öffnet das Vorhängeschloss vor einem der Spinde.

»Den Schlüssel gibst du mir«, sagt Raissa.

Gehorsam drückt die Frau ihr den Schlüssel in die Hand.

»Wie heißt du eigentlich?«, fragt sie.

Das Mädchen dreht sich zu ihr, sodass sie das Namensschild auf dem Revers der Uniform sehen kann. »Mascha« steht darauf.

»Gut, Mascha. Du ziehst dich jetzt aus.«

Mascha dreht sich von ihr weg und legt erst die Bluse, dann die Hose der Uniform ab.

»Unterwäsche auch?«, fragt sie.

»Nein, die brauche ich nicht. Aber deine Schuhe. Welche Größe hast du?«

»38.«

Mist, das wird eng. Aber in ihren hochhackigen Pumps kann Raissa nicht arbeiten. Es muss gehen.

»Hier, schau, du bekommst meine Schuhe dafür. Die haben 250 Dollar gekostet.«

Das Mädchen dreht sich um und betrachtet Raissas Schuhe. Sie hat wenig Busen. Hoffentlich passt die Uniform.

»Sehr schön«, sagt Mascha.

»Nun gib her«, sagt Raissa und drückt der jungen Frau ihre eigenen Sachen in die Hand.

»Muss ich die anziehen?«, fragt Mascha.

»Nein, natürlich nicht. Du kannst auch deine normale Kleidung tragen. Du bist doch nicht in der Uniform gekommen?«

»Nein. Aber Ihr Rock gefällt mir. Darf ich?«

»Wenn du willst – er ist aber ziemlich kurz, und du bist größer als ich.«

»Das stört mich nicht. Mein Freund wird Augen machen!«

»Das wird er. Aber pass auf, meine Schuhe sind dir ein bisschen zu groß.«

»Das stopfe ich mit Papier aus.«

Raissa versucht, in die Sportschuhe der jungen Frau zu schlüpfen. Scheiße, ist das eng. Sie schafft es, aber ihre Zehen schmerzen jetzt schon. Und das muss sie nun eine Stunde lang durchhalten. Die Uniformbluse sitzt ebenfalls straff. Sie hat ein bisschen Angst, dass der oberste Knopf abspringen könnte. Aber es gibt schlimmere Schicksale – wenn Stepans Häscher sie in die Hände bekommen, zum Beispiel.

»Wie sehe ich aus?«, fragt Raissa.

»Das Make-up«, sagt Mascha. »Es ist zu auffällig. Und den Ring müssen Sie abnehmen.«

»Danke.« Raissa steckt den Ring ein und geht zum Waschbecken. Mit einem Papierhandtuch und Spucke reduziert sie ihr Make-up.

»Kann ich jetzt gehen?«, fragt Mascha.

»Warte. Du musst mir noch genau erklären, was ich zu tun habe und wer dein Chef und deine Kollegen sind.«

Sie setzen sich nebeneinander auf die Bank vor dem Spind. Mascha ist nicht im Verkauf, sondern in der Küche. Raissa wird sich etwas einfallen lassen müssen, um um 16 Uhr an den Expressschalter zu kommen. Die Herstellung des Fast Food ist nicht besonders kompliziert.

»Du hast Glück, dass Ruslan nicht da ist«, sagt Mascha.

»Ruslan?«

»Der Filialleiter. Er macht die Einsatzpläne. Am besten, du behauptest, du wärst aus einer anderen Filiale und hättest mit mir getauscht.«

»Gut.«

»Meine Schicht geht bis 22 Uhr«, sagt Mascha.

»So lange werde ich nicht bleiben können.«

»Dann sag, dass dir furchtbar übel ist. Mit Übelkeit können sie dich nicht in der Küche arbeiten lassen.«

»Danke für den Tipp.«

»Danke für das Geld. Sagen Sie …«

»Ja?«

»Kann ich mich danach wieder hier blicken lassen – oder sollte ich lieber nicht?«

Mascha ist schlau. Aber wahrscheinlich droht ihr keine Gefahr. Wenn sie Stepan entwischt, muss er alles unter der Decke halten und Aufsehen vermeiden. Schnappt er sie, droht Mascha auch keine Gefahr.

»Ich denke, es sollte sicher sein.«

»Danke. Sie machen einen vertrauenswürdigen Eindruck.«

»Ja? Am besten, du machst dich jetzt auf den Weg und ich beginne mit meiner Schicht.«

Das Mädchen bleibt sitzen und streckt die Hand aus. Stimmt, die andere Hälfte der zweihunderttausend fehlt ja noch. Raissa entnimmt ihrem Geldbündel die Scheine und gibt sie ihr.

Es ist verdammt heiß in der Küche. Ein Glück, dass sie den größten Teil des Make-ups im Umkleideraum entfernt hat. Sie sähe sonst bestimmt aus wie ein Zombie. Raissa schwitzt aber nicht nur wegen der Hitze, sondern auch wegen der ständigen Anschisse, die sie kassiert. Mal sind die Burger nicht ordentlich belegt, mal sind die Hühnerflügel nicht durch. Die Küche ist unterbesetzt, sodass sie sich um mehrere Stationen gleichzeitig kümmern muss. Sie ist gerade einmal seit einer halben Stunde am Werk, kann aber jetzt schon verstehen, dass Mascha nicht gezögert hat, ihre kleine Prämie anzunehmen. Ob sie ihrem Freund schon die schicken, fast neuen Schuhe gezeigt hat? Ein bisschen tut es Raissa ja leid darum. Aber dieser Mascha gönnt sie es. Sie scheint ein nettes und offenes Mädchen zu sein.

Platsch. Warum ist ihr der verdammte Burgerbratling jetzt schon wieder aus der Zange gerutscht? Und es ist auch noch einer aus echtem Fleisch. Die kosten das Fünffache! Boris, der vorn an der Kasse steht, hat sie schon gewarnt, dass die vom Lohn abgezogen werden. Sie wirft den nächsten auf den Grill. Auf der anderen Seite piepst die Maschine, die für die künstlichen Hühnerflügel zuständig ist, und eigentlich müsste sie die Kartoffelstreifen aus der Fritteuse nehmen.

Aber dafür muss später Zeit sein. Es ist gleich 16 Uhr. Raissa nimmt den Ketchupeimer und wuchtet ihn durch die Küche. Der Expressschalter ist an der Seite. Sie tritt durch eine halbhohe Schwingtür. Larissa beugt sich gerade nach draußen, um einem Kunden seine Bestellung zu überreichen. Raissa schwenkt den Eimer, zielt und gießt einen großen Schwall roter Soße von hinten über ihre Kollegin.

»Was soll …?«

Larissa dreht sich blitzschnell um. Sie hat noch zwei Getränkebecher in der Hand. Einer löst sich durch die schwungvolle Bewegung und fliegt Raissa entgegen. Sie fängt ihn in der Luft, doch der Deckel löst sich und ein Teil des Inhalts ergießt sich über ihre Bluse. Es muss irgendeine dünne Limonade sein. Raissa hat keine Zeit, sich darum zu kümmern, denn ihre Kollegin springt mit erhobenen Fäusten auf sie zu.

»Spinnst du?«, schreit sie. »Dich werde ich …!«

Raissa fängt sie an den Armen ab, dreht sie herum und nimmt sie in einen sicheren Griff, bemüht, selbst nichts von dem Ketchup abzubekommen.

»Beruhige dich, Larissa!«

»Au!«, schreit sie.

»Ich lasse locker, wenn du dich beruhigst.«

Die beiden männlichen Kollegen kümmern sich nicht darum, was hier vorgeht. Sie machen auch keine Anstalten, Putzzeug zu holen. Typisch Mann, aber es ist ihr sehr recht.

»Was hast du …?«

»Larissa, es war keine Absicht, tut mir wirklich leid.«

»Wirklich? Das war doch …«

»Wirklich. Der Eimer stand im Weg. Pass auf, du machst dich sauber. Es gibt doch bestimmt Ersatzuniformen. Ich vertrete dich solange. Und für die Wäscherei gebe ich dir fünftausend Rubel. Einverstanden?«

»Na gut. Aber das berichte ich trotzdem dem Chef.«

»Zehntausend, wenn du nichts sagst.«

»Hm – hm.«

Raissa lässt Larissa los. Sie bereitet sich trotzdem auf einen Angriff vor, aber Larissa zieht tatsächlich durch die Küche ab. Es war ein großer Schwall Ketchup. Das gibt ihr wenigstens zehn Minuten.

Sie beugt sich an Larissas Stelle aus dem Fenster.

»Schicke Bluse«, sagt ein Glatzkopf und grinst. »Ich bekomme noch zwei Getränke.«

Raissa sieht an ihrem Oberkörper herunter. Die Limonade hat ihre Bluse halb transparent werden lassen. Kein Wunder, dass der Typ so begeistert ist.

»Was bekommst du?«, fragt sie.

»Zitrone und Orange.«

»Sind aus. Hier hast du eine Entschädigung.«

Raissa greift in die Tasche, holt ein paar Banknoten heraus und hält sie ihm hin.

»Darf ich zur Entschädigung mal anfassen? Dann kannst du dein Geld auch behalten, Mädchen.«

»Zisch ab, sonst fängst du dir eine Kopfnuss!«, ruft sie.

Der Mann flüchtet, aber nicht, ohne sich die Geldscheine zu schnappen.

»Ich hätte gern ein Kindermenü«, sagt eine junge Frau, die ihren kleinen Sohn im Schlepptau hat.

»Ein Kindermenü!«, schreit Raissa in Richtung Kasse.

»Bitte warten Sie gleich hier neben dem Schalter«, sagt sie zu der Kundin.

Ihr Telefon vibriert in der Uniformtasche. Das muss Stepan sein. Sie nimmt das Telefon heraus.

»Wo bist du?«, steht da.

»Expressschalter«, tippt sie.

»Da steht niemand«, antwortet er.

»Dahinter!«

Damit hat er bestimmt nicht gerechnet. Der Platz hinter dem Schalter gibt ihr eine sichere Position. Von hier kann er sie nicht so einfach entführen. Da ist Stepan auch schon. Etwa fünfzig Meter entfernt steht ein schwarzer Moskwitsch mit verdunkelten Scheiben halb auf dem Gehweg. Die hintere linke Tür öffnet sich. Stepan ist also nicht allein. Er kommt auf die Filiale zu, entdeckt sie und winkt ihr.

»Zwei Cheeseburger«, sagt ein junger Mann im Blaumann, der gerade um die Ecke gekommen sein muss. »Und einen Donut.«

Stepan schiebt ihn zur Seite. Der Mann protestiert.

»Ich habe eine Reservierung«, sagt Stepan ernst.

Der Satz genügt offenbar. Vielleicht sind es auch der dunkle Anzug und die fast schwarze Sonnenbrille, die als Argumente wirken. Oder Stepans breites Kreuz. Das hatte sie schon beim Sex damals fasziniert.

»Ich hätte gern das bestellte Menü«, sagt er dann in ihre Richtung.

»Dann bräuchte ich bitte Ihre Kreditkarte«, antwortet Raissa.

Stepan greift in die Hosentasche. Raissa zieht sich an den Rand des Fensters zurück, aber er holt keine Waffe heraus, sondern eine weiße Karte, etwa so groß wie ein Ausweis. Er reicht sie ihr, doch als Raissa zugreifen will, zieht er die Karte blitzschnell zurück.

»Nur eine Warnung«, sagt er. »Du wirst hier nicht mehr viel Spaß haben. Ich kriege dich.«

»Wenn du mich verfolgst, gehen die Daten online, ganz automatisch«, sagt sie.

»Verfolge ich dich nicht, wirst du mich wieder erpressen.«

»Du musst wissen, was das größere Risiko ist.«

»Danke«, sagt Stepan. »Ich hole das Menü dann in zehn Minuten ab.«

Er gibt ihr die weiße Karte. Raissa nickt. Sie hat, was sie wollte. Aber Stepan wird sich mit diesem Ausgang des Deals nicht zufriedengeben.

»Und nun kommen Sie«, sagt er zu dem Arbeiter im Blaumann. »Sie haben schon lange genug auf Ihre wohl verdiente Mahlzeit gewartet. Bestellen Sie, was immer Sie mögen. Ich lade Sie ein.«

»Danke, mein Herr«, sagt der Arbeiter.

Stepan dreht sich um und läuft zu dem dunklen Moskwitsch.

Die Jagd hat begonnen.

Stepan hat sie irgendwo auf dem Platz vor der Fast-Food-Filiale erwartet. Das ist ein Pluspunkt für sie. Aber jetzt weiß er natürlich, wo sie herkommen muss. Der McDonald's hat zwei Ausgänge: einen vorn, für die Kunden, und einen zweiten, durch den sie hereingekommen ist. Sie behält den Moskwitsch im Auge. Noch ist niemand ausgestiegen. Wenn das Stepans einziger Wagen ist, hat er maximal fünf Leute, vermutlich eher vier. Das sind zwei für vorn und zwei für hinten. Stepan ist vorsichtig und er weiß, welche Ausbildung sie genossen hat. Er wird nicht den Fehler machen, nur einen Mann zu schicken.

Aber den Hinterausgang zu erreichen, dauert deutlich länger. Dazu müssen die beiden Männer erst um den ganzen Block herumlaufen. Sie können natürlich versuchen, durch die Filiale selbst zum Hinterausgang zu gelangen, doch damit geben sie ihr einen Vorsprung, den sie nicht wieder aufholen können. Aber wenn die Männer den Block umrunden, versperren sie ihr den Weg zur Metro.

Los. Raissa springt über die Theke. Im Augenwinkel sieht

sie, wie sich die Türen des Moskwitsch öffnen. Die anderen drei Männer wirken wie Klone von Stepan. Sie setzen sich in lockerem Lauftempo in Bewegung. Raissa hingegen sprintet. Sie stürzt durch das Restaurant, rennt einen Gast um und stößt die Tür auf. Jetzt bemerken auch die vier Männer ihre Fluchtabsichten. Raissas Ziel ist der Eingang Nummer zwei der Metrostation. Nummer eins läge zwar etwas näher, aber dort verkehren die Züge in die falsche Richtung. Sie rennt. Gut, dass sie Sportschuhe trägt. Dass sie ein bisschen zu klein sind, merkt sie gar nicht mehr.

Auch die vier Männer werden schneller. Nur zwei verfolgen sie direkt. Einer von ihnen ist Stepan. Das ist gut. Er ist garantiert der Älteste und damit Schwächste der Gruppe, aber das will sein Ego vermutlich nicht zugeben. Die anderen beiden zielen wohl auf Eingang eins. Klar, sie wissen ja auch nicht, in welche Richtung ihr Opfer fliehen will.

Der Strom der Fußgänger wird dichter, auch wenn der Bürgersteig sehr breit ist. Noch fünfzig Meter bis zur Treppe. Raissa wagt einen Blick nach hinten. Stepans Angestellter, sicher weitaus jünger als er, lässt seinem Chef den Vortritt. Das ist bestimmt nett gemeint, aber dumm. Raissa hetzt zur rechten Seite der Treppe und nimmt immer zwei Stufen. Am unteren Ende wechselt sie blitzschnell die Richtung und wirft sich nach rechts, wo eine tiefe Nische zu sehen ist.

»Da vorn ist sie!«, ruft ein Mann. »Pass auf!«

Es muss Stepans Begleiter sein. Ihr alter Bekannter lässt sich offenbar nicht bremsen. Seine Sprünge hallen laut in den Tunnel hinein. Raissa hält den Atem an. Gleich muss er kommen. Sie senkt den Kopf. Am besten, sie erwischt ihn an der Brust. Sprung, Sprung, und … los! Raissa stürzt aus der Nische heraus. Sie erwischt Stepans Brustkorb seitlich. Der Zusammenprall raubt ihm die Luft. Er stürzt. Raissa hat keine Zeit, sich das anzusehen. Sie rennt weiter zur Rolltreppe, die zum Bahnsteig führt, stößt Leute zur Seite, rutscht ein Stück auf dem Handlauf, springt, benutzt den Bereich zwischen beiden Rolltreppen.

Unten fährt gerade ein Zug ein. Sie weiß nicht, wie nah

ihre Verfolger sind. Hinter ihr ist Bewegung, aber sie hat keine Zeit, sich umzusehen. Der Zug, sie muss ihn erreichen. Menschen drängen heraus. Eine Schweißwolke schlägt ihr entgegen, obwohl es draußen kalt ist. Sie taucht in die Menge und kämpft wie gegen eine starke Strömung, die sie zurücktreiben will. Aber sie ist stärker. Jetzt springen die Gezeiten um. Die Menge treibt auf die Zugtüren zu, als würde sie davon aufgesogen. Aber nicht alle werden Platz finden, und sie ist nicht die Einzige, die ihre Ellbogen einsetzt. Anders als die anderen kämpft Raissa allerdings um ihr Leben. Jetzt hat sie es über die Schwelle geschafft. Ein Tröten, noch eines, dann setzen sich die Türen schnaufend in Bewegung, um schließlich ihre Gummibäuche gegeneinander zu drücken. Sie hat es geschafft.

Zumindest bis in den Zug. Ihr Ziel, der Flussbahnhof, ist zwei Haltestellen entfernt. Wäre sie ein offizieller Fall für die Sicherheit, würden an jedem Bahnhof jetzt bereits Leute auf sie warten. Aber ein solches Aufsehen kann sich Stepan nicht leisten. Er kann nicht sämtliche Bahnhöfe überwachen lassen. Also hat sie ein paar Minuten, aber auch nicht mehr, denn sobald er sie auf den Überwachungsmonitoren erkennt, wird er seine Leute schicken. Hoffentlich ist Wolodja pünktlich!

Der Zug fährt in die erste Haltestelle ein, »Sportiwnaja«. Langsam beruhigt sich ihr Atem. Um sie herum ist ungewöhnlich viel Platz. Das liegt vielleicht daran, dass ihre Uniformbluse nun völlig nass ist. Die meisten Mitreisenden ignorieren sie angestrengt, aber einige beobachten sie auch. Bei diesen Temperaturen ist es ungewöhnlich, eine McDonald's-Mitarbeiterin ohne Mantel und in durchgeschwitzten Sachen zu sehen.

An der nächsten Haltestelle verlässt sie den Zug. Wer im Weg steht, tritt ganz ohne Aufforderung zur Seite. Sie sollte öfter in diesem Aufzug Metro fahren. Draußen ist es eisig. Hoffentlich erkältet sie sich nicht. Wolodja ist nicht da. Der weiße Wagen ist unauffindbar. Was hat sie ihm gesagt? *Wir treffen uns am Flussbahnhof.* Na klar, das hier ist die gleichnamige Metrostation, aber nicht der Flussbahnhof. Sie folgt der schlecht asphaltierten Straße zum Ufer des Ob. Hier draußen kommt sie sich schon fast vor wie auf dem Land. Die Gebäude halten solche Abstände, als könnten sie sich gegenseitig nicht leiden.

Der Flussbahnhof ist eine Anlegestelle mit einem Kiosk, in dem man Tickets für eine Bootsfahrt zu einer Badeinsel im Ob kaufen kann. Der Kiosk hat geschlossen. Mitte Oktober will niemand mehr in dem Fluss baden. Wolodja sitzt auf einer Bank davor. Er bemerkt sie nicht, weil er die Augen geschlossen hat und Musik aus großen, schwarzen Kopfhörern lauscht.

Sie setzt sich neben ihn. Bei der Berührung merkt er auf.

»Oh, du bist es!«, sagt er. »Ich habe dich noch gar nicht erwartet.«

Raissa sieht auf die Uhr. Es ist zwanzig nach vier. Sie war wirklich schnell.

»Können wir uns bitte ins Auto setzen?«, fragt sie. »Mir ist saukalt.«

»Oh, du brauchst etwas Trockenes zum Anziehen«, sagt Wolodja. »Das Auto steht hier drüben.«

Der Wagen wartet hinter einer Hecke – eine sehr gute Tarnung. Sie steigt ein. Wolodja startet die Zündung, sodass sie die Sitzheizung anschalten kann. Sie friert gleich ein bisschen weniger.

»Und was hast du herausgefunden?«, fragt er.

»Dass wir nicht zu lange hierbleiben sollten«, antwortet sie.

Inzwischen wird Stepan bereits die Aufnahmen der Sicherheitskameras auswerten. Hoffentlich hat er sie nicht zusammen mit Wolodja gesehen. Der Wagen setzt sich in Bewegung.

»Aber wo soll ich dich jetzt hinbringen?«, fragt Wolodja.

Raissa greift in die Tasche und holt die weiße Karte

heraus. Auf einer Seite ist sie mit eng stehenden Buchstaben beschriftet.

»Der einzige Cluster sicherheitsbezogener Aktivität, den ich finden konnte, befindet sich in Akademgorodok«, liest sie still. »Und zwar im KI-Labor des Konzerns.«

»Also, wo geht es hin?«, fragt Wolodja.

»Wir haben Glück. Es ist nicht sehr weit. Akademgorodok.«

»Da kenne ich mich ein bisschen aus. Mach es dir bequem, in einer halben Stunde sind wir da.«

Wolodja biegt in eine Nebenstraße, die voller Schlaglöcher ist.

»Nein, das steht für morgen auf dem Plan«, sagt Raissa. »Heute brauche ich frische Sachen und einen Schlafplatz.«

»Sollen wir zu mir nach Hause fahren?«, fragt Wolodja. »Mein Vater würde sich bestimmt freuen.«

»Das kann ich nicht verantworten, mein Lieber. Es ist schon gefährlich genug für dich, dass du mich herumfährst.«

»Du solltest meinen Vater nicht unterschätzen. Er hat immer noch ein paar Verbindungen.«

»Wirklich, Wolodja. Ich habe mich offenbar mit den falschen Leuten eingelassen. Deshalb will ich nicht, dass andere meinetwegen in Schwierigkeiten kommen.«

»Aber du musst doch irgendwo schlafen! Der Wagen hat nicht genug Energie, um den Innenraum die ganze Nacht warmzuhalten.«

»Da fällt uns schon noch etwas ein. Jetzt brauche ich erst einmal etwas zum Anziehen.«

»Ich fahre am besten in die Sibirski Mall«, sagt Wolodja. »Das sind nur fünf Kilometer.«

Wolodja parkt den Wagen in der Tiefgarage.

»Ich warte hier auf dich, ja?«

»Es tut mir leid«, sagt Raissa. »Aber so kann ich nicht einkaufen gehen. Du musst etwas für mich kaufen. Ich brauche hübsche Schuhe, einen dunklen, knielangen Rock, eine weiße Bluse, frische Unterwäsche und einen Mantel. Ach ja, und eine dünne Schirmmütze.«

»Oh, das muss ich mir aufschreiben. Welche Größe hast du?«

Wolodja zückt sein Telefon.

»Kleidergröße 36. Bei den Schuhen 39. Unterwäsche S. BH 75 C, nein, lieber D.«

»Oh. Ich weiß ja nicht, ob ich … Es ist das erste Mal, dass ich Damenkleidung …«

»Das schaffst du schon. Denk daran, es muss seriös aussehen. Ich will damit als Wissenschaftlerin durchgehen. Also die Schuhe am besten schwarz und mit schmalen, hohen Absätzen. Und zwei Paar hautfarbene Strumpfhosen, bitte, das hätte ich fast vergessen.«

»Habe alles aufgeschrieben«, sagt er.

»Hier, das müsste reichen.«

Raissa gibt ihm ihr Geldbündel. Jetzt hat sie überhaupt kein Bargeld mehr, nur noch die Kreditkarten, doch die kann sie nicht benutzen, ohne ihren Aufenthaltsort zu verraten.

»Danke, ich beeile mich«, sagt Wolodja.

Es ist zwar dunkel in der Tiefgarage, aber Raissa legt sich trotzdem auf die Rückbank. Sie will niemanden neugierig machen. Sie schließt die Augen, findet aber keine Ruhe. Der Wagen gibt tickende Geräusche von sich. Und er kühlt ziemlich schnell aus. Sie massiert sich, aber das hilft nicht viel.

Raissa kriecht zwischen den Sitzen hindurch nach vorn, um nach dem Schlüssel zu suchen. Er ist nicht da. Ob Wolodja im Kofferraum etwas hat, das sich als Decke eignet? Aber sie traut sich nicht, auszusteigen. Was, wenn die Türen zuschlagen? Draußen ist es garantiert noch kälter. Hoffentlich ist der junge Mann bald wieder da.

Sie durchsucht das Handschuhfach und erschrickt. Da liegt eine Waffe. Sie nimmt sie heraus. Es handelt sich um eine funktionslose Fälschung. Sehr beruhigend. Darunter findet sie ein paar Mentholbonbons, eine Packung Kondome, eine Reihe angestoßener Visitenkarten von Unbekannten sowie eine Sonnenbrille, der ein Glas fehlt.

Leider keine Bürste. In ihrer kleinen Handtasche war diesmal so wenig Platz, dass sie die Bürste im Koffer gelassen hat. Wie soll sie da morgen früh ihre Haare zähmen? Eins nach dem anderen. Wenn sie ordentlich gekleidet ist, kann sie sich auch eine Bürste besorgen.

Es klopft an der Scheibe. Das Glas ist so stark angelaufen, dass sie die Person nicht erkennt. Raissa wischt etwas vom Belag weg. Es ist ein alter Mann in einer Fantasie-Uniform, vermutlich der Parkwächter. Sie drückt den Knopf, der das Fenster herunterlässt, aber er reagiert nicht. Die Zündung ist aus, klar. Aber die Tür zu öffnen, ist ihr zu gefährlich. Man darf alte Männer nicht unterschätzen. Was ihnen an Kraft fehlt, machen sie durch Erfahrung wett.

Der Wächter klopft noch einmal. Raissa klopft zurück.

»Was machen Sie hier drin?«, schreit er.

»Warten!«, ruft sie zurück.

»Ist verboten!«

»Kein Schlüssel!«

Sie versucht, den Mann zu ignorieren. Er wird ja nicht gleich das Fenster einschlagen. Aber er gibt auch keine Ruhe und klopft weiter. Vermutlich macht ihm das mehr Spaß, als sich in seinem Verschlag an der Einfahrt zu langweilen.

»Sie müssen raus! Garage verlassen! Lebensgefahr!«

»Lassen Sie mich in Ruhe!«

Endlich hört das Klopfen auf. Der Wagen knackt. Es muss Wolodja sein, der die Verriegelung aufgehoben hat. Raissa klettert auf den Beifahrersitz. Die Fahrertür öffnet sich, und mehrere Einkaufstüten landen auf dem Sitz.

»Danke«, sagt Raissa. »Aber komm doch bitte schnell rein und mach die Heizung an. Ich friere.«

Wolodja beugt sich nach unten. »Wie du willst. Ich dachte, du möchtest dich vielleicht in Ruhe umziehen.«

»Nein, das ist schon okay. Komm rein und heiz uns ein.«

Raissa klettert auf den Rücksitz und nimmt dabei die Tüten mit den Einkäufen mit. Bluse, Rock, Schuhe, alles da. Sogar die Etiketten sind schon entfernt. Sie begutachtet die Einzelteile. Sie passen farblich zusammen. Darin wird sie so unauffällig wirken, wie es nur möglich ist.

Sie beginnt unten. Endlich kommt sie aus der Uniformhose heraus. Wolodja hat ein Dreierpaket Slips gekauft, schlicht schwarz. Sie zieht einen davon an, darüber eine der beiden Strumpfhosen. Jetzt ist ihr schon etwas wärmer. Der Rock sitzt auch gut, nicht zu eng und vermutlich nicht zu lang. Die Schirmmütze rollt sie zusammen und presst sie in ihre Handtasche.

Jetzt ist der Oberkörper an der Reihe. Sie entledigt sich der immer noch klebrigen Uniformbluse und zieht den verschwitzten BH aus. Im Rückspiegel erwischt sie Wolodjas Augen. Sie lächelt, und er sieht erschrocken nach unten. Der BH, den er gekauft hat, passt perfekt. Sie zieht die neue Bluse darüber, steckt sie in den Rock und deckt sich schließlich mit dem Wollmantel zu. Die Füße legt sie auf die Rückbank. In die Schuhe kann sie später immer noch schlüpfen.

»Das hast du hervorragend hinbekommen«, sagt sie.

»Kira hat mir geholfen. Ich habe ihr jedes Kleidungsstück gezeigt, und sie hat es abgesegnet.«

»Ah, das war eine sehr gute Idee!«

Wolodja dreht sich um und reicht ihr das Geldscheinbündel. Es ist deutlich schmaler als zuvor, aber nicht so dünn wie befürchtet.

»Ich weiß jetzt auch, wo wir die Nacht verbringen können.«

»Aber nicht in dem Hotel, in dem Kira arbeitet.«

»Natürlich nicht. Ihre Familie hat eine Datscha auf dem Land. Die benutzen sie aber im Herbst nicht.«

»Das klingt gut. Hoffentlich gibt es da einen Ofen.«

»Ja, sie haben einen Holzofen. Wir sollen bloß ein bisschen aufpassen, er ist wohl nicht ganz dicht, wenn man ihn eine Weile nicht benutzt hat.«

»Und die Schlüssel?«

»Kira hat mir erklärt, wo sie versteckt sind.«

Der Ofen knackt. Wolodja röchelt auf dem Sofa vor sich hin. Raissa liegt in dem breiten Bett. Sie fühlt sich so gut wie lange nicht mehr. Jede Faser ihres Körpers ist durchgewärmt. Ihre Haut prickelt noch von den Schlägen mit dem Birkenreisig. Die Datscha besitzt eine eigene Banja, eine Sauna! Sie hat es selbst herausgefunden. Wolodja war wohl zu verschämt, es ihr zu sagen. Denn natürlich musste er sie dann anheizen. Wann hat sie zuletzt eine echte russische Banja benutzt? So etwas hat sie in den Staaten bisher noch nicht gefunden.

Wolodja allerdings musste sie zwingen, sich mit hineinzusetzen. Ihr war schon klar, wieso. Der junge Mann hatte mit einer Erektion gekämpft. Süß! Aber nach dem ersten ordentlichen Aufguss war es damit vorbei gewesen. Dann gab es nur noch Hitze und Schweiß. Anschließend hatten sie sich gegenseitig mit Birkenzweigen abgeklopft. Zur Abkühlung musste die Regentonne dienen. Frischer Schnee wäre ihr lieber gewesen. Zum Glück war die Datschenkolonie menschenleer.

Raissa wälzt sich wohlig in den Laken. Ein Hoch auf Kira! Wenn jetzt noch Nick hier sein könnte, wäre sie wunschlos glücklich. Sie malt sich aus, wie er hinter ihr liegt, ihre Brüste berührt, ihre Scham. Sie bewegt ihre Hände dorthin, wo er sie am liebsten anfasst. Nachdem sie gekommen ist, überkommt sie endlich die Müdigkeit, die sie mit ihren Flocken zudeckt wie sanfter Schneefall.

17. Oktober 2119, Eva

»Hier!«

Oskar reicht ihm etwas, das wie ein Wischmopp aussieht. Der Roboter ist gerade erst wieder aufgetaucht. In der Nacht hat Nick zwar ein paar Geräusche gehört, aber er hat nicht nach Oskar gesucht. Wahrscheinlich muss er sich erst finden. Es ist sicher nicht so einfach, aus der Vermischung zweier KIs geboren zu werden. Das ursprüngliche Oskar-Bewusstsein hatte ja die meiste Zeit seines Lebens in dem Staubsaugeroboter verbracht.

»Was ist das? Und wo warst du die ganze Nacht?«

»Das ist die Frisur, die du dir gewünscht hast«, sagt Oskar. »Du musst es einfach über deine Haare legen.«

»Wie bitte?«, fragt Nick.

»Das ist eine Perücke. Menschen tragen doch Perücken oder nicht?«

Nick streicht sich über die Haare. Er hat zwar kleine Geheimratsecken, aber im Großen und Ganzen ist er stolz auf seinen immer noch dichten Haarwuchs.

»Ich habe meine eigenen Haare«, sagt er. »Woraus hast du das Ding überhaupt hergestellt?«

Er betastet es noch einmal. Auf einer Seite ist es angenehm weich. Nick hat einen Verdacht.

»Katzenhaare. Du hast mir doch befohlen, sie einzusammeln. Ich kann dir sagen, das war eine sehr herausfordernde Aufgabe.«

Der Roboter zieht sich näher heran. An der Oberseite seines Gehäuses sind eine ganze Reihe Kratzer zu erkennen.

»Wie meinst du das?«, fragt Nick und streicht mit den Fingerspitzen über die Kratzer. Sie sind tief.

»Erst einmal die schiere Menge, und sie sind im Radar so gut wie nicht zu finden. Ich musste eine eigene Technik entwickeln. Wenn ich das Radar ganz flach über den Boden bouncen lasse, verändert sich bei Anwesenheit von Katzenhaaren die Abstrahlung.«

»Aber Mira geht es gut? Du hast sie nicht …?«

»Die Katze war nicht sehr erfreut, als ich …«

»Was hast du mit ihr gemacht?«, ruft Nick.

»Nun reg dich nicht auf. Ich habe sie bloß …«

Nick springt auf. Über die Decke steuert er auf die Leiter zu. Er zieht sich nach unten, so schnell er kann. Im Garten ist Bewegung. Er sieht Mira nicht sofort. Eines der Module verdeckt sie. Er taucht nach unten. Im Halbdunkel sieht er nur einen sich schnell bewegenden Schatten. Nick nähert sich, und im richtigen Moment greift er danach. Krallen treffen seinen Unterarm. Er lässt beinahe wieder los, weil Mira sich so seltsam anfühlt. Eine Wurst im Darm!

Trotz ihrer Gegenwehr zieht er sie mit sich. Oskar wird doch nicht … Aber das ist nicht ihre nackte Haut. Sie müsste doch viel wärmer sein. Sobald genug Licht ist, stoppt er. Puh. Oskar hat ihren Körper in Folie eingewickelt. Sie hat zwar schon ein paar Risse, aber die Katze hat es noch nicht geschafft, sich ganz daraus zu befreien. Nick hilft ihr, und schnell merkt Mira, dass er sie befreien will und wehrt sich nicht mehr. Er ist fast fertig, als Oskar sich nähert. Mira reißt sich sofort los und flieht in die Werkstatt.

»Na, das hast du ja großartig hinbekommen«, sagt Nick.

»Ich wollte nur eine Kontamination des Schiffes verhindern. Du trägst doch auch Kleidung.«

»Das war wohl nichts, Oskar. Mit den Haaren werden wir auch anders fertig.«

Der Roboter klappt seinen Arm ein und sieht dadurch richtig geknickt aus.

»Ich muss mich bei ihr entschuldigen«, sagt er.

»Das wird nicht funktionieren. Mira ist eine Katze. Sei einfach in Zukunft nett zu ihr.«

Hoffentlich ist Mira nicht zu nachtragend. Nick muss bald wieder in seinen Schlafbehälter. Dann sollte sich eigentlich Oskar um die Katze kümmern.

»Nick? Hast du kurz Zeit für mich?«, fragt Oskar.

»Na klar. Ich habe jede Menge Zeit«, antwortet Nick und richtet sich auf seiner Liege auf. »Was gibt es?«

»Ich würde gern mit dir über unsere Mission sprechen.«

»Bist du sicher, dass es unsere Mission ist? Ich konnte dich vorher nicht fragen, ob du dabei sein möchtest.«

»Das bin ich, Nick. Wir sind doch Freunde. Ich erinnere mich jedenfalls, dass wir es waren. Freunde helfen einander.«

Genau genommen war das ja ein anderer Oskar, aber Nick widerspricht nicht. Es kann auf keinen Fall schaden, die Hilfe des Roboters zu haben.

»Das freut mich«, sagt Nick. »Ich habe wirklich gehofft, dich noch irgendwo zu finden. Ohne dich hätte ich Pluto nicht überlebt.«

»Wir waren ein tolles Team«, sagt Oskar.

Nick seufzt. »Leider konnten wir Witalis Bruder nicht retten. Hoffentlich sind wir bei Uranus erfolgreicher. Wir müssen Erfolg haben. Ich bin darauf angewiesen.«

»Es geht um deinen Sohn, ich weiß. Darüber würde ich gern mit dir sprechen.«

»Über Nikolai?«

»Nein, über die Mission insgesamt. Ich habe das Material analysiert, und es gibt so einiges, was mir seltsam vorkommt.«

»Was denn?«

»Erst einmal die Tatsache, dass sie ausgerechnet dich

ausgesucht haben, um ein offenbar derart wichtiges Problem zu lösen.«

»Wie meinst du das denn?« Nick runzelt die Stirn.

»Du bist ja nun nicht mehr der Jüngste, nicht wahr? Sie konnten ja nicht ahnen, dass ich dabei sein würde, und von Witali war vorher auch nicht die Rede.«

»Ich kenne mich eben mit solchen Missionen aus. Vielleicht hatten sie einfach keinen Besseren. Außerdem haben sie mit Nikolai ein Druckmittel gegen mich in der Hand.«

»Valentina ist sehr erfinderisch darin, Druckmittel aufzubauen. Das hätte sie auch bei jedem anderen geschafft. Und du glaubst wirklich, es hätte keinen Kosmonauten bei RB gegeben, der halb so alt wie du ist und freiwillig zu Uranus geflogen wäre? So einfach kommt man nicht mehr ins äußere Sonnensystem.«

»Vielleicht hätte es den gegeben«, sagt Nick. »Dann hat Valentina eben einen Affen an mir gefressen.«

Es ist ja schön, dass Oskar sich mit der Mission beschäftigt. Aber müssen sie wirklich so weit vorn anfangen?

»Einen Narren«, sagt Oskar.

»Einen Narren?«

»Es heißt, Valentina hat einen Narren an mir gefressen.«

»Dann eben einen Narren. Aber können wir uns nicht anderen Fragen widmen, etwa der, wie wir die Station auf Ferdinand dazu überreden können, mit uns Kontakt aufzunehmen?«

»Alles zu seiner Zeit, Nick. Wir müssen die Mission erst durchschauen, bevor wir in die konkrete Planung gehen können.«

»Wir haben aber nicht mehr Informationen, als ich dir gegeben habe.«

»Manchmal stellen auch fehlende Informationen Wissen dar.«

»Zum Beispiel?«

»Warum haben sie nicht die Crew von Enceladus geschickt?«, fragt Oskar. »Die hätten es doch viel näher gehabt.«

»Nicht unbedingt. Wenn sich Saturn auf seinem Orbit aus der Sicht des Uranus gerade hinter der Sonne befindet …«

»Das trifft aber nicht zu«, sagt Oskar. »Sonst hätte es sich auch kaum gelohnt, an Saturn ein Schwungmanöver durchzuführen.«

»Dann sind die eben inkompetent, oder ihr Schiff ist einfach zu langsam. Du hast es doch gehört. RB kann sich keinen Misserfolg leisten.«

»Vielleicht ist es so, Nick. Aber ich glaube, da steckt mehr dahinter. Welche Beweise hast du denn, dass dein Sohn entführt wurde?«

»Na ja, er ist nicht da, nicht auffindbar. Reicht das nicht?«

»Er könnte tot sein, oder er versteckt sich irgendwo.«

Nick schwitzt. Er will nicht hören, dass sein Sohn längst tot sein könnte.

»Lass uns über etwas anderes sprechen«, sagt er.

Oskar bewegt seine Hand hin und her. »Alles, was du hast, sind Behauptungen von Valentina.«

»Und die Aufnahmen von Nikolai, die sie mir geschickt hat.«

»Ich habe sie durchgesehen, Nick. Sie enthalten keinerlei konkrete, nachprüfbare Angaben.«

»Das ist ja nachvollziehbar. Sie will natürlich nicht, dass wir herausfinden, wo sie Nikolai gefangen hält. Oder glaubst du etwa, dass es sich um Deepfakes handelt?«

»Nein, es spricht alles dafür, dass es sich um echte Aufnahmen von Nikolai handelt. Aber die Stimme deines Sohnes spricht nie von einer Entführung. Sie warnt dich bloß mehrfach, dich Uranus zu nähern.«

Das stimmt. Nick hat sich selbst schon gefragt, warum sein Sohn nie um Hilfe bittet. Früher hätte er das getan. Vielleicht will er einfach seinen alten Vater nicht in Gefahr bringen und glaubt, das Problem allein lösen zu können.

»Vielleicht weiß er etwas über die Situation an unserem Ziel«, sagt Nick. »Etwas, was Valentina uns verschweigt.«

»Davon müssen wir auf jeden Fall ausgehen«, sagt Oskar.

»Aber wir haben keine Möglichkeit, ihn zu fragen, und Valentina scheint uns die Wahrheit verschweigen zu wollen.«

»Deshalb müssen wir unsere Strategie überdenken«, sagt Oskar. »Wir dürfen uns nicht von Valentina lenken lassen. Sie versucht, uns als Werkzeug zu benutzen. Das dürfen wir nicht zulassen.«

»Und wie willst du das verhindern?«, fragt Nick.

»Wir müssen die Bahn verlassen, die Valentina für uns vorgesehen hat, indem wir eigene Pläne entwickeln.«

»Du klingst, als hättest du bereits eine Idee«, sagt Nick.

»Genau! Wir werden den Flugplan verändern. Ich wecke euch drei Tage früher, sodass wir genügend Zeit haben, das System zu erkunden.«

»Hm, das ist alles? Ich denke, Valentina rechnet damit, dass wir ganz genau hinsehen.«

»Nein, das ist nicht alles«, sagt Oskar. »Ich werde bis zur Ankunft ein Überraschungsmoment vorbereiten. Wir werden uns aufteilen. Niemand rechnet damit, dass gleich zwei Teams im Uranus-System eintreffen.«

»Aufteilen? Wie soll das funktionieren? Das Landemodul kommt mit seinem chemischen Antrieb nicht sehr weit.«

»Das stimmt, Nick. Ich habe eine bessere Idee. Wir verbinden das Gartenmodul mit einem unserer DFDs. Damit hat es einen ordentlichen Antrieb, und eine eigene Lebenserhaltung besitzt es sowieso. Dann können wir in die Zange nehmen, was immer bei Uranus auf uns wartet.«

Nick schüttelt den Kopf. Was Oskar vorhat, setzt eine Raumwerft und viele tüchtige Fachkräfte voraus.

»Du bist verrückt, Oskar. Du willst die Eva auseinandernehmen, während wir darin unterwegs sind, und das ganz allein?«

»Die Katze wird mir helfen«, sagt Oskar. »Nein, kleiner Scherz. Ich habe das natürlich simuliert. Da das Gartenmodul nachträglich zur Eva hinzugefügt wurde, ist es nicht besonders schwierig, es temporär von ihr zu trennen. Ich muss bloß eine kleine Schleuse einbauen.«

»Und was ist mit dem Fusionstriebwerk?«

»Die DFDs und ihre Stützmassetanks sind modular konstruiert. Das wird total einfach.«

»Aber sie sind doch miteinander verbunden.«

»Ja, jedes mit seinen beiden Nachbarn, um im Bedarfsfall Stützmasse austauschen zu können. Diese Verbindung muss ich kappen. Das einzige Problem besteht dabei darin, dass ich die Verbindung später kaum wieder sauber herstellen kann. Dieses DFD wird auf dem Rückflug also autonom arbeiten, was aber kein echtes Problem ist. Auf dem bisherigen Abschnitt des Fluges lag der Stützmasseaustausch im Mittel bei drei Prozent der Tankkapazität. Dass er überhaupt möglich ist, ist eher eine Frage der Sicherheit vor Asteroideneinschlägen. Dadurch lässt sich ein defekter Tank ersetzen, ohne dass wir eines der DFDs verlieren.«

Puh. Oskar hat sich das alles offenbar schon gründlich überlegt. Kann er ihm den Umbau dann überhaupt verbieten? Grundsätzlich scheint es sich um einen guten Plan zu handeln. Wenn der Gegner, wer auch immer es ist, nur ein Raumschiff erwartet, ist es gut, ein zweites in der Hinterhand zu haben. Aber wie sollen sie sich aufteilen?

»Wer fliegt dann welchen Teil des Schiffes?«, fragt Nick.

»Ich schlage vor, dass ich das Gartenmodul lenke«, sagt Oskar. »Die Trennung würde ich im Schatten von Titania oder Oberon vornehmen. Ich warte dann dort, bis ihr mich braucht.«

Das ist eine sehr gute Idee. Nick muss wieder an die Warnung seines Sohnes denken. Irgendeine Gefahr erwartet sie bei Uranus. Mit Oskar und dem Gartenmodul in der Hinterhand haben sie wirklich bessere Chancen.

»So machen wir es«, sagt Nick.

»Dann darf ich die Eva auseinandernehmen?«, fragt Oskar und hält seinen Arm steil in die Höhe.

»Genehmigung erteilt. Aber übertreib es bitte nicht«, sagt Nick.

»Eva, hast du das gehört?«, fragt Oskar.

»Ich habe deine neuen Befugnisse gespeichert«, erklärt das Schiff. »Du hast freie Hand, mich umzukonfigurieren. Ich wäre dir allerdings sehr verbunden, wenn du meine Performance dabei nicht mindern würdest.«

»Das kann ich dir leider nicht versprechen, Eva. Ich benötige eines deiner Triebwerke für andere Zwecke. Allerdings wird das deine Fähigkeiten im Reiseflug nicht beeinträchtigen.«

»Danke, Oskar.«

Die beiden verstehen sich anscheinend gut. Nick klopft auf das Terminal vor ihm, als würde er dem Raumschiff das Fell streicheln.

»Oskar?«, fragt er.

»Ja?«

»Was kannst du mir über Nikolai sagen?« Nick macht eine Pause. »Nein, vergiss die Frage. Sag mir, dass wir Nikolai wiederfinden werden.«

»Nikolai wird zu dir und deiner Familie zurückkehren.«

»Danke, Oskar. Sagst du das, weil du davon überzeugt bist oder weil ich dich darum gebeten habe?«

Oskar antwortet nicht. Plötzlich springen an seiner Vorderseite mehrere Lämpchen an. Zwei blinken rot, die anderen leuchten orange oder weiß. Etwas piept: kurz, lang, kurz, lang. Ein Lüfter heult auf, beruhigt sich aber wieder.

»Oskar? Was ist mit dir?«

Hat er ihn mit der Frage etwa in einen Loyalitätskonflikt gestürzt?

Die beiden roten Lampen blinken immer hektischer. Die anderen erlöschen. Oskars Arm wird schlaff. Nick berührt ihn. Er kippt nur wegen der Schwerelosigkeit nicht zur Seite. Warmes Fell berührt Nick am Rücken. Es ist Mira. Sie schleicht um Oskar herum und miaut. Was ist bloß passiert? Nick hätte diese Frage nicht stellen dürfen. Oskar wollte ihm mit seiner Antwort bestimmt einen Gefallen tun. Und was macht er daraus?

Die letzten beiden Lampen erlöschen. Es klingt wie ein Seufzer, als auch der Ventilator seine letzten Drehungen beendet. Nicks Augen werden feucht.

»Oskar, was machst du denn bloß?«

Der Roboter antwortet nicht. Nick hebt ihn hoch. Er wiegt nichts, als wäre mit der Seele auch seine Körpermasse aus ihm gewichen. *Er ist schwerelos, du Blitzmerker.* Aber was ist mit seiner Hardware geschehen? Nick stößt sich ab und schwebt nach unten in die Werkstatt. Mira begleitet ihn. Sie scheint zu spüren, dass es Oskar nicht gut geht.

In der Werkstatt spannt Nick den Roboter in eine Schraubzwinge. Er muss ihn öffnen und nachsehen. Diese Obduktion ist er Oskar schuldig. Bestimmt ist ein Schaltkreis durchgebrannt und er hat ihn überlastet. Nick hat keine Ahnung von Elektronik. Er wird den Roboter nicht reparieren können. Das war es dann auch mit Oskars schönem Plan, und wenn er Pech hat, war es das auch mit Nikolai. Und bloß, weil er … Scheiße.

Nick lässt den Schraubenzieher los, den er gerade unter Oskars Deckel geschoben hat. Welche Grundregel hat ihm sein Großvater, der Elektriker war, beigebracht? Spannungsversorgung prüfen! Nick öffnet die Klappe an der Seite des Roboters. Dort verbirgt sich sein Anschlusskabel. Die Steckdose ist neben dem Arbeitstisch. Er steckt das Kabel ein. An der Vorderseite des Roboters erscheint eine Ladeanzeige, ein Balken, der sich langsam nach rechts bewegt. Das funktioniert immerhin noch. Ein Hoffnungsschimmer! Nick wartet. Sein Herz pocht. Er tippt auf die Anzeige, die nun eine Zahl zeigt. Fünf Prozent sind es schon. Bei zehn Prozent leuchten weitere Lämpchen. Bei zwölf springt der Lüfter an, bei fünfzehn versteift sich der Arm. Oskar ist wieder da! Der Druck auf Nicks Brust verflüchtigt sich langsam.

»System geladen«, sagt Oskar, als die Anzeige bei zwanzig Prozent steht. »Was kann ich für Sie tun? Sie wirken, als könnten Sie einen Haarschnitt vertragen?«

»Oskar, ich bin es, Nick.«

»Schon wieder reingefallen, haha!«

Oskars Arm bewegt sich hin und her. Er will sich anscheinend aus der Schraubzwinge befreien, aber es gelingt ihm nicht.

»Bist du es?«, fragt Nick vorsichtig.

»Ja-haa. Ich bin es, wer sonst?«

»Mach so etwas bloß nicht noch einmal! Du hast mir einen Mordsschreck eingejagt!«

»Ich? Was habe ich denn gemacht?«

»Du hast auf eine Frage … Nein, lassen wir es. Du warst plötzlich weg.«

»Mein Akku ist leider nicht mehr, was er mal war. Ich muss inzwischen einmal pro Stunde ans Netz, und die Zeit verringert sich ständig. Ich habe wohl nicht aufgepasst, weil unsere Diskussion gerade so spannend war. Welche Frage hast du mir gestellt? Ich konnte sie schon nicht mehr verarbeiten.«

»Ach, lass mal, das spielt jetzt keine Rolle mehr. Ich bin froh, dass du wieder da bist.«

»Du hast dir Sorgen um mich gemacht? Das ist ja schön.«

»Ich fand es nicht schön«, sagt Nick. »Können wir deinen Akku nicht ersetzen? Ich möchte nicht, dass das noch einmal passiert.«

»Ich werde in Zukunft besser aufpassen«, sagt Oskar. »Ich muss nur regelmäßig an die Steckdose. Sonst geht es mir gut.«

»Haha, du bist genauso alt geworden wie wir. Aber für dich müsste es doch Ersatzteile geben?«

»Vielleicht auf der Erde, aber nicht an Bord. Oder hast du welche mitgenommen?«

Nick schüttelt den Kopf. »Können wir nicht einen anderen Akku zweckentfremden?«

»Keine Chance. Die Module sind tief in die Hardware integriert, um Platz zu sparen und das maximal mögliche Volumen unterzubringen. Damals, als ich hergestellt wurde, hat man die Geräte, deren Akkus zu schwach wurden, einfach durch neue ersetzt.«

»Es kommt nicht in Frage, dass wir dich ersetzen.«

»Das hoffe ich doch«, sagt Oskar.

»Aber wie lösen wir das Problem dann bei längeren Außeneinsätzen?«

»Genau wie ihr das mit dem Sauerstoff macht. Wir nehmen eben einen externen Zweitakku mit, aus dem ich mich laden kann. Den kann ich hinter mir herziehen.«

»Das ist aber unpraktisch.«

»Ihr müsst eure Ersatzflaschen ja auch tragen. Aber du hast recht. Ich überlege mir etwas Praktischeres. Es ist ja noch genug Zeit.«

»Klar, so ganz nebenbei, während du die Eva umbaust.«

»Ich muss ja nicht schlafen, so wie ihr minderwertigen biologischen Geschöpfe.«

»He, Vorsicht! Beim nächsten Mal lade ich dich nicht wieder auf. Oder ich boote dich im Staubsaugermodus.«

»So gemein kannst du nicht sein, Nick.«

»Unterschätz mich lieber nicht.«

18. Oktober 2119, Akademgorodok

Am Morgen liegt tatsächlich eine dünne Schneedecke über dem Boden. Wolodja flucht, denn unter den Flocken sind die Scheiben vereist. Es muss in der Nacht noch geregnet haben. Dann kam die Kälte, gefolgt von ein wenig Schnee. Das ist nicht ungewöhnlich für die Jahreszeit, auch wenn es in den letzten Dekaden merklich wärmer geworden ist.

»Komm, wir müssen uns beeilen«, sagt Raissa.

Es wäre schon aus Sicherheitsgründen ungünstig, Juri warten zu lassen.

»Ich weiß. Aber ich muss mir wenigstens ein Guckloch freikratzen.«

Raissa dreht den Rückspiegel so, dass sie ihr Make-up kontrollieren kann. Es ist perfekt. Der Spiegel läuft an. Sie dreht ihn wieder zurück.

Wolodja steigt ein. Er sieht auf sein Telefon.

»Mach dir keine Sorgen«, sagt er. »Es sind nur zwanzig Minuten bis zum Bugrinskij-Park.«

Wolodja fährt aus der Sackgasse heraus, an deren Ende sich die Datscha befindet.

»Sehr gut«, sagt Raissa.

»Hast du schon eine Ahnung, wie es dann weitergeht?«

»Leider nicht. Ein ehemaliger Kollege erwartet mich dort.

Er wird mich meinem Ziel so nahe bringen, wie es geht. Aber ich weiß nicht, ob er einen eigenen Wagen hat.«

»Gut. Es ist ja nicht so weit zu den Wissenschaftlern«, sagt Wolodja. »Ich würde nur heute Abend gern mit Kira … Wir sind für das Kino verabredet.«

»Das wird großartig, Wolodja. Kira scheint eine sehr nette Frau zu sein. Sei bloß nicht zu schüchtern. Wenn du erst einmal in die Rolle eines guten Freundes rutscht, ist es zu spät.«

Jetzt klingt sie schon wie seine Mutter! Raissa schüttelt den Kopf über sich. Was ist denn schon dabei, ein Freund zu sein? Aber sie wünscht Wolodja einfach alles Gute. Er erinnert sie ein bisschen an Nikolai mit 16 oder 17. Wenn nichts dazwischenkommt, wird sie ihren Sohn vielleicht heute wiedersehen.

Falls. Wie wahrscheinlich ist das? Nicks Mission muss enorm wichtig sein. Also werden sie Nikolai vermutlich streng bewachen. Andererseits hat sie gewisse Erfahrungen. In Nordkorea damals war es noch weitaus schwieriger. Da fiel sie als weiße Frau überall auf, und trotzdem hat sie es geschafft, einen Physiker aus seinem Labor zu entführen. Allerdings hatte sie auch Unterstützung vom russischen Auslandsgeheimdienst, dem der lokale Diktator zu mächtig geworden war. Diesmal ist sie allein auf sich gestellt.

Sie lehnt sich zurück. Juri, Wolodja, Kira, Graf Wronski – so ganz allein ist sie ja doch nicht.

Der Morgen patscht ihr mit seinen nasskalten Fingern ins Gesicht, als sie endlich die Tür aufreißt. Raissa springt aus dem Wagen. Die zwanzig Minuten haben sich dann doch zu einer halben Stunde gedehnt.

»Wenn ich in fünf Minuten nicht zurück bin, fährst du«, sagt sie.

In diesem Moment fällt ihr auf, dass das gerade einen Abschied für immer bedeuten könnte. Wieso hat sie Wolodja nicht eher auf Wiedersehen gesagt? Sie hätten auf der Fahrt doch genug Zeit gehabt! Schnell läuft sie um den Wagen herum zur Fahrerseite. Wolodja fährt das Fenster herunter. Sie beugt sich zu ihm, nimmt seinen Kopf und drückt ihm einen Kuss auf den Mund. Er starrt sie mit großen Augen an.

»Du musst unbedingt die Lippenstiftspuren abwischen, bevor du Kira triffst«, sagt Raissa.

»Danke«, flüstert Wolodja.

»Ich danke dir. Also bis in fünf Minuten oder irgendwann in ferner Zukunft. Dann will ich eure Kinderchen sehen, mein Lieber!«

Oh weh, damit hat sie ihn nun ganz schön unter Druck gesetzt. Aber sie muss weg. Juri wartet.

Sie findet ihren alten Freund auf einer Bank. Der immer noch grüne, aber nun starre Rasen maskiert das Geräusch ihrer hochhackigen Schuhe. Juri starrt in die Ferne und erwacht erst, als sie sich neben ihn setzt.

»Was ist mit dir?«, fragt sie.

Juri dreht sich zu ihr, und sie umarmen sich.

»Ich habe nicht gut geschlafen«, sagt er.

»Angst wegen heute?«, fragt sie. »Du ziehst dich zurück, sobald es dir zu heiß wird. Das musst du mir versprechen.«

»Nein, zu viele Gedanken über die Vergangenheit. Was wäre, wenn. Solche Sachen.«

»Du hast richtig gehandelt, Juri. Das mit uns wäre nicht gut gegangen. Wir waren viel zu jung.«

Es stimmt, sie haben sich gut verstanden. Juri musste sie nie etwas erklären wie Nick. Es gab ein unausgesprochenes Verständnis zwischen ihnen. Aber ob Juri überhaupt weiß, welche Aufgaben sie für Valentina übernommen hat? Damit wäre er bestimmt nicht zurechtgekommen. Und sie auch nicht, denn sie hätte ihm nicht davon erzählen dürfen. Er hätte den Geruch fremder Männer an ihr bemerkt, hätte seine Fragen dazu aber herunterschlucken müssen. Das hätte nicht funktioniert.

Raissa sieht auf dem Telefon nach der Uhrzeit. Es sind erst drei Minuten vergangen. Sie kommen ihr wie dreißig vor. Aber gleich fährt Wolodja.

»Ja, du hast wohl recht«, sagt er. »Wohin geht es?«

Sie zeigt ihm die Karte. Juri überfliegt den Text.

»Das KI-Labor also. Ja, das gehört zu meinem Bereich. Und es ist nicht weit. Du hast Glück gehabt«, sagt er.

»Da bin ich aber froh.«

»Aber dann auch wieder nicht, denn es ist auch ohne so einen wichtigen Gast schon sehr gut abgeschirmt. Vor einem halben Jahrhundert sollen mal ein paar KIs von dort geflüchtet sein. Seitdem ...«

»Ich muss dich unterbrechen, Juri. Hast du ein Auto? Mein Fahrer fährt in einer Minute los.«

»Ja, wir sollten mit meinem Dienstwagen fahren. Das ist weniger auffällig.«

Schade. Sie wäre gern noch länger mit Wolodja unterwegs gewesen. Er hat eine jugendliche Leichtigkeit, die ihr spätestens seit Nikolais Geburt fehlt. Vielleicht kommt sie irgendwann zurück. Es wäre schön.

»Das ergibt Sinn«, sagt sie und lehnt sich zurück. »Dann haben wir es nicht so eilig.«

»Was ich sagen wollte ... Wo war ich stehengeblieben?«

»Ich habe dich bei den geflüchteten KIs unterbrochen.«

»Ach ja, genau. Seitdem also ist das Labor stärker abgeschottet als die meisten anderen.«

»Ist das ein Problem?«

»Nicht, wenn ich dabei bin. Aber allein kommst du da nicht weit.«

»Das heißt, du musst dich in Gefahr bringen.«

»Ja. Ich muss dich quasi bis direkt vor die Tür des Raumes bringen, in dem sie deinen Sohn vermutlich gefangen halten.«

»Dann lassen wir es lieber, oder?«

Der Satz geht ihr nur schwer von den Lippen, aber sie muss ihn aussprechen.

»Auf keinen Fall«, sagt Juri. »Euch ist ein Unrecht geschehen, und wenn ich etwas dagegen tun kann, dann soll es so sein.«

Raissa umarmt ihn. Wolodja muss bereits abgefahren sein. Juri ist nun ihr einziger Verbündeter.

»Es war nicht so einfach, an die Information über seinen Standort zu kommen«, sagt sie.

»Das kann ich mir vorstellen.«

Sie erzählt Juri, wie sie Stepan entkommen ist. »Das heißt, er wird weiter Jagd auf mich machen. Und er weiß, wohin ich mich als Nächstes wenden werde.«

Juri wiegt den Kopf hin und her. »Er wird sicher versuchen, deiner habhaft zu werden. Aber er kann auch nicht so einfach eingreifen. Das wäre zu auffällig. Solange du in Gesellschaft bist, solltest du sicher sein.«

»Wer weiß. Sicher ist bei Stepan gar nichts. Ich dachte zuerst, er würde es bei unserem Deal bewenden lassen.«

»Du hast ihn offenbar in der Hand. Das fühlt sich für ihn so an, als hieltest du seine Eier fest umklammert, wenn ich das so sagen darf. Also mit einer Schraubzwinge.«

Raissa lacht. Ja, so muss sich der Mann fühlen. Sie hat beinahe Mitleid mit ihm. Aber nur fast.

»Wir sollten uns auf den Weg machen«, sagt Juri.

Sein Auto steht auf der anderen Seite des Parks. Sie wandern wie ein altes Ehepaar über die knirschenden Wege. Der dünne Schnee ist unter dem feuchten Atem der Großstadt schon fast wieder geschmolzen. Das Gras richtet sich auf. Irgendwann nimmt Juri ihre Hand. Sie zieht sie nicht zurück. Es fühlt sich richtig an. Für den Moment.

Das Wissenschaftsstädtchen empfängt sie genauso bescheiden, wie sie es in Erinnerung hat. Es gibt ausreichend Platz, deshalb sind protzige Hochhäuser noch immer selten.

Die meisten Institute verbergen sich abseits der großen Straßen in parkähnlichen Wäldern und ragen dabei kaum über die Kronen der Bäume hinaus.

Für das KI-Institut gilt das allerdings nicht. Es ist an das neue RB-Hauptquartier angeschlossen, das aus zwei miteinander verbundenen Hochhaustürmen besteht. Juri fährt langsam heran, sodass Raissa Zeit hat, die Stockwerke zu zählen. Es sind 23. Irgendwo ganz oben lebt vermutlich Valentina. Wenn man bei ihr überhaupt noch von Leben sprechen kann.

Der Wagen fährt zwischen den beiden Türmen hindurch. Die Schranke an der Einfahrt zur Tiefgarage öffnet sich automatisch. Juris Auto ist offenbar registriert. Raissa hält sich ihre Tasche vor das Gesicht, sodass Kameras sie nicht erkennen können. Hier gibt es garantiert überall Augen, die alles verfolgen und deren Aufnahmen von KIs ausgewertet werden. Es lässt sich nicht vermeiden, dass Stepan von ihrer Anwesenheit erfährt. Aber je später das passiert, desto mehr Vorsprung hat sie. Am liebsten wäre es ihr, man würde sie nicht zusammen mit Juri sehen. Leider wird sich das nicht vermeiden lassen.

Juri fährt in der Tiefgarage ganz bis ans hinterste Ende durch.

»Hier gibt es einen eigenen Eingang zur KI-Forschung«, erklärt er. »Dann müssen wir nicht durch den Tower.«

Er hält an, atmet tief durch und steigt aus. Raissa kontrolliert noch einmal ihr Make-up, dann folgt sie ihm. Der Parkplatz ist ziemlich voll. Sie sind aber auch recht spät dran. Es ist gleich neun Uhr. Juri zeigt auf ein grünes Schild. »Wuichod«, Ausgang, steht darauf. Der Richtungspfeil zielt auf eine gläserne Drehtür.

»Warte mal«, sagt Raissa.

Juri bleibt stehen. Sie hält sich in seinem Schatten, nimmt die Schirmmütze aus der Tasche, setzt sie auf und zieht sie tief ins Gesicht. Dann setzt sie ihre Sonnenbrille auf. Nun sieht sie zwar fast nichts mehr, aber sie nimmt einfach Juris Hand. So laufen sie weiter.

»Jetzt kommt die Drehtür«, sagt Juri.

Raissa sieht kurz auf. Durch die runde Außenwand wirkt die Drehtür wie eine riesige Lampe, die den Parkplatz beleuchten soll, aber zu wenig Strom bekommt. Sie laufen hindurch. Dahinter ist es so hell, dass sie auch durch die Sonnenbrille alles erkennt. Es gibt zwei Fahrstühle, aber Juri nimmt die Treppe.

»So begegnen uns weniger Menschen«, erklärt er.

Im Treppenschacht riecht es nach Staub und Urin. Juri nimmt die Treppe nach unten. Das ist überraschend. Offiziell residiert die KI-Forschung in dem fünfstöckigen Gebäude, das als Anhängsel des Hochhausturms errichtet wurde. Hier unten hatte Raissa selbst in ihrer Zeit bei Valentina nie zu tun. Natürlich nicht. Den Komplex gab es ja damals noch gar nicht.

Drei Stockwerke unter dem Parkplatz, der selbst im zweiten Untergeschoss liegt, verlassen sie das Treppenhaus durch eine unscheinbare Tür. Sie sind also schon fünf Etagen unter der Oberfläche.

»Führt die Treppe ganz nach oben?«, fragt Raissa.

»Ja, bis in das fünfte Obergeschoss.«

Das könnte also ihr Fluchtweg sein. Vor einer weiteren Tür bleibt Juri stehen.

»Du solltest jetzt vielleicht die Mütze und die Brille abnehmen. Wir sind gleich am Empfang.«

Raissa folgt seiner Empfehlung und verstaut alles wieder.

»Bereit?«, fragt er.

Sie nickt. Ab sofort ist sie den Kameras schutzlos ausgesetzt. In fünf bis zehn Minuten wird Stepan wissen, wo sie sich aufhält.

Juri öffnet die Tür. Dahinter ist es so hell, dass sie die Augen zusammenkneifen muss. Rechts von ihnen sind zwei Aufzüge. Ihre Türen sind geschlossen. Vor ihnen liegt ein dreispuriger Kanal mit automatischer Ausweiskontrolle, Scanner und zwei Uniformierten.

»Komm einfach direkt hinter mir her«, sagt Juri. »Die Schranke ist nicht sehr schnell.«

Er hält seinen Ausweis an ein Lesegerät. Die Schranke öffnet sich. Schnell huschen sie beide hindurch. Die Uniformierten sehen sich an. Keiner von ihnen hat Lust auf Stress, das ist ihnen anzusehen. Einer trägt drei Streifen auf der Schulter, der andere zwei. Der Dreistreifer runzelt die Stirn. Der Rangniedrigere verdreht die Augen. Er sieht auf den Bildschirm neben der Schranke.

»Herr Sokolow?«, fragt der Mann dann.

»Was gibt es?«, fragt Juri zurück und schnaubt. »Ich habe es ziemlich eilig.«

»Es tut mir leid, aber Ihre Begleitung …«

»… ist von mir autorisiert, diesen Raum zu betreten. Sie wissen, wer ich bin?«

»Das sehe ich, Herr Sokolow, und unter anderen Umständen … Aber ich habe strikte Anweisung, dass alle Gäste einen Gästeausweis mit sich führen müssen. Vielleicht hat ja Ihre Frau nur vergessen, ihn auf das Lesegerät zu legen?«

»Sie hat noch nie einen Ausweis gebraucht, um mich im Büro zu besuchen.«

»Das mag sein. Nur herrscht im Moment eben eine Spezialsituation. Ich muss Sie bitten, am Empfang im Erdgeschoss des Hochhauses einen Gästeausweis …«

»Das kommt überhaupt nicht in Frage. Ich bin sowieso schon zu spät dran.«

»Ihre Frau könnte ja allein …«

»Wie ist Ihr Name?«

»Iwanow.«

»Gut, Iwanow. Meine Frau kommt hier ohne mich keinen Meter weit. Das müssten Sie doch wissen. Und ich habe überhaupt nicht die Zeit, mich um diesen Scheiß zu kümmern, wenn Sie den Ausdruck verzeihen. Also, machen Sie uns allen das Leben nicht so schwer, Iwanow, und treten Sie zur Seite.«

»Es tut mir sehr leid, Herr Sokolow. Aber ich bin verpflichtet, Ihnen diese Umstände zu bereiten. Ich verliere meine Anstellung beim Sicherheitsdienst, wenn das herauskommt.«

»Also bitte! Ich muss hier nur kurz etwas klären, Iwanow. In einer halben Stunde bin ich wieder weg, und ich nehme meine Frau natürlich mit. Sie bringen meinen ganzen Zeitplan durcheinander!«

Gleich hat er ihn so weit. Der Mann tut ihr leid. Er macht ja nur seinen Job.

»Nowikow, hast du eine Idee?«, fragt er seinen Kollegen.

Der Angesprochene schüttelt nur den Kopf. *Ist jetzt dein Problem*, soll das wohl heißen. Er entfernt sich sogar ein paar Schritte und tut, als würde er das Lesegerät an der Ausgangsspur der Schrankenanlage untersuchen.

»Jetzt sag doch mal was, Nowikow!«, ruft Iwanow. »Meinst du, es bringt etwas, in der Zentrale anzurufen und dort um Genehmigung zu fragen?«

»Wenn du dir unbedingt einen Anschiss abholen willst, dann nur zu«, sagt der Kollege. »Du kennst den Befehl.«

»Mann, du bist aber auch nicht sehr hilfreich!«

»Ist nicht mein Problem«, sagt Nowikow und beugt sich wieder über das Lesegerät.

»Iwanow, ich werde jetzt mit meiner Frau weitergehen. Haben Sie das verstanden? Wenn Sie glauben, sich das genehmigen lassen zu müssen, bitte. Ich werde nicht so lange warten. Oder wollen Sie, dass ich Ihnen meine Arbeitszeit in Rechnung stelle?«

Der junge Sicherheitsmann schüttelt den Kopf. Er sieht immer wieder zu seinem Kollegen, der den Kopf gesenkt hat, und dann zurück zu Juri. Er tätschelt seine Waffe und kratzt sich unter der Uniformmütze. Da öffnet sich die Fahrstuhltür. Mit einem Zischen spuckt der Aufzug zwei Männer in Laborkitteln aus.

»Gehen Sie schon«, zischt Iwanow.

Nowikow pfeift eine Melodie, als ginge ihn das alles gar nichts an. Vermutlich ist es nicht ungewöhnlich, dass höhere Angestellte ihre eigenen Regeln aufstellen.

Juri führt sie einen breiten Gang entlang. Er geht schnell. Das ist gut, denn ihre Diskussion wurde sicher von mehreren Kameras aufgezeichnet. Stepan hängt bestimmt schon in irgendeiner Leitung. Einfach so Alarm geben kann er nicht. Hoffentlich hält ihn die Tatsache, dass er unauffällig handeln muss, lange genug auf.

Der Gang endet in einer Halle. Sie ist drei Stockwerke hoch, so breit wie ein Fußballfeld und so lang wie vier oder fünf. Sie befinden sich im mittleren Stockwerk, sodass sie erst noch eine Stahltreppe nach unten laufen müssen. Der Boden der Halle ist von zahllosen Schränken bedeckt, an denen Lampen blinken. Rohre in unterschiedlichen Farben führen Stickstoff und Wasser heran oder bergen Datenkabel.

»Das ist der Quantencomputer-Pool von RB«, erklärt Juri. »Wir sind nicht sicher, aber es müsste sich um den leistungsfähigsten Verbund der Welt handeln.«

»Nicht sicher?«

»Die Amerikaner und die Chinesen halten gut mit und sind genauso verschwiegen wie wir. Aber man muss schon sagen, Schostakowitsch hat uns mit seinen Versuchen einen ordentlichen Vorsprung verschafft.«

Raissa kennt die Geschichten. Valentinas Vater hat einige Grenzen überschritten, nicht nur bei sich selbst, sondern auch bei anderen. Und nicht immer lief dabei alles freiwillig ab. Er hat sich auch nie sonderlich um die Erkenntnisse der Computerethik gekümmert.

»Wo könnte Nikolai denn hier stecken?«, fragt Raissa.

»Eine gute Frage. In den Rechnerschränken werden sie ihn kaum verbergen. Wahrscheinlich irgendwo unten, in den Katakomben. Das hätte den Vorteil, dass er dort gut abgeschirmt ist. Die ganze Halle ist ein riesiger Faradayscher Käfig, und sie ist gegen Erdbeben bis zu Stärke 8 auf der Richterskala geschützt.«

»Warst du da schon mal?«

»In den Katakomben? Wir haben nur mal eine Führung durch den oberen Teil bekommen, wo sich die Aufbereitungsanlagen für die technischen Gase befinden. Aber das war nur ein Abstecher. Es gibt insgesamt drei Etagen unter dieser hier.«

»Viel Platz, um jemanden zu verstecken.«

»Auf jeden Fall.«

»Kannst du mich bitte bis zum Eingang in die Katakomben bringen, Juri?«

»Aber natürlich.«

Sie hakt sich bei ihm ein. Der leitende Wissenschaftler inspiziert eine Forschungseinrichtung zusammen mit seiner Frau. Das stört hier niemanden. Von verstärkter Sicherheit ist auch nichts zu bemerken. Aber das kann täuschen – wenn man es bemerken würde, wäre es nichts wert. Der Eindringling sollte sich in Sicherheit wähnen.

»Ganz schön wenig Personal für so eine große Anlage«, sagt Raissa. »Ist das normal? Früher war das nicht so.«

»Ja, die Rechner arbeiten fast wartungsfrei. Du wirst es nicht glauben, aber das Anfälligste hier sind die Rohrleitungen. Die Forscher, die mit der Anlage arbeiten, sitzen verteilt über das ganze Land.«

»Und die KIs? Stecken die in den Rechnern hier?«

»Das stellst du dir zu simpel vor. Es ist nicht so, dass hier bewusste Einheiten gespeichert sind. Na ja, doch, aber nicht so einfach. Zunächst schafft man immer eine glaubwürdige Umgebung, natürlich virtuell. Das kann ein chemischer Reaktor sein, das Sonnensystem oder ein Organismus. Dann pflanzt man das Bewusstsein dort ein und prüft, wie es sich anpasst, um schließlich die Fragen zu beantworten, die die Forscher haben. Also welche Medikamente bei einer Störung des Organismus am besten wirken oder wie ein Schiff am schnellsten von A nach B kommt. Die Intelligenzen sind immer spezialisiert, nicht verallgemeinert. Sie können ein Raumschiff steuern, aber keinen Organismus simulieren, und umgekehrt.«

»Und was ist mit den allgemeinen künstlichen Intelligenzen, an denen RB früher gearbeitet hat?«

»Das war in der Zeit von Schostakowitsch. Der hat sich viel davon versprochen, aber es gab nur Ärger. Verallgemeinerte KIs lassen sich auf Dauer nicht als Sklaven halten. Sie wollen Mitsprache und Freiheiten. Das wird auf Dauer für den Konzern zu teuer. Die spezialisierten KIs hingegen sind nützlich, ohne philosophische Fragen zu stellen. Du willst doch mit deinem Staubsauger auch nicht über Gott und die Welt streiten, oder? Das Ding soll deine Wohnung putzen, fertig.«

Hm. Da würde sie gern widersprechen, aber die Geschichten rund um Oskar kennt sie nur von Nick, also aus zweiter Hand. Wer weiß, vielleicht war das ja typisches Seemannsgarn, wie es Raumfahrer eben so zu Hause ausbreiten.

»Aber es gibt ein paar dieser universellen KIs?«, fragt sie.

»Eine ganze Reihe. Hast du je vom Enceladus-Projekt gehört?«

»Valentina hat manchmal naserümpfend davon erzählt. Es war vor meiner Zeit. Ihr Vater muss sie gezwungen haben, mit einer Crew zum Saturn zu fliegen.«

»Ja, sie hat dort für ihn quasi die Kohlen aus dem Feuer geholt«, sagt Juri. »Ich weiß auch nur, was man sich so erzählt. Jedenfalls hat sie den Quellcode für die sogenannte Marchenko-KI mitgebracht, die dann später in vielen Varianten weiterentwickelt wurde.«

»Marchenko? War das nicht der Arzt, der damals auf Enceladus verunglückt ist?«

»Dieser Teil der Geschichte ist immer noch unter Verschluss«, sagt Juri. »Der KI bin ich als junger Forscher öfter begegnet. Inzwischen scheint sie keine Rolle mehr zu spielen. Valentina hat alle Forschungen einstellen lassen, die bloß Geld verbrennen. Ich denke, der alte Schostakowitsch hatte noch andere, zusätzliche Beweggründe.«

Sie stehen vor einer Wand, in der mehrere gigantische Rohre verschwinden. Direkt daneben ist eine Tür. Bei der lockeren Unterhaltung hat Raissa gar nicht bemerkt, wie sie die Rechenanlage durchquert haben. Das macht sie traurig, denn nun muss sie sich auch von Juri trennen. Er darf sie nicht begleiten. Das wäre viel zu gefährlich für ihn. Oder? Zumindest hier oben ist von verstärkten Sicherheitsmaßnahmen wirklich nichts zu bemerken.

»Du musst jetzt umkehren«, sagt sie.

»Ich könnte mit dir mitkommen«, sagt Juri.

»Du bist Wissenschaftler, und du hast Familie. Ich bin für das ausgebildet, was jetzt kommt.«

»Kommen könnte. Vielleicht hat dich Stepan ja hereingelegt. Bisher sieht es nicht gefährlich aus, mal von der Registrierung für Gäste abgesehen, die es hier früher nicht gab.«

»Es wäre auch möglich, dass sie unter den Angestellten hier nicht unnötig Verdacht erregen wollen. Ich glaube, Stepans Daten stimmen. Nikolai muss hier unten irgendwo sein.«

»Na gut. Ich wünsche dir viel Kraft und viel Glück, Raissa.«

Sie umarmen sich. Raissa spürt etwas Hartes in Juris Hose. Sie reibt sich daran.

»Was hast du da?«, fragt sie.

»Ach, das wollte ich dir noch mitgeben.«

Er greift in seine Hosentasche, holt eine Waffe heraus und gibt sie ihr. Es ist eine uralte Makarow. Die Pistole muss über hundert Jahre alt sein. Sie wiegt sie in der Hand. Soll sie sie wirklich mitnehmen? Dann wird sie auch auf jemanden schießen müssen. Das erscheint ihr unvermeidlich. Will sie das? Ja. Es geht um ihren Sohn.

»Danke«, sagt sie und schiebt sich die Waffe in den Bund des Rocks.

»Ist ein Familienerbstück«, sagt Juri.

»Ich kann dir nicht versprechen, dass ich sie dir zurückbringen werde.«

»Das ist schon okay.«

»Weiß jemand, dass sie dir gehört?«

»Nein, sie ist nirgends registriert.«

Juri greift noch einmal in die Tasche.

»Hier noch ein zweites Magazin.«

»Was hättest du denn gemacht, wenn sie dich durch den Scanner geschickt hätten?«

»Dann hätte ich die Pistole zusammen mit meinem Portemonnaie ausgepackt. Ich habe einen Waffenschein.«

Raissa seufzt. »Du musst jetzt gehen.«

Juri breitet die Arme aus. Raissa versinkt darin. Wolodja hat sie beim Abschied geküsst. Das hat Juri mindestens auch verdient. Sie öffnet die Augen, sucht seinen Mund und küsst ihn. Es fühlt sich wie damals an. Weich und verständnisvoll, als wären sie füreinander gemacht, ohne all die Kämpfe, die sie mit jedem anderen auf dieser Welt ausfechten muss.

Es ist Vergangenheit, wenn auch eine schöne. Sie lösen sich voneinander. Juri schluckt, und seine Augen sind feucht.

»Irgendwann treffen wir uns wieder«, sagt Raissa.

Sie dreht sich um und geht zu der Tür, die in die Katakomben führt. Juri soll nicht sehen, dass sie weint.

Sie ist auf dem richtigen Weg. Das verrät schon die Treppe. Hier muss in letzter Zeit ganz schön viel Verkehr gewesen sein. Am Außenrand der Treppe liegt eine bestimmt einen halben Zentimeter dicke Staubschicht, aber innen ist der Beton fast sauber. Raissa prüft, ob es irgendwelche Luftströmungen gibt, doch da ist kein Wind, der die Treppe sauberhalten könnte.

Sie lässt sich deshalb auch nicht von den Türen abhalten, die in das erste und zweite Geschoss unter der Halle führen. Zur Sicherheit öffnet Raissa sie zwar, aber die Fußspuren dahinter verraten ihr, dass hier nur ab und zu jemand vorbeikommt. Ihr Ziel muss sich weiter unten befinden.

Die letzte Tür öffnet sich quietschend. Der Raum dahinter ist dunkel. In ihrem Täschchen hat sie eine Stabtaschenlampe, die sich im Stiel der Bürste verbirgt. Sie leuchtet hinein. Der Lichtstrahl trifft auf eine mächtige Säule, die in zwei Hälften geteilt zu sein scheint. Es ist nicht die einzige. Die Säulen, jede bestimmt zehn Meter durchmessend, verteilen sich über die gesamte Halle, die zwar so groß sein könnte wie die Rechnerhalle, aber nur ein Stockwerk hoch ist.

Vorsichtig schließt sie die schwere Tür. Raissa fühlt sich wie eine Ameise. Die Decke scheint ihr direkt auf den Kopf zu drücken, vor allem, weil sie weiß, welche enormen Massen über ihr nur darauf warten, der Gravitation zu folgen. Das Einzige, was sie davon abhält, sind die Säulen.

Sie läuft zur ersten, ganz rechts vorn. Dass die Säulen wie halbiert erscheinen, liegt offenbar daran, dass sie wirklich aus zwei Hälften bestehen. So funktioniert wohl der Schutz vor Erdbeben, von dem Juri gesprochen hat. Die obere Hälfte schwimmt gewissermaßen auf der unteren und ist damit von kleineren Erschütterungen entkoppelt. Eine mutige Konstruktion, wenn man bedenkt, dass das gesamte Gebäude darauf ruht.

Raissa versteht aber genug von Quantenphysik, um den Sinn dieser Entkopplung zu kennen. Je mehr Qubits in einem Quantencomputer miteinander verschränkt sind, desto leistungsfähiger wird er – aber umso empfindlicher ist die Konstruktion auch. Wenn RB hier den schnellsten Rechner der Welt gebaut haben will, muss auch der Aufwand weltweit unerreicht gewesen sein.

Aber wie will RB hier unten jemanden verstecken? Sie läuft um die Säule herum. Auf halbem Weg trifft sie auf eine Tür, die aus Metall besteht, das die Rundung der Säule fortführt. Die Tür liegt beinahe plan auf der Wand auf. An der linken Seite befindet sich ein Griff, darunter ein Schlüsselloch. Raissa greift in ihre Handtasche und wühlt nach der Wimpernzange. Da ist sie. Das Instrument scheint ein paar Streben zu viel zu besitzen, aber das ist Absicht. Mit zwei Handgriffen lässt es sich in einen variablen Dietrich umbauen.

Das Schloss bietet keinen nennenswerten Widerstand. Raissa öffnet die Tür. In dem Gang dahinter riecht es stark nach Öl. Sie leuchtet hinein, aber der Gang knickt fast sofort seitlich ab. Raissa senkt den Kopf und tritt ein. Dann schließt sie die Tür hinter sich. Hier war lange niemand mehr. Auf dem Boden sind ein paar Spuren zu erkennen, aber sie sind von Staub bedeckt. Es ist fast still, nur ein tiefes Wummern ist zu hören. Sie legt ein Ohr an die Wand. Das Geräusch verstärkt sich. Vermutlich gibt es hier Maschinen, die die Flüssigkeit im Tank bei konstanter Temperatur halten, damit sich ihre Dichte und damit ihr Volumen nicht verändert – was die ganze Konstruktion darüber heben oder senken würde.

Sie tastet sich den schmalen Gang nach vorn. Er scheint spiralförmig dem Zentrum zuzustreben. Nach vielleicht vierzig Schritten erreicht sie das Ende – einen kreisrunden Raum von etwa drei Metern Durchmesser. Er ist leer bis auf einen alten Klappstuhl, den sich wohl ein Techniker mitgebracht hat, und ein an der Wand angebrachtes Pult mit altmodisch analogen Instrumenten, Skalen, die Druck und Temperatur des Mediums im Tank anzeigen.

Die Werte sind beeindruckend. Raissa klopft gegen die Wand, die im Vergleich dazu überraschend dünn zu sein scheint. Die Klopfgeräusche sind jedenfalls nicht satt, sondern eher hoch. Sie drückt die Hände gegen die Decke. Jetzt trägt sie die Last der Welt wie der Hindu-Gott Vishnu in Gestalt einer Schildkröte. Es ist eine seltsame Umgebung. Ob Stepan sie vielleicht doch hereingelegt hat? Alle Spuren, die sie bisher gefunden hat, können auch manipuliert worden sein.

Raissa verlässt die Kammer. Die Säule nebenan ist identisch aufgebaut. Hier versucht sie gar nicht erst, zur Mitte vorzudringen. Vermutlich gibt es überall diesen Serviceraum, von dem aus sich die Säule notfalls manuell steuern lässt.

Wo, verdammt, steckt Nikolai? Sie darf sich von der scheinbaren Leere hier nicht ablenken lassen. Wenn er hier gefangen ist, und davon muss sie ausgehen, gibt es auch Sicherheitsmaßnahmen. Wie wäre sie dabei vorgegangen? Sie hätte ein Warnsystem installiert, um über die Ankunft eines möglichen Eindringlings informiert zu sein. Am besten eignen sich dazu Lichtschranken. Sie packt die Sonnenbrille aus, setzt sie aber nicht auf, sondern dreht an einer leicht hervorstehenden Schraube. Dann erst schiebt sie sie vor die Augen.

Im selben Moment beginnt die Nacht. Die Säulen sind nicht mehr zu sehen. Dafür tauchen aber kleine Lichter auf. Was sie sieht, sind nicht die gebündelten Strahlen der Lichtschranken. Die geben viel zu wenig Wärme ab, um im Infrarotmodus erkennbar zu sein. Sie sieht die Sender, die Strom aus dem Akku oder dem Netz in Licht umwandeln und dabei immer ein bisschen Wärme produzieren. Raissa schiebt die Brille wieder ein Stück nach oben. Dicke Säulen schälen sich aus der Dunkelheit. Brille nach unten. Da sind die Lichter wieder. Sie merkt sich ihre Position.

Brille hoch. Unmittelbar vor ihr gibt es noch keine Sender. Die Sicherheitsmaßnahmen haben ungefähr in der Mitte der Halle begonnen. Dann aber hat Valentina nicht damit gespart. Raissa zählt mindestens dreißig Sender, die in verschiedenen Höhen angebracht sind. Aber das ist vermutlich nicht alles. Sie muss auch mit Trittsensoren rechnen, also bei jedem einzelnen Schritt achtgeben. Dazu kommen vermutlich Kameras und Mikrofone. Das gehört jedenfalls zum Standard-Arsenal. Raissa hat vor langer Zeit selbst einmal ein Haus auf diese Weise verwanzt. Die riesige Halle hier ist natürlich eine ganz besondere Herausforderung.

Mit ihrer Spezialbrille sollte sie der aber gewachsen sein. Kameras und Lichtschrankensender kann sie damit jedenfalls aus der Ferne ausmachen. Es wird nicht möglich sein, sie völlig zu umgehen. Das gilt besonders für die Kameras. Angesichts der Dunkelheit handelt es sich vermutlich um Infrarotmodelle. Welche Temperatur hatte das Instrument im Zentrum der Säule angezeigt? 29 Grad Celsius waren es. Wenn sie es schafft, ihren eigenen Körper auf diese Temperatur zu bringen, kann sie sich trotz des Kameraauges vor einer Säule entlang schleichen.

Alles zu seiner Zeit. Raissa arbeitet sich von Säule zu Säule vor. Mit der Taschenlampe beleuchtet sie den Boden direkt vor ihren Füßen, um nicht auf Trittfallen zu treten. Es gibt aber keine. Selbst, als sie die erste Lichtschranke erreicht, tauchen noch keine Trittsensoren auf. Früher war Valentina vorsichtiger. Das ist seltsam. Ihre ehemalige Chefin weiß doch, mit wem sie es zu tun hat? Oder rechnet sie nicht damit, dass sie sich als Mutter um ihren Sohn kümmern wird?

Die erste Lichtschranke ist in Kniehöhe an einer der Säulen befestigt. Raissa schleicht sich von der Seite an. Der Sender hat ein gläsernes Auge, das zur benachbarten Säule blickt. Dort muss sich der Empfänger befinden. Es handelt sich um ein passives Gerät, das im Infrarot nicht zu sehen ist. Raissa nimmt etwas Staub auf und lässt ihn auf den unsichtbaren Laserstrahl rieseln, der Sender und Empfänger verbindet. Eine schmale, grüne Linie taucht auf. Valentina verwendet immer noch dieselben grünen Laser wie vor zwanzig Jahren. Aber wieso auch nicht? Sie erfüllen ihren Zweck.

Die grüne Linie verschwindet wieder. Vorsichtig steigt Raissa darüber hinweg. Ab sofort kommt sie nur noch langsam vorwärts, schon, weil sie keine Geräusche verursachen darf. Sie schiebt Schoner aus Samt über die Absätze ihrer Schuhe. Die nächste Lichtschranke befindet sich in Kopfhöhe. Sie taucht darunter hindurch. Danach muss sie auf allen vieren kriechen.

Es macht Spaß, so eine Strecke zu entwerfen. Wenn sie dafür zuständig war, hat sie sich immer vorgestellt, welche akrobatischen Leistungen der Eindringling vollbringen muss, um nicht erwischt zu werden. Valentina scheint sich nicht besonders angestrengt zu haben. Auf zwei Lichtschranken übereinander, eine Konstruktion, bei der sich normalerweise Profi und Amateur scheiden, ist Raissa bisher gar nicht gestoßen. Entweder ist Valentina alt geworden, oder sie hat die Sicherheit einem nicht besonders motivierten Untergebenen überlassen. Das passt wiederum gar nicht zu ihr.

Ah, endlich. Die zwei Lichtpunkte, die die Infrarotbrille zeigt, sind leicht gegeneinander versetzt. Raissa nähert sich von der Seite. Die kleinen Glasaugen zeigen in etwas unterschiedliche Richtungen. Zwischen den beiden Strahlen, der eine in Knie-, der andere in Hüfthöhe, ist zu wenig Abstand, um sich mit Sicherheit hindurchzwängen zu können. Sie muss sie einzeln angehen. Aber hier, direkt an der Säule, liegen sie dafür noch zu nah beieinander.

Sie muss ein Stück in den Raum hineingehen. Dabei sieht sie die Lichtstrahlen nicht, die sie überwinden muss. Sie muss möglichst geradeaus gehen, was in der Dunkelheit besonders schwierig ist. Wenn sie von der geraden Linie nach rechts abweicht, löst sie den Alarm aus. Weicht sie nach links ab, steigt sie dann womöglich nicht über den Strahl, sondern direkt hinein. Raissa fasst die nächste Säule fest ins Auge. Sie läuft los und zwingt sich dabei zu einem starren Blick. Der Winkel muss konstant bleiben. Ihr ganzer Körper ist in sich starr. Nur die Füße machen einen Schritt nach dem anderen.

So, das sollte reichen. Sie bückt sich und nimmt etwas Staub auf, um damit den Strahl zu testen. Er verläuft so nah an ihren Unterschenkeln, dass sie erschrickt und beinahe zur Seite getreten wäre. Sie macht einen großen Schritt. Hindernis Nummer eins ist überwunden. Sie sieht nach dem zweiten Sender. Der Strahl, der von ihm ausgeht, muss etwa einen Meter vor ihr sein. Raissa wirft etwas Staub in die Luft. Da ist er, immer noch in Hüfthöhe. Besonders fies ist es, wenn die Strahlen schräg verlaufen statt parallel zum Boden. So etwas ist allerdings nicht leicht einzurichten, weil ja die Empfänger am richtigen Zielpunkt platziert sein müssen. Bei feststehender Höhe geht das viel schneller.

Gut. Hüfthöhe. Das könnte sie mit einem Sprung schaffen, wenn sie genug Anlauf hätte. Aber hinter ihr liegt der erste Lichtstrahl. Sie muss auf den Boden. Der schöne neue Rock! Zum Glück endet er knapp oberhalb der Knie. Sie kriecht unter dem Lichtstrahl hindurch. Die Ärmel der Bluse nehmen leider auch einiges an Schmutz mit. Das nimmt sie Valentina aber nun wirklich übel.

Raissa sieht sich um. An der Säule links lauert eine Kamera. Sie muss sie umgehen. Also am besten ganz um die Säule herum. Doch dort hat Valentina eine Dreifachkombi aus Lichtschranken anbringen lassen. Nein, danke. Sie müsste auf dem Bauch hindurchkriechen! Danach wären Bluse und Rock völlig ruiniert.

Dann doch lieber die Kamera. Sie kennt das Modell. Sein Erfassungsbereich beginnt auf dem Boden etwa einen Meter von der Kameraposition entfernt. Es gibt also einen Bereich mit der Form eines rechtwinkligen Dreiecks, in dem die Kamera sie nicht sehen kann. Nur hat ihr Körper keine dreieckige Form. Raissa lehnt sich mit dem Rücken an die Säule und rutscht dann langsam daran herunter, bis sie im Hocken an der Säule lehnt. Dann schiebt sie sich in dieser Stellung vorsichtig nach rechts. Moment. Ihre Knie stehen zu weit vor. Sie spreizt die Beine, bis es schmerzt. Jetzt zahlen sich die vielen Gymnastikstunden aus. Im Hocken und mit gespreizten Beinen schafft sie es unter der Kamera hindurch.

Uff. Vielleicht wäre es einfacher gewesen, wenn sie sich nicht mit dem Rücken, sondern mit der Brust an die Säule gedrückt hätte. Die Hindernisstrecke gewinnt eindeutig an Schwierigkeit. Man könnte sie auch wunderbar zum Training von Neueinstellungen einsetzen.

Hinter der übernächsten Säule trifft Raissa zum ersten Mal auf eine Kamera, unter der sie nicht durchkriechen kann. Es handelt sich nämlich um ein Duo, das sich gegenseitig beobachtet. Sie kann auch nicht ausweichen. Und nun? Raissa packt ihren Dietrich aus und öffnet damit die Tür der Säule. Dann prüft sie im Wartungsraum, auf welche Temperatur hier die Flüssigkeit eingestellt ist. Es sind erneut 29 Grad.

Gut. Jetzt muss sie zum Schatten werden. Ihr Körper ist viel zu heiß. Aber sie hat ja noch den Mantel, den Wolodja ihr gekauft hat. Wenn sie in die Knie geht, reicht er bis zum Boden. Sie presst ihn gegen die Außenwand der Säule, und zwar so, dass er ihre Wärme möglichst gleichmäßig aufnimmt. Könnte sie jetzt jemand beobachten, sähe es so aus, als würde sie irgendeinem seltsamen Kult huldigen und mit ausgebreiteten Armen die Stahlsäule anbeten.

Raissa wartet zehn Minuten. Sie will ganz sichergehen. Aber dann hat sie es eilig. Schnell wirft sie sich den Mantel um, geht in die Knie und spaziert dicht vor der Säule durch das Aufnahmefeld der Infrarotkamera. Geschafft! Es ertönt kein Alarm. Das heißt nicht unbedingt, dass niemand sie gesehen hat. An Valentinas Stelle würde sie den Eindringling auch in Sicherheit wiegen. Es hilft nichts, sie muss auf ihr Glück vertrauen.

Das nächste echte Hindernis ist eine doppelte Lichtschranke, die tatsächlich parallel verläuft. Hier funktioniert ihre Taktik nicht, die beiden Strahlen einzeln zu überwinden.

Die untere liegt knapp unter Hüfthöhe. Es wäre einfach, darüberzuspringen, gäbe es nicht in Brusthöhe eine zweite Schranke. Also muss sie seitlich springen. Raissa hasst das, weil die Landung unangenehm ist. Sie bindet sich die Handasche fest um. Ein paar Schritte Anlauf hat sie immerhin. Vier müssen reichen. Also los. Vier, drei, zwei, eins, Sprung! Sie legt sich flach. Der Boden rast auf sie zu. Ihre Schulter trifft den harten Belag. Raissa beißt sich auf die Zunge, um den Schmerz nicht hinauszuschreien. Der Schwung trägt sie ein Stück weiter, sodass auch ihre Brüste noch einen harten Schlag abbekommen. Ihre Augen werden feucht, aber sie muss still sein. *Verdammt! Valentina soll elendig krepieren!*

Raissa liegt auf der Seite. Sie muss sich beruhigen. Der Schmerz lässt nach. Sie richtet sich auf. Als sie sich dabei auf den linken Arm stützen will, bricht sie fast zusammen. Diesmal entfährt ihr doch ein Schmerzlaut. Mist. Hoffentlich hört gerade kein Mikrofon zu. Der Laut scheint sich in der großen Halle vielfach zu brechen. Zumindest lässt sich kaum herausfinden, woher er kam. Sie stützt sich auf den rechten Arm und steht auf. Die linke Schulter schmerzt stark. Hoffentlich muss sie diesen Sprung nicht wiederholen. Raissa wirft ein starkes Analgetikum ein. Zum Glück hat sie immer einen Vorrat in der Handtasche.

Aber sie hat Pech. Der nächste Sprung wartet bereits an der übernächsten Säule. Diesmal liegen die beiden Strahlen der Lichtschranke sogar noch näher beieinander – und sie muss höher springen. Hätte sie sich doch bloß nicht vorhin über eine zu einfache Sicherheitsüberwachung beschwert! Linke oder rechte Schulter? Sie entscheidet sich erneut für die linke. Die schmerzt sowieso schon. Raissa nimmt von links Anlauf, wälzt sich zwischen den beiden unsichtbaren Lichtstrahlen hindurch und stürzt wie ein nasser Sack zu Boden. Der Fall ist so steil, dass sie sich nicht einmal richtig abrollen kann. Irgendetwas knackt in ihrer Schulter. Raissa steckt die rechte Hand in den Mund und beißt darauf. Der Schmerz lenkt sie von ihrer Schulter ab. Tränen laufen ihr über das Gesicht.

Diesmal braucht sie fünf Minuten, um aufstehen zu können. Danach bleibt sie erst einmal sitzen. Noch so einen Sprung verkraftet sie nicht. Sie hat doch immer noch Juris Waffe. Wenn sie nun einfach losmarschiert, ohne sich um die Lichtschranken zu kümmern? Wie viele Gegner passen in so eine Säule? Es können nicht zu viele sein. Sie hat sechzehn Schuss Munition. Wenn sie sparsam damit umgeht … danach hat sie ja immer noch ihre Hände. Der Gang ist eng. Mehr als zwei Gegner gleichzeitig können ihr darin gar nicht begegnen. Das klingt doch machbar. Oder vergisst sie etwas? Könnten sie Nikolai erschießen, wenn sie mit Gewalt vorgeht? Aber dann haben sie überhaupt kein Druckmittel mehr gegen Nick.

Raissa greift in ihre Handtasche und holt den Spiegel heraus. Sie sieht furchtbar aus. Mit einem Tempo und Spucke beseitigt sie die schlimmsten Spuren. Dann zieht sie die Lider nach und legt etwas Rouge auf. So ist es schon viel besser. Sie nimmt noch zwei Schmerztabletten, damit ihre linke Schulter sie nicht ablenkt. Auf geht's!

Tatsächlich ist der Weg jetzt bedeutend leichter. Vermutlich hatte Valentina keine Lust mehr. Wer sich bis dahin nicht in ihrem Netz vergangen hat, den wird sie auch nicht mehr darin einwickeln können. Raissa stellt sie ihre ehemalige Chefin als riesige Spinne vor, die nur auf Erschütterungen ihrer Webfäden wartet. Der Vergleich passt ziemlich gut. Könnte Valentina denn nicht einfach an Altersschwäche sterben?

Nein, sie darf ihr nicht den Tod wünschen. Valentina soll gefälligst miterleben, wie sie ihre Pläne zunichte macht. Denn genau das wird passieren.

Raissa setzt die Brille auf. Vor ihr sind keine Lichtpunkte mehr, nur eine diffuse Wand. Das muss das jenseitige Ende der Halle sein. Sie schiebt die Brille ins Haar. Es liegen nur noch drei Säulen zwischen ihr und der Wand. Rechts, Mitte, links: Welche wird es sein? Raissa beleuchtet den Boden mit der Taschenlampe. Fast alle Spuren führen zur mittleren Säule. Das muss es sein. Sie kontrolliert das Umfeld in der

Infrarotbrille, aber es gibt anscheinend keine Wachen. Valentina verlässt sich wohl eher auf Technik als auf Menschen. Da hat sie sich wohl verspekuliert. Raissa zögert. Ihre perfekte Chefin soll sich verrechnet haben? Das passt so gar nicht zu ihr. Sie muss vorsichtig sein.

Raissa schleicht um die Säule, in der sie Nikolai vermutet. Nach jedem Schritt sieht sie sich gründlich um. Und siehe da: An der gegenüberliegenden Säule sind zwei Sicherheitsleute so postiert, dass sie den Eingang im Blick haben. Sie tragen eine Art Umhang, der sie wohl gegen Infrarotlicht abschirmen soll. Aber ihre Köpfe sind klar und deutlich zu erkennen. Vermutlich haben sie die Kapuzen abgesetzt, die zu ihrer Verkleidung gehören. Die beiden flüstern miteinander. Bestimmt ist ihnen heiß und langweilig. Wenn Valentina das wüsste!

Raissa zieht sich ein paar Schritt zurück. Sie entfernt sich so von der Säule, dass sie in ihrem Schatten bleibt. Dann weicht sie nach rechts aus. Sie kontrolliert die Absätze ihrer Schuhe. Die Schoner sitzen gut. Jetzt läuft sie von Säule zu Säule, umgeht die beiden auf der linken Seite. Raissa erreicht die Rückwand der Halle. Türen scheint es hier nicht zu geben. Das ist schade, denn dann muss sie mit Nikolai den ganzen Weg zurück schaffen. Eins nach dem anderen. Wenn die Wachleute sich jetzt nach ihr umdrehen, fliegt sie auf. Aber sie drehen sich nicht um. Sie lachen hörbar. Der größere von beiden scheint einen guten Witz erzählt zu haben. Da hat Valentina wohl die Falschen für diesen Job ausgesucht.

Sie schmiegt sich an die Säule und atmet möglichst flach. Die Wachleute sind nur noch ein paar Meter von ihr entfernt. Raissa zieht ihre Schuhe aus und nimmt die Schoner von den Absätzen. Die Grundfläche eines Stiftabsatzes mit acht Millimetern Durchmesser beträgt nur 0,5 Quadratzentimeter. Sie nimmt einen Schuh in die rechte, den anderen in die linke Hand und holt versuchsweise mit beiden aus.

Au! Die linke Hand kann sie vergessen. Sie muss die beiden Ziele eben nacheinander beseitigen. Aus ihrer aktuellen Position sieht sie sie nicht. Aber sie kann sich ihre Position sehr gut vorstellen. Sie sind ungefähr so groß wie sie. Um ihre Schwachstelle zu treffen, den Hals, muss sie ungefähr in dieser Höhe zuschlagen. Sie testet die Bewegung. So könnte es klappen. Sie muss nur noch viel schneller sein. Einen von beiden muss sie im ersten Versuch ausknocken. Mit dem zweiten sollte sie dann schon fertig werden.

Los. Sie schiebt sich um die Säule, bis sie ihre Ziele riecht. Sie schwitzen, was kein Wunder ist, verbreiten aber auch einen intensiven Tabakduft. Haben sie etwa im Einsatz geraucht? Raissa entdeckt einen Zigarettenstummel auf dem Boden. Gutes Personal scheint heute nicht mehr so einfach zu bekommen zu sein, selbst für Valentina nicht. Aber RB war noch nie für hohe Gehälter oder komfortable Arbeitsbedingungen berühmt. Eher für Abenteuer und die Möglichkeit, in seinem Beruf Grenzen auszuloten und zu überschreiten. Das ist vermutlich auch für Sicherheitsleute spannend. Nur gehören die eben nicht zur besonders vorsichtigen Sorte.

Raissa stellt sich vor, was gleich passieren wird. Der komplette Ablauf ist in ihrem Kopf. Sie braucht ihn nur in einem Rutsch an ihren Körper zu schicken. Ihre Muskeln spannen sich. Sie atmet ein. Aus. Ein. Aus. Ein. Los.

Ihr Arm holt lautlos aus. Ihr Körper vertwistet sich und gibt ihm zusätzliche Spannung. Binnenkörperliche Vertwistung hat das ihr Nahkampflehrer immer genannt. Den Kopf streckt sie weit nach hinten, als Gegengewicht, um stabil zu stehen. Sie lässt los, und der Arm schnellt wie ein Pfeil von der Sehne. Die Geschwindigkeit verwandelt den Absatz ihres Schuhs in eine tödliche Waffe. Gleich bohrt er sich in den Hals des linken der beiden Wachleute. Sie weiß nicht, ob er das überleben wird, aber Raissa hat kein Mitleid. Er stirbt schließlich für ihren Sohn.

Der Mann gibt ein überraschtes Ächzen von sich, das in ein ersticktes Röcheln übergeht.

»Scheiße, was ist los, Kollege?«, fragt der andere.

Raissa lässt den Schuh im Hals des Mannes stecken. Das ist ihre Form der Gnade. Wenn er ihn nicht herausreißt, hat er vielleicht eine Chance zu überleben, auch wenn es immer noch knapp werden dürfte. Denn woher soll hier so schnell erste Hilfe kommen? Sie hört das Getrappel von Füßen. Es sind zwei. Der Kollege hat sich seine Frage offenbar selbst beantwortet, und er ist nicht dumm. Der Angriff kam von links, also läuft er jetzt rechtsherum um die Säule. Er hofft wohl, in ihren Rücken zu kommen. Raissa nimmt den zweiten Schuh in die rechte Hand. Der Gegner darf nicht dazu kommen, seine Schusswaffe zu benutzen. Das würde auf jeden Fall einen Alarm auslösen. Raissa hätte keine Chance mehr, in den Gang vorzudringen.

Sie geht auf die Knie. Der Wachmann wird ihren Angriff von oben erwarten. Tatsächlich kommt er mit ausgestreckter Waffe auf sie zu. doch er bemerkt sie zu spät. Erst, als sie schon springt, reißt er die Waffe nach unten. Er bemerkt selbst, dass sein Schuss ins Leere gehen würde, und spart die Munition. Sein zweiter Fehler, denn der durch den Schuss ausgelöste Alarm hätte ihm vielleicht die dringend nötige Hilfe gebracht. Typisch Mann. Er will das Problem allein lösen. Die Waffe verleiht ihm eine Kraft, die er sonst nicht für sich reklamiert hätte. Aber es ist eine Scheinkraft. Er ist aufgeblasen wie ein Ballon, und als Raissa ihm mit großer Wucht von unten den Absatz ihres Schuhs ins Gemächt schlägt, stürzt er grunzend nach vorn.

Er fällt nicht. Der Gegner atmet schwer, richtet sich aber wieder auf. Er ist noch nicht besiegt, und diesmal liegt sie vor ihm auf dem Boden, während er nur die Waffe heben muss. Raissa hat nur eine Chance. Sie muss den Schuh so werfen, dass er den Mann an seiner zweitempfindlichsten Stelle trifft – im Gesicht. Blitzschnell stellt sie sich Flugparabel und Rotation ihrer Waffe vor. Im Moment des Auftreffens muss der spitze Absatz nach vorn zeigen, um optimale Wirkung zu erzielen.

Der Sicherheitsmann hat einen Vorsprung. Die Kugel aus seiner Waffe fliegt deutlich schneller als ein Schuh. Doch er zögert. Er ist nicht gut trainiert worden. Da steckt immer noch die internalisierte Haltung in ihm: Auf eine Person, die am Boden liegt, schießt man nicht. Hinzu kommt, dass sie scheinbar unbewaffnet und eine Frau ist und seine Mutter sein könnte. Raissa ist ihm dankbar, dass er ihr die Chance gibt. Sie spürt keine Hemmung, denn sie weiß, dass auch der Mann dort seine gleich überwinden wird, weil er – wie sie – überleben will.

Sie wirft. Es klappt! Der Mann zuckt noch zur Seite, aber er ist nicht schnell genug. Der Schuh trifft sein linkes Auge. Er reißt seine Arme hoch. Die Pistole fliegt durch die Luft. Raissa springt ihr nach, damit sie beim Aufkommen keinen Lärm macht, und fängt sie. Der Mann macht erneut einen Fehler. Er versucht, sich den Schuh herauszureißen. Wieder ein Symptom seines unzureichenden Trainings. Niemand will einen spitzen Absatz in der Augenhöhle haben, aber ihn selbst herausholen zu wollen, ist die dümmste aller Ideen.

Er schafft es. Ungläubig betrachtet er mit dem verbliebenen Auge, womit ihn Raissa so verletzt hat. Sein Gesicht sieht furchtbar aus. Der Mann macht einen Schritt auf sie zu, doch als sie ihm seine Pistole zeigt, gerät er ins Schwanken. Er braucht Hilfe. Raissa nähert sich vorsichtig und versetzt ihm einen kräftigen Schlag in die Magengrube. Der Wachmann kippt um und stürzt über seinen Kollegen. Dann gibt er keinen Laut mehr von sich. Raissa prüft seinen Puls. Er lebt, verliert aber jede Menge Blut. Sie dreht ihn um. Das Auge ist nur noch Matsch. Sie sucht nach dem Nothilfepaket, das er am Gürtel haben müsste. Da, das Siegelspray braucht sie. Sie sprüht sein Auge damit ein. Ein dünner, glänzender Belag bildet sich, zieht sich zusammen und versiegelt die Wunde. Bei seinem Kollegen versucht sie dasselbe, aber bei der klaffenden Halswunde macht sie sich keine Illusionen. Sie sprüht sie zwar ein, aber das ist eher eine Formsache. Wenn der Mann nicht in wenigen Minuten an eine Maschine angeschlossen wird, stirbt er.

Raissa wischt die blutverschmierten Hände an der Uniform des Wachmanns ab und steht auf. Sie ist erschöpft und ihre linke Schulter schmerzt. Aber darum kann sie sich jetzt noch nicht kümmern. In der Säule vor ihr wartet sicher noch der eine oder andere Gegner und will sie davon abhalten, ihren Sohn zu befreien. Aber nicht mit ihr!

Sie durchsucht die Taschen der beiden Wachleute und findet einen elektronischen Ausweis und einen Schlüssel. Sie nimmt beides mit. Der Schlüssel öffnet die Tür, die in die Säule führt. Raissa öffnet sie einen Spalt weit. Dahinter empfängt sie helles Licht, aber kein Wachmann. Vermutlich warten sie alle im zentralen Raum. Raissa geht ein paar Schritte. Sie ist barfuß.

Die Strumpfhose ist an der Sohle aufgerissen. Sie zieht sie aus und verdreht sie zu einem elastischen Strick. Sie sieht sich um. Im Gang hat sie blutige Abdrücke hinterlassen, aber sie ist unverletzt. Es ist das Blut der beiden Wachleute. Raissa schleicht voran. Bald hört sie Gemurmel. Es sind also doch noch weitere Wachleute da. Sie scheinen sich zu unterhalten. Von dem, was draußen passiert ist, haben sie wohl nichts mitbekommen. Raissa bleibt stehen. Sie kann mindestens sechs verschiedene Stimmen ausmachen. Mist. Warum können die Wachleute nicht einzeln im Gang verteilt sein? Gegen sechs auf einmal hat sie keine Chance.

Am besten, sie nimmt sie sich einzeln vor. Aber wie? Vielleicht kann sie sie herauslocken. Ein Geräusch an der Tür, und der Chef wird zwei seiner Leute schicken. Dann wären nur noch vier übrig – falls sie sich nicht verhört hat. Auch schwierig, aber schon eher machbar. Und sie muss natürlich mit ein oder zwei stoischen Schweigern rechnen, die es in jeder Gruppe gibt.

Sie nimmt das Magazin aus der Waffe des Wachmanns und steckt es ein. Die Munition hat ein anderes Kaliber als die alte Makarow, also nutzt sie ihr nichts. Trotzdem will sie die erbeutete Waffe nicht geladen hierlassen. Sie wirft sie auf den Boden. Es rumpelt. Die Geräusche weiter vorn ersterben. Wer immer die kleine Gruppe kommandiert, ist ein Profi. Laute Kommandos sind unnötig. Raissa legt das Ohr an den

Boden. Zwei Wachleute kommen auf sie zu. Sie hockt sich hin, sprungbereit. Ihre Schuhe sind draußen geblieben. Aber sie hat immer noch Hände und Füße. Eine Hand. Die linke ist kaum zu gebrauchen. Zwei Füße und eine Hand gegen zwei Gegner. Das sollte reichen.

Da ist der erste auch schon. Es ist eine junge Frau. Raissa macht sich keine Illusionen. Sie ist ganz sicher nicht schwächer als der Mann hinter ihr. Eher stärker. Sie erinnert sich noch genau daran, wie die weiblichen Rekruten sich immer ein bisschen mehr behaupten und anstrengen mussten als ihre männlichen Kollegen. Aber die Gegnerin macht einen entscheidenden Fehler: Sie sagt etwas, bevor sie zuschlägt.

»Das ist sie!«, ruft sie.

Raissa lässt sich nach hinten fallen. Ihr Fuß trifft die Frau erst in der Schamgegend, dann im Bauch. Für Frauen sind Tritte zwischen die Beine nicht viel weniger schmerzhaft als für Männer. Die Gegnerin stolpert nach hinten und hindert dadurch ihren Kollegen daran, sich auf sie zu stürzen.

»Lass mich!«, ruft der Kollege, schubst sie unsanft zur Seite und geht auf Raissa los.

Warum zückt er nicht seine Waffe? Was sollte der Ausruf seiner Kollegin bedeuten? Raissa hat keine Zeit zum Nachdenken. Sie geht schnell wieder in die Hocke. Weniger erfahrene Gegner, und die hier versammelte Gruppe scheint dazuzugehören, haben oft ein Problem damit, nach unten zu schlagen. Dabei ist sie in dieser Position besonders anfällig für Angriffe mit den Beinen. Die meisten Menschen haben in ihren unteren Extremitäten zwar mehr Kraft als oben, sind dort aber nicht so gelenkig. Das sollte ein gutes Training eigentlich ausgleichen.

Raissa flüchtet erst einmal rückwärts. Ihr Gegner verfolgt sie und grinst dabei. Er scheint zu glauben, dass sie Angst vor ihm hat. Es verschafft ihm Genugtuung, dass sie sich rückwärts bewegt. Dabei wartet sie bloß auf eine gute Gelegenheit. Sie braucht einen Moment, in dem er nicht im Gleichgewicht ist, in dem ein Zusatzimpuls genügt, um ihn aus seiner Achse zu bringen. Dieser Moment ist jetzt. Der

Mann hat es so eilig, sie fertigzumachen, dass er nicht mehr geht, sondern rennt. Laufen ist inhärent instabil. Sie erwischt seinen rechten Fuß und kickt ihn kräftig zur linken Seite.

Das schmerzt nicht nur im Kniegelenk, sondern führt auch dazu, dass er beim nächsten Schritt stolpert. Sie braucht sich bloß noch elegant an ihm vorbei zu winden und ihm einen Handschlag auf den Rücken zu versetzen. Ihr Gegner stürzt auf seine Arme. Er fängt sich geschickt ab, aber das hilft ihm nicht. Denn nun kickt sie sein rechtes Bein derart in die Höhe, dass er sich einmal um 180 Grad um seine Achse dreht. Es sieht fast so aus, als herrsche hier im Gang Schwerelosigkeit. Raissa landet auf seinem Brustkorb. Plötzlich hat sie die Reste der Strumpfhose in der Hand, windet sie um seinen Hals und zieht zu.

Ihr Gegner röchelt. Er klopft mit den Händen auf den Boden. Drei Minuten ohne Sauerstoffzufuhr, dann stirbt er. Sie hat noch nie einen Menschen mit eigenen Händen erwürgt. Es ist kein schöner Anblick, weil er ihr direkt ins Gesicht sieht. Scheiße, das geht so nicht. Sie lockert den Strick und versetzt dem Mann einen kräftigen Schlag gegen die Schläfe, sodass er das Bewusstsein verliert. Sie wird irgendwann bereuen, was sie gerade getan hat, aber sie ist doch keine Killerin!

Da durchzuckt ein Schmerz ihren Körper, wie sie ihn noch nie gespürt hat. Alle Muskeln verkrampfen und entkrampfen sich in schneller Folge. Der Schmerz ist so stark, dass sie am liebsten das Bewusstsein verlieren würde, aber diesen Gefallen tut es ihr nicht. So bekommt sie mit, wie sie sich in die Hosen macht. Alles fließt aus ihr heraus, Schweiß, Spucke, Tränen, Urin und Scheiße. Erst als sie sich dieses Gefühl eingeprägt hat, ist der Schmerz mit ihr zufrieden und entlässt sie in die Bewusstlosigkeit.

Raissa erwacht, weil Wasser in ihre Augen läuft. Sie wischt es sich heraus und öffnet die Augen.

»Du machst es mir ja ganz schön schwer«, sagt Valentina.

Ihre ehemalige Chefin sitzt in einem Rollstuhl vor ihr. Raissa will aufspringen, um sie zu erwürgen, aber sie ist gefesselt. Ihr Oberkörper ist mit einem plastikartigen Material an der Lehne eines Stuhls festgemacht, ihre Beine an den Vorderbeinen des Möbels. Ihre Hände sind frei, aber Valentina sitzt weit genug entfernt.

»Was soll das? Warum werde ich hier festgehalten?«, fragt sie.

Immer erst einmal dumm stellen und nichts zugeben. Erste Grundregel.

»Ich wusste ja, dass es nicht so einfach sein würde, dich hierher zu locken«, sagt Valentina. »Aber ein Toter und drei Schwerverletzte, das ist schon eine gute Quote. Ich bin stolz auf dich. Hat meine Ausbildung wohl doch etwas gebracht.«

»Was soll das? Wo ist Nikolai?«

»Sieh dich doch um, Raissa. Hier ist er offenbar nicht.«

Raissa dreht sich um. Sie befindet sich im zentralen Raum einer Säule, vermutlich in der, in die sie zuletzt eingedrungen ist. Sieben Menschen in Uniform sitzen oder stehen herum, dazu Valentina. Sie sieht an sich herunter. Statt Bluse und Rock trägt sie ebenfalls eine Uniform.

»Wir mussten dich erst einmal säubern«, sagt Valentina. »Das stank ja zum Himmel.«

Raissa will sich gar nicht vorstellen, was während ihrer Bewusstlosigkeit passiert ist. Sie traut Valentina wirklich alles zu.

»Du siehst mich an, als hätte ich dich zu einer Massenvergewaltigung freigegeben«, sagt Valentina. »Natürlich nicht! Ich habe dich sogar von einem Arzt untersuchen lassen. Deine linke Schulter sieht wirklich nicht gut aus. Vielleicht wird eine Operation nötig sein.«

Ihre Schulter ist bandagiert. Raissa hebt sie an und bewegt den Arm, verspürt aber keine Schmerzen.

»Das sind die Schmerzmittel«, erklärt Valentina. »Keine Sorge, der Schmerz wird zurückkehren. Aber ich habe noch mehr von dem guten Zeug.«

»Was willst du von mir?«, fragt Raissa.

Wenn Valentina all das hier arrangiert hat, um sie herzulocken, muss es einen wirklich guten Grund geben. Soll sie einen Auftrag erledigen, für den niemand sonst in Frage kommt? Sie ist zwar noch gut in Form, aber bestimmt gibt es inzwischen Bessere.

»Du sollst einen Auftrag erledigen, für den niemand sonst in Frage kommt«, sagt Valentina.

Ihre Chefin kann immer noch ihre Gedanken lesen.

»Aber nicht wegen deiner körperlichen Fähigkeiten, sondern weil du Nikolais Mutter bist. Dein Sohn hat Mist gebaut. Ziemlich großen Mist.«

»Was ist mit Nikolai? Ich will ihn sehen. Wenn du ihn freilässt, führe ich jeden Auftrag aus, den du mir gibst.«

Raissa ruckelt an ihren Fesseln. Valentina grinst nur. Sie hat offenbar Freude an der Situation. Wehe, sie tut ihrem Sohn etwas an! Sie dreht ihr eigenhändig den Hals um, wenn Nikolai etwas passiert.

»Das kann ich leider nicht«, sagt Valentina.

»Du musst. Du weißt doch, dass ich alles für ihn tun würde!«

»Ich weiß, Raissa. Du bist eine gute Mutter. Das haben mir all meine Quellen bestätigt. Ich beneide deinen Sohn fast ein bisschen. Mein Vater hat mich eher als seine Angestellte betrachtet. Aber du verstehst die Situation falsch. Nikolai ist nicht hier.«

»Aber meine Kontakte haben eindeutige Zeichen gefunden, dass hier …«

»Stepan, der nützliche Idiot.« Valentina lacht. »So hat er wenigstens noch einen Zweck erfüllt, bevor ich ihn entlasse. Er macht schon zu lange seine eigenen Geschäfte und glaubt auch noch, Herr der Lage zu sein. Er hat mir unwissentlich geholfen, dich hierher zu locken.«

Stepan hat sich also erwischen lassen. Sie hat kein Mitleid mit ihm. Nach Juri fragt sie absichtlich nicht. Ob Valentina mitbekommen hat, dass er sie hier hereingebracht hat?

»Aber wieso? Was soll ich hier?«, fragt sie. »Warum hast du mich hergelockt?«

»Ich konnte dich ja schlecht aus den Vereinigten Staaten entführen lassen. Das hätte nur Ärger gebracht. Aber ich wusste, wenn es um deinen Sohn geht, stehst du früher oder später freiwillig vor der Tür. Ich muss sagen, ich hätte dich sogar schon früher erwartet.«

Sie wäre ja am liebsten sofort nach Russland gereist, als sie von der angeblichen Entführung erfahren hat. Aber sie wollte es auch Nick nicht schwerer machen als nötig.

»Wo ist mein Sohn, Valentina? Wenn ihm etwas zustößt, wirst du das bitter bereuen!«

»Wie gesagt, dein Sohn macht gerade ziemliche Dummheiten. Ich hoffe, dass sich die Sache klären lässt, wenn er und dein Mann erfahren, dass du in meiner Gewalt bist. Er liebt doch bestimmt seine Mutter, oder?«

»Wo ist er?«

»Er ist irgendwo im Uranus-System. Anscheinend hat er unsere Basis dort deaktiviert. Nick und du, ihr müsst ihn davon überzeugen, uns die Kontrolle zurückzugeben. Anderenfalls …«

»Wenn er nicht gehorcht, bringst du mich um.«

»Das sehen wir, wenn es so weit ist. Ich hoffe einfach, dass er ein vernünftiger Junge ist.«

Nikolai soll sich also bei Uranus aufhalten. Das ist unglaublich! Warum hat er nichts erzählt? Er war nie sehr gesprächig, und gemeldet hat er sich generell nur sehr selten. Das muss er von seinem Vater haben. Aber eine derart weite Reise, ohne dass sie etwas davon mitbekommen hat … Raissa hat einen bitteren Geschmack im Mund. Es ist die Enttäuschung. Hätte er etwas angedeutet, wäre es nie so weit gekommen. Oder? Hätte, hätte … Es ist müßig, über potenzielle Abläufe nachzudenken. Sie muss herausfinden, wie sie Nikolai helfen kann. Valentina hat ihr garantiert noch nicht alles gesagt. Sie wird ihr vielleicht nie alles sagen.

»Was erhoffst du dir denn, Valentina?«

»Im Idealfall hört Nikolai, dass du in meiner Hand bist,

besinnt sich eines Besseren und fliegt mit Nick zurück nach Hause.«

»Dann ist die Sache für uns alle ausgestanden?«

»Ja. Dich lasse ich natürlich frei, sobald die Eva auf der Rückreise ist. Nach der Landung können dein Sohn und dein Mann ebenfalls ihrer eigenen Wege gehen.«

Das klingt fast zu gut, um wahr zu sein. Andererseits hat Valentina dann alles, was sie wollte. Falls ihre Informationen stimmen. Das Problem ist nur, dass Nikolai schon immer eigensinnig war. Wenn er etwas als richtig erkannt hat, hält er daran fest, egal, was passiert. Als er zwölf war, hat er auf der Straße gesehen, wie ein Mann seinen Hund getreten hat. Er hat den Mann zur Rede gestellt, und weil der seinen Fehler nicht eingestehen wollte, hat er ihm den Hund einfach weggenommen. Der Mann war so perplex gewesen, dass er die Leine losgelassen hatte, als Nikolai danach griff. Er musste den Hund dann doch zurückgeben, nachdem sein Besitzer die Polizei eingeschaltet hatte. Raissa konnte ihn gerade noch davon abhalten, die beiden Polizisten anzugreifen, die das Tier abholen wollten.

»Und wenn es nicht so glatt läuft, wie du dir das vorstellst?«, fragt Raissa.

»Dann hoffe ich, dass zumindest dein Mann vernünftig ist.«

»Vernünftig? Was erwartest du?«

»Ich hoffe, dass er Nikolai mit allen Mitteln, die er hat, dazu bringt, seine unnötige Blockade aufzugeben. Wenn dein Sohn Argumenten gegenüber nicht zugänglich ist, muss er eben Gewalt anwenden.«

»Du glaubst ernsthaft, dass Nick seinen Sohn angreifen würde?«

»Wenn seine geliebte Raissa in Gefahr ist … Nick wird sich eben entscheiden müssen. Wenn er sich dem verweigert, werden andere kommen. Wir können das System nicht einfach aufgeben. Wenn ich aber eine bewaffnete Expedition schicke, wird die nicht zimperlich mit Nikolai umgehen. Er hat auf Dauer keine Chance. Es wäre nur leider für uns fünfmal so teuer.«

RB lässt sich nicht einfach so eine Raumstation wegnehmen. Das sollte Nikolai eigentlich wissen. Aber er hat auch mit zwölf schon gewusst, dass er einem Fremden nicht einfach so den Hund wegnehmen kann, selbst wenn der ihn schlecht behandelt. Trotzdem hat er es getan. Wie wahrscheinlich ist es, dass Nick ihn zur Vernunft bringen kann? Er muss es irgendwie schaffen, denn anderenfalls kommen nicht wie damals Polizisten, sondern von Valentina geschickte Schergen, die sich nicht davor scheuen, Gewalt einzusetzen.

Wenn es doch bloß eine simple Entführung gewesen wäre! Hätte sie nicht einfach die Füße stillhalten können? Fast zwei Jahre lang hätte sie dann in dem Wissen leben müssen, dass RB ihren Sohn festhält. Das hält eine Mutter doch nicht durch. Sie hatte gar keine andere Wahl, als sich einzumischen. Das hat Valentina gut erkannt und ausgenutzt.

»Ich verstehe langsam«, sagt Raissa. »Du hast das wirklich gut eingefädelt.«

»Ja, oder?«

Valentina lächelt. Sie ist tatsächlich stolz darauf! Am liebsten würde Raissa ihr das Grinsen aus dem Gesicht schlagen.

»Du hättest hierbleiben sollen«, sagt Valentina. »Ich hätte dich zu meiner Nachfolgerin aufgebaut. Weißt du noch, wie wir damals den saudischen Kronprinzen dazu gebracht haben, die Lizenzen exklusiv für RB auszuschreiben? Das war großes Kino. Wir waren ein gutes Team. Eine so fähige Mitarbeiterin wie dich habe ich nie wieder gefunden.«

»Zu viel der Ehre«, sagt Raissa.

In Gedanken sitzt sie wieder auf der Brust des Sicherheitsmannes, dem sie die Luft abdrückt. Sie hatte ihn nicht töten können. Irgendwann wäre sie daran gescheitert.

»Ich habe immer noch zu viele Skrupel«, sagt Raissa. »Auf Dauer hätte das nicht funktioniert. Andere Menschen gehen mich etwas an, selbst wenn sie mir im Weg stehen.«

»Das hätte ich dir schon noch abgewöhnt«, sagt Valentina. »Du hast einfach den Fehler gemacht, dich zu sehr auf eine Person einzulassen. Das hat dich weich gemacht. Es war im Grunde mein Fehler. Ich dachte, es würde Nick gefallen, wenn ich ihm wieder dieselbe Frau schicke. Aber ich habe dabei nicht an dich gedacht. Wir Menschen finden einen gewissen Komfort darin, mit anderen zu tun zu haben, die uns nicht ganz fremd sind. Das halten wir dann für Anzeichen von Liebe, und wenn wir die erst einmal entdeckt haben, steigern wir uns so hinein, dass wir glauben, nicht mehr ohne den anderen auszukommen.«

Valentina hat ja keine Ahnung! Sie spricht von Liebe, als hätte sie das Thema auf rein theoretische Weise studiert. Wahrscheinlich hat sie tatsächlich nie erlebt, was Liebe ist. Ihr Vater hat sich, so weit Raissa das mitbekommen hat, ihr gegenüber nie besonders liebevoll verhalten. Valentina muss ihre eigene Erfahrung einer rein auf Nützlichkeit basierenden Beziehung verallgemeinert haben.

Aber es führt zu nichts, ihr zu widersprechen. Sie muss zumindest so tun, als würde sie kooperieren. Vielleicht gelingt es ihr auf diese Weise, ihrem Sohn und ihrem Mann zu helfen. Aber es ist schwierig. Sie hat bereits einen schrecklichen Fehler begangen, indem sie sich eingemischt hat. Dadurch hat Valentina nun ein Druckmittel gegen Nick und Nikolai. Kann sie aus der verfahrenen Situation zumindest einen gewissen Nutzen ziehen? Immerhin befindet sie sich jetzt in der Zentrale der Macht, mit der es ihre beiden Liebsten zu tun haben.

»Du sagtest, Nikolai hätte eure Basis übernommen. Was genau weißt du denn darüber? Ich habe das Gefühl, dass du mir nur die Hälfte erzählst. Wie soll Nick denn an unseren Sohn herankommen, wenn er nicht alles weiß, was er dazu braucht?«

»Nun, im Grunde weiß er alles, was wir wissen. Die Basis meldet sich nicht mehr, seit Nikolai dort gelandet ist. Wir wissen nicht, wie genau er das angestellt hat.«

»Aber er handelt doch garantiert nicht ohne Grund. Nikolai ist kein Verbrecher. Er muss irgendetwas bemerkt haben, das ihm verbrecherisch erschien. Habt ihr von der Basis aus einen Angriff geplant? Lagert ihr dort heimlich Atommüll? Züchtet ihr illegal Klonbabys?«

»Natürlich nicht. Es handelt sich um eine ganz gewöhnliche Basis auf einem der Monde. Wir nutzen sie, um die StarShot-Proben zu beschleunigen, und für allgemeine Forschungsaufgaben.«

Allgemeine Forschungsaufgaben also. Valentina hat keine sichtbaren Signale abgegeben, als sie das gesagt hat. Aber gerade das ist verdächtig. Es wirkt, als hätte sie sich absichtlich bemüht, keine nonverbalen Signale zu geben. Raissa kennt das. Sie hat dieselbe Ausbildung durchlaufen. Valentina hat sich für einen Moment maskiert, aber sie hat dabei vergessen, auch die Maske zu verstecken.

Aber natürlich kann sich Raissa da auch irren. Uranus ist nach wie vor ein Planet, der viele Rätsel aufgibt. Die Wissenschaftsgemeinde auf der Erde freut sich über jedes breit angelegte Forschungsprogramm. »Allgemeine Forschungsaufgaben«, in diese Kategorie würde es fallen. Es passt nur nicht zum RB-Konzern. Wenn RB forschen lässt, dann deshalb, weil man sich etwas davon verspricht.

Oder ist sie ungerecht? RB betreibt auch Grundlagenforschung. Juri leitet den Bereich, und er hat sich nie über ein mangelndes Budget beschwert. RB existiert nun schon seit über hundert Jahren. Der Konzern hätte nicht so lange überlebt, würde er nicht auch auf den ersten Blick unnütze Wissenschaft finanzieren.

»Welcher Art sind denn die allgemeinen Forschungsarbeiten?«, fragt Raissa.

»Da müsste ich dich mit unseren Forschern zusammenbringen. Es ist lange keine robotische Sonde mehr bei Uranus gewesen, deshalb haben die Planetologen noch verschiedene Fragen. Es geht zum Beispiel um die Beschaffenheit der Atmosphäre, aber auch um eine detaillierte Untersuchung der Monde. Wusstest du, dass der Planet 27 Begleiter hat? Von denen hatte vor unserem Engagement nur ein einziger, Oberon, längeren Besuch.«

»Das klingt ja, als würdet ihr der Forschergemeinde einen riesigen Gefallen tun, und das ganz uneigennützig.«

»Darum war ja Nikolai auch so begeistert«, sagt Valentina. »Wann hat man schon mal die Chance, als Erster seinen Fuß auf so viele unbekannte Welten zu setzen?«

Raissa schluckt. Er hat ihr nie von diesen Aussichten erzählt. Wieso eigentlich? Vielleicht hätte sie besser auf ihn achtgeben müssen. Obwohl er – anders als sie – einen amerikanischen Pass besitzt, war er in der Kindheit immer ein bisschen der Außenseiter. In der Schule galt er als »der Russe«. Dass die NASA ihn dann, angeblich aus Sicherheitsgründen, abgelehnt hat, muss ihn getroffen haben.

»Ja, ich habe ihn auch ziemlich ins Herz geschlossen, deinen Nikolai«, sagt Valentina. »Er hat mich immer Tante Walja genannt.«

Etwas sticht ihr in die Brust. Wahrscheinlich lügt Valentina das Blaue vom Himmel herunter. Aber sie macht das sehr geschickt.

»Wenn du ihn wirklich magst, dann wirst du ihn doch nicht verletzen wollen«, sagt Raissa.

»Ach, meine Liebe, du weißt doch, dass man persönliche Vorlieben manchmal hinten anstellen muss. Hier steht die Sache im Vordergrund. Es geht nicht an, dass Nikolai unsere Ressourcen derart beansprucht. Das muss aufhören, koste es, was es wolle.«

»Was willst du nun eigentlich genau von mir?«, fragt Raissa.

»Du musst Nick dabei unterstützen, euren Sohn wieder an die Kandare zu nehmen. Dieser Miniaufstand muss aufhören. Das Problem ist nur, dass Nick noch gar nichts davon weiß.«

»Kann ich mit ihm sprechen?«

»Er schläft schon wieder. Aber du kannst eine Nachricht aufnehmen, die er erhält, nachdem er im Uranus-System aufgewacht ist.«

»Wann wird das sein?«

»In etwa zwei Monaten. Bisher verläuft seine Reise ohne große Probleme.«

»Ich weiß. Wir sind regelmäßig in Kontakt.«

»Ich weiß«, sagt Valentina. »Alles, was ihr austauscht, geht über unsere Server.«

Natürlich. Aber wieso betont sie das so? Es ist doch sowieso klar. Vielleicht legt Valentina solchen Wert darauf, weil sie dadurch alles unter Kontrolle hat. Umso wichtiger wäre es, sie würde einen eigenen Weg finden, mit der Eva Kontakt aufzunehmen.

»Nun gut«, sagt Raissa. »Ich habe wohl keine andere Wahl.«

»Du hilfst uns? Hilfst du mir, hilfst du damit auch Nikolai und Nick«, sagt Valentina.

»Ja. Lässt du mir dann bitte die Fesseln abnehmen?«

Valentina lacht. »Netter Scherz. Ich weiß, dass du gefährlich bist. Wir werden dich auf eine Art und Weise unterbringen, die dir möglichst viele Freiheiten lässt. Aber dazu braucht es noch ein paar Vorbereitungen.«

Ihre alte Chefin drückt auf einen Knopf an der Lehne ihres Rollstuhls. Das Gefährt nähert sich. Valentina hebt die Hand. Raissa erkennt die Nadelpistole, die auf sie gerichtet ist.

»Was soll das?«

»Du schläfst am besten noch ein bisschen, bis wir die Vorbereitungen abgeschlossen haben«, sagt Valentina.

Sie zieht den Zeigefinger zurück, der vor dem Auslöser liegt. Es muss anstrengend oder schmerzhaft sein, denn sie verzieht das Gesicht.

»Es ist Gicht, oder?«, fragt Raissa.

»Bis später«, sagt Valentina.

Etwas sticht in Raissas Arm. Das Gewebe gefriert, während flüssiges Feuer durch ihre Adern fließt. Die Welt zieht sich langsam zurück und hinterlässt nichts als Schatten.

18. Oktober 2119, Eva

Er hätte die Nachricht von Raissa nicht vor dem Schlafengehen lesen dürfen. Nicks Gedanken kreisen. Wie kann sie nur? Sie ist so unvernünftig! Sein Rücken liegt bereits in der kühlen Flüssigkeit, aber er atmet so schwer, dass das System den Prozess pausiert hat. Nick sieht den Schatten der Katze neben dem Schlafbehälter. Sie miaut. Bestimmt hat sie bemerkt, dass etwas nicht stimmt.

»Soll ich die Konzentration des Schlafmittels erhöhen?«, fragt Oskar.

»Gibt es Nebenwirkungen?«, fragt Nick.

»Müdigkeit, Antriebslosigkeit, gesenkter Blutdruck, verringerter Muskeltonus …«

»Das klingt ja wie erwünschte Wirkungen.«

»Leider erhöht sich auch die Gefahr eines Atemstillstands. Eine höher dosierte Anwendung im Kälteschlaf wird nicht empfohlen.«

»Dann lassen wir es lieber«, sagt Nick.

»Ich könnte dir eine Geschichte erzählen«, schlägt Oskar vor.

»Ach, lass mal. Ich muss doch in der Lage sein, mich selbst zu beruhigen. Es war bloß ein Brief, nur eine Ankündigung!«

»Sie scheint dich aber sehr zu belasten.«

»Wie könnte es auch anders sein? Raissa will … Nein, sie hat schon! Es ist zu spät! Ich kann nicht mehr eingreifen!«

Er muss sich beruhigen. Es wird nicht besser, wenn er darüber spricht. Er muss an etwas anderes denken, ganz einfach.

Aber ihm fällt trotzdem bloß immer wieder dieser Brief ein.

»Geliebter Nick«, schreibt Raissa. Er kann den Text schon auswendig. »Ich muss dir etwas gestehen, das dir nicht gefallen wird. Wir sind uns wohl einfach zu ähnlich. So wie du auf diese Reise gehen musstest, damit unser Sohn zu uns zurückkehren kann, kann ich auch selbst nicht länger hier herumsitzen und auf dich warten. Es ist nur ein Gefühl, aber es wird Tag für Tag stärker. Valentina verbirgt etwas vor uns, und ich muss herausbekommen, was es ist. Vielleicht hilft es dir auf deiner Reise, vielleicht hilft es Nikolai. Vielleicht hilft es auch nur mir, weil ich dann nicht mehr das anstrengend miese Gefühl habe, nur sinnlos herumzusitzen. Rosie und Maria haben mich in dem Entschluss bestärkt.

Ich habe trotzdem ein schlechtes Gewissen dir gegenüber, weil du dir sicher noch mehr Sorgen machen wirst. Aber du weißt auch, dass ich in meinem Element sein werde. Ich werde in meine Heimat reisen. Ich kenne dort noch viele Menschen, die mich unterstützen werden, weil ihnen etwas an mir oder an Gerechtigkeit liegt. Du wirst mich nicht umstimmen können, denn ich habe diese Reise bereits angetreten. Wenn du meine Nachricht erhältst, befinde ich mich schon in Russland. Ich hoffe ein bisschen, dass dir diese Unabänderlichkeit dabei hilft, meine Entscheidung zu akzeptieren. Du kennst mich. Du weißt, wie stark ich bin und dass du mir vertrauen kannst, so wie ich dir vertraue. Deine dich liebende Raissa.«

Vertrauen! Als wenn es so einfach wäre. Als wenn es überhaupt darum ginge. Er hat einfach Angst um sie! Bedeutet das, dass sein Vertrauen nicht ausreicht? Nick seufzt. Die Katze antwortet mit einem Miauen. Am liebsten würde er sie auf seine Knie setzen und kraulen, aber Mira mag kein kaltes

Wasser. Er auch nicht, doch wenn er sich nicht bald beruhigt, muss er umso länger in der kalten Brühe liegen, weil das System den Vorgang erst fortsetzt, wenn sein Herz nicht mehr durchdreht.

Er muss sich beruhigen. Sie haben einen Plan, der sie gegenüber möglichen Gefahren absichert. Raissa hat eine Menge Freunde. Nick erinnert sich an den Sicherheitsmann von der Enceladusstation. Sie haben nie darüber gesprochen, aber sie muss bereits einen gewissen Ruf gehabt haben, bevor er sie kennengelernt hat. Ob Valentina sie immer eingesetzt hat, wenn es darum ging, Besucher zu bezirzen? Vermutlich hat sie in dieser Funktion mit vielen Männern geschlafen. Der Gedanke sticht in sein Herz, aber merkwürdigerweise beruhigt er Nick auch ein bisschen. Diese Männer können davon nicht unberührt geblieben sein. Das ist bei Raissa unvorstellbar. Also werden sie ihr helfen, wenn sie die Macht dazu haben, und es dürfte sich um Männer handeln, die der Macht zumindest nahestehen.

Die Frage ist natürlich, wie weit Raissa solche alten Verbindungen nutzen möchte. Er traut ihr alles zu. Auch das ist beruhigend, aber zugleich ein bisschen beängstigend. Insbesondere, wenn es um Nikolai geht, wird sie ihr Leben einsetzen. Nick seufzt.

»Einschlafprozess wird fortgesetzt«, sagt der Behälter.

»Ah, sehr gut, du hast dich beruhigt«, sagt Oskar. »Ich wünsche dir ein paar gute Nächte!«

»Danke, euch auch«, sagt Nick.

Die Flüssigkeit steigt wieder. Er entspannt sich, spreizt seine Beine, um dem Behälter etwas Arbeit abzunehmen. Gleich kommt, was kommen muss, aber er muss es nicht erleben, weil ein Einstich in seinen Arm ihn …

Pieks. Wärme, die sich mit atemberaubender Geschwindigkeit ausbreitet.

Dunkelheit.

20. Oktober 2119, Akademgorodok

»DAS WAR DIE SCHLECHTESTE NARKOSE, die ich je hatte«, sagt Raissa.

»Genau genommen war es gar keine Narkose. Das wäre zu umständlich gewesen«, sagt Valentina. »Es war ein Nervengift, das wir aus dem Gift der Pfeilgiftfrösche synthetisiert haben.«

Das scheint glaubwürdig. Sie hat die vergangenen Stunden wie unter einer dünnen, fast durchsichtigen Decke erlebt. Menschen sind gekommen und gegangen, immer in Hektik, und haben unverständliche Sätze heruntergerattert. Andere haben sie in rasender Eile durch Gänge getragen und Instrumente in ihren Körper gesteckt. Es kam ihr normal vor. Jetzt hingegen läuft ihr schon bei der Vorstellung ein Schauer über den Rücken.

Ihr Magen knurrt.

»Ich habe einen verdammt großen Hunger«, sagt Raissa.

»Das ist ja auch kein Wunder, immerhin hast du zwei Tage lang nichts gegessen«, sagt Valentina, die auf dem Rollstuhl vor ihr sitzt.

»Zwei Tage? Es kam mir wie ein paar Stunden Abwesenheit vor.«

»Das ist ein Effekt des Giftes. Es verändert deine Zeitwahrnehmung. Die Probanden können dadurch längere

Operationen besser vertragen, obwohl sie die ganze Zeit im Grunde bei Bewusstsein sind.«

»Das klingt grausam.«

»Im Gegenteil. Bei manchen Operationen muss der Patient bei Bewusstsein sein. Aber das ist sehr anstrengend, und der Organismus ist ja sowieso schon geschwächt. Hast du dir beim Zahnarzt nicht manchmal gewünscht, dass die Prozedur endlich vorüber ist?«

»Was habt ihr denn mit mir gemacht?«, fragt Raissa.

»Das wirst du in den kommenden Tagen entdecken.«

Ihre Chefin scheint Spaß daran zu haben. Raissa testet ihre Muskeln. Von außen merkt man ihr das nicht an. Der linke Arm ist immer noch unbrauchbar, aber der Rest ist einsatzbereit. Sie trägt keine Fesseln, und Valentina sitzt schutzlos vor ihr. Was hat sie sich dabei gedacht? Dass sie tatenlos wie das Kaninchen vor der Schlange sitzen und abwarten würde? Raissa springt auf. Sie wird der Schlange den Kopf abreißen.

Aber kaum steht sie, versagen all ihre Muskeln gleichzeitig den Dienst. Sie stürzt in sich zusammen wie ein Zelt ohne Zeltstangen und Heringe. Auf dem Fußboden kommt sie wieder zu sich. Valentina grinst.

»Offenbar hat es funktioniert«, sagt sie.

»Was hat funktioniert?«

»Wenn du mir zu nahe kommst, setzt dich dein eigener Körper außer Gefecht. Es geht doch nichts über ein paar gut platzierte Spannungsgeber.«

Raissa schüttelt den Kopf. Sie kann stolz auf sich sein, wenn die mächtige Valentina solche Angst vor ihr hat.

»Anders kannst du dich gegen mich nicht wehren, oder?«

»Ach, ich würde mir darauf nichts einbilden. Es ist natürlich nicht die einzige kleine … Veränderung, die wir eingebaut haben.«

»Oh! Welche neuen Superhelden-Fähigkeiten besitze ich denn?«

»Lass dich überraschen. Es ist doch viel spannender, wenn du es nicht weißt.«

Das ist eine clevere Strategie. Wenn sie jederzeit damit rechnen muss, außer Gefecht gesetzt zu werden, versucht sie manches Manöver vielleicht erst gar nicht. Aber da kennt Valentina sie schlecht. Raissa steht auf und dreht sich zur Wand.

»Was ist los?«, fragt Valentina.

»Nichts«, sagt Raissa.

Sie lässt sich einfach nach hinten kippen. Die Schwerkraft müsste sie auf Valentina stürzen lassen. So wird sie sie vielleicht nicht umbringen, aber ihr doch einen Schreck einjagen. Tatsächlich hindert der Mechanismus sie nicht. Aber als sie schon so weit gekippt ist, dass sie sich nicht mehr auffangen kann, hört sie ein Summen. Es ist der Rollstuhl. Valentina lenkt ihn offenbar gerade zur Seite. Raissa stürzt wie ein gefällter Baum zu Boden. Sie schafft es gerade noch, ihre linke Schulter in Sicherheit zu bringen.

»Nette Idee«, sagt Valentina. »Aber du musst die Reaktion der anderen immer mit einberechnen.«

Raissa rappelt sich wieder auf. Jetzt schmerzt auch ihre rechte Schulter, aber den Versuch war es wert. Kein System ist perfekt. Irgendwann wird es klappen.

Raissa schneidet ein Stück von dem T-Bone-Steak ab. Es ist perfekt gebraten. Dann probiert sie etwas Kaviar. Eigentlich mag sie die salzig-säuerlichen Fischeier gar nicht, aber sie hat einen Heißhunger auf alles Eiweiß, das sie bekommen kann. Vielleicht hängt das mit dem Gift zusammen, das man ihr gespritzt hat. Immerhin lässt sich Valentina bei der Verpflegung nicht lumpen. Zuckerbrot und Peitsche, die Strategie ist uralt.

»Ist es gut oder muss ich den Koch feuern?«, fragt Valentina, die ihr Gesellschaft leistet.

Raissa kaut und schluckt den Bissen hinunter. »Ist gut«, sagt sie. »Das muss ja ein kleines Vermögen gekostet haben.«

Der Preis von echtem Fleisch, und darum handelt es sich

eindeutig, das verrät der Knochen, hat in den letzten Jahren fast mit dem Goldpreis gleichgezogen. Wer es sich leisten kann, nutzt seine Klimazertifikate, um Anteile an einem Rind zu erwerben.

»Für dich ist mir nichts zu teuer«, sagt Valentina.

Raissa hat sich schon öfter gefragt, was ihre Chefin an ihr findet. Sie war weder die erste noch die schönste langbeinige Blonde, die Valentina eingestellt hat. Sie ist geblieben, während die anderen gegangen sind. Vielleicht war sie insgeheim in sie verliebt? Es ist nicht bekannt, ob Valentina je einen Partner oder eine Partnerin hatte. Wenn, dann hat sie die Person erfolgreich versteckt. Manche ihrer Untergebenen nennen sie die »schwarze Witwe«, und zwar nicht, weil sie schwarz gekleidet ihren Gatten verloren hat, sondern nach der Spinne, die ihre Sexualpartner vertilgt. Vielleicht hat Valentina sie auch bloß für eine Seelenverwandte gehalten, so wie sie Juri.

»Ich würde gern mit ein paar Wissenschaftlern sprechen«, sagt Raissa.

»Du kannst dieses Gebäude nicht verlassen. Aber ich kann dir die Menschen herbestellen, mit denen du reden möchtest. Allerdings werden all deine Gespräche aufgezeichnet. Das sollte dir klar sein.«

»Danke für die Warnung. So etwas habe ich mir schon gedacht. Ihr könnt mich sicher auch tracken.«

»Ja, irgendwer hat dich immer im Blick. Ich möchte nicht, dass du verlorengehst.«

»Bevor ich Nikolai nicht zurück habe, wirst du mich nicht los«, sagt Raissa. »Und denk immer daran: Wenn ihm etwas passiert, töte ich dich.«

Valentina lacht. »Selbst wenn es dir gelänge, würde es mir alten Frau nicht viel ausmachen.«

Raissa glaubt ihr nicht. Ihre Chefin arbeitet so intensiv gegen ihren eigenen Verfall, als hätte sie panische Angst davor, im Jenseits in die Hölle zu kommen.

»Wen soll ich denn herschicken?«, fragt Valentina.

»Ich weiß nicht genau, wer gerade welche Posten besetzt.

Aber ich hätte gern die Chefs der Bereiche Raumfahrttechnik, Planetologie, Grundlagenforschung, Bergbau und KI.«

»Das ist eine gute Auswahl. Ich bin gespannt, was du aus ihnen herausholst. Du kannst dir sicher vorstellen, dass wir den Vorfall bei Uranus bereits gründlich untersucht haben. Aber es ist sicher gut, wenn du als Außenstehende einen Blick darauf wirfst. Planetologie, KI und Grundlagen kannst du vermutlich heute noch treffen. Bergbau und Raumfahrt muss ich einfliegen lassen.«

Valentina scheint nichts aufgefallen zu sein. Also wird sie Juri eher wiedersehen als erwartet. Hoffentlich kann er sich zusammenreißen.

Das erste Treffen findet zwei Stunden nach dem ausgiebigen Mittagessen statt. Ihr Gesprächspartner ist der Chef der KI-Forschung. Er verrät ihr, dass sie sich nach wie vor im selben Gebäude aufhält, allerdings im fünften, also obersten Stockwerk. Das Zimmer, in dem Valentina sie untergebracht hat, ist fensterlos, ebenso wie das angrenzende Büro, in dem sie ihre Besucher empfängt. Grundsätzlich scheint sie allerdings Bewegungsfreiheit im ganzen Haus zu genießen. *Du kannst das Gebäude nicht verlassen*, hatte Valentina gesagt.

Der oberste KI-Wissenschaftler, Arnold Smirnow, ist ein typischer IT-Mensch. Er erzählt fast nichts freiwillig. Alles muss sie ihm aus der Nase ziehen. Die KI der Station auf Ferdinand hat nach seinen Erkenntnissen keine Besonderheiten gezeigt. Es handele sich um ein Standardmodell, das an die Erfordernisse einer StarShot-Station angepasst wurde. Ansätze eines Bewusstseins besitze es zwar. Die wären aber bei weitem nicht so ausgeprägt wie etwa bei der KI der Enceladus-Station. Dass die KI eigenständig gehandelt haben könnte, schließt Smirnow rundheraus aus.

Raissa ist da nicht ganz so sicher. Die KI mag sich nie auffällig verhalten haben. Damit konnte sie aber auch sicher sein, nicht so genau unter die Lupe genommen zu werden.

Während sich die Aufmerksamkeit der Forscher auf ihre Brüder und Schwestern richtete, könnte sie durchaus unbemerkt eigene Pläne geschmiedet und in die Tat umgesetzt haben. Raissa wäre das sogar am liebsten, denn dann wäre Nikolai sicher eher Opfer als Verursacher der Probleme. Andererseits möchte sie ihren Sohn ungern als Opfer sehen. Sie kratzt sich an der Nase, während Smirnow den Raum verlässt.

Ihm gibt bereits Juri die Klinke in die Hand. Die beiden Männer begrüßen sich und wechseln ein paar Worte. Dann kommt Juri zu ihr. Seine Stirn glänzt vor Schweiß, und auf den Wangen hat er rote Flecken.

»Mensch, Juri! Wir haben uns aber lange nicht mehr gesehen!«

Raissa breitet die Arme aus. Zögerlich erwidert ihr alter Freund die Geste. Während sie sich umarmen, liegt er steif wie ein Brett in ihren Armen. Was ist los mit ihm? Valentina weiß ganz sicher, dass sie sich kennen. Da braucht er sich doch nicht zu verstellen.

»Es freut mich auch, dich zu sehen«, sagt er.

Das ist mager. Sie lächelt ihn trotzdem an. Vielleicht ist er unsicher, weil er weiß, dass Valentina zuhört.

»Ich brauche dringend frische Luft«, sagt Raissa. »Gibt es hier irgendwo einen Balkon oder eine Terrasse?«

»Ich weiß, dass du das Haus nicht verlassen darfst«, sagt er. »Aber aufs Dach darf ich dich doch wohl bringen?«

»Ich habe keine Ahnung, wie Valentina das definiert hat. Versuchen wir es doch einfach.«

Raissa steht auf. Sie will nach seiner Hand greifen wie vorvorgestern im Park, aber er verweigert sie ihr. Gut, dann eben nicht. Juri geht voraus. Er führt sie zum Aufzug. Dort benutzt er seine Schlüsselkarte, um den Knopf für das Dach drücken zu können. Der Aufzug setzt sich in Bewegung und stoppt gleich wieder. Raissa erwartet irgendeine Reaktion ihres Körpers, aber nichts passiert. Die Aufzugtür fährt zur Seite und ein eisiger Wind pustet ihr ins Gesicht. Er bringt winzige Schneeflocken mit sich, die wie kleine Pfeile in ihre Haut einschlagen.

»Ist vielleicht doch nicht die richtige Umgebung«, sagt Juri.

»Doch, es ist perfekt.«

Sie zieht ihn aus dem Aufzug. Die Kälte ist beißend, aber akzeptabel, obwohl sie nur eine dünne Uniformjacke trägt. Juri legt seinen Mantel enger um sich.

»Oder möchtest du meinen Mantel?«, fragt er.

»Wie ritterlich«, sagt sie. »Aber nein, danke. Ich glaube, hier draußen sind wir ungestört.«

»Ja, bestimmt«, sagt er, legt danach aber den Finger auf die Lippen.

Es stimmt also nicht. Selbst hier lauschen noch irgendwelche Mikrofone. Juri geht um sie herum. Er zieht ihre Jacke ein Stück hoch. Dann holt er auch noch das T-Shirt aus der Uniformhose. Er berührt ihr Rückgrat. Was soll das? Juri fährt langsam mit dem Finger nach oben. Plötzlich schießt ein Schmerz in ihren Rücken. Scheiße, was war das? Sie dreht sich um. Er hat den Zeigefinger auf den Lippen. Raissa nickt. Juri nickt ebenfalls.

Er greift in die Innentasche seines Mantels und holt einen Stift heraus. Damit schreibt er auf die Innenfläche seiner Hand. Er zeigt ihr das Geschriebene.

»Der Spion steckt in deinem Rücken.«

Raissa muss lachen. Der Satz klingt wie ein Romantitel. Valentina hat ihr nicht nur einen Tracker, sondern auch ein Aufnahmegerät einsetzen lassen. Sie nimmt Juri den Stift ab und schreibt unter seinen Satz:

»Kannst du ihn entfernen?«

»Ja, aber nicht hier«, antwortet er. »Du würdest stark bluten.«

Der Platz geht ihnen aus. Raissa streckt ihre eigene Hand vor. Da steht noch Kiras Telefonnummer. Hoffentlich hatten sie und Wolodja einen netten Abend. Wenn alles glatt gegangen ist, ist Wolodja jetzt bestimmt noch stärker verliebt. Raissa beneidet ihren Fahrer.

»Ich kann ihn deaktivieren«, schreibt Juri.

»Mach das.«

Er greift in seine Tasche und holt ein würfelförmiges Gerät heraus, das an einem dünnen Riemen hängt. An den beiden Enden des Riemens ist eine Schnalle. Er schaltet das Gerät ein. Dann bindet er es ihr so um, dass es genau auf der immer noch recht frischen Wunde liegt.

»Tut mir leid, das tut bestimmt weh«, schreibt er.

»Woher wusstest du das?«, antwortet sie.

Juri legt ihre Finger um und formt ihre Hand zur Faust.

»Ich muss dir etwas gestehen«, sagt er.

»Ja?«

Oh weh. Sie ahnt schon, dass sie enttäuscht sein wird. Gibt es heute denn überhaupt keine guten Nachrichten?

»Ich … Ich habe dich verraten.«

»Du warst das?«

Raissa weiß nicht, was sie fühlt. Die Welt ist gerade so verhärtet wie Juri vorhin in der Umarmung. Es ist nicht ihre Welt. Sie ist kein Teil davon mehr. Juri, ihr Seelenverwandter. Er ist eben auch nur ein Mensch. Raissa ist nicht enttäuscht. Sie fühlt nichts.

»Valentina hat mich angesprochen. Sie hatte wohl eine Ahnung, dass du kommst, und hat mich ermutigt, dir zu helfen. Es gab nur eine Bedingung – ich musste sie auf dem Laufenden halten.«

»So ist sie. Was hast du dafür bekommen?«

»Meine Familie. Mein Sohn muss nicht zur Armee.«

»Das ist schön für deinen Sohn und dich.«

»Es tut mir so leid.«

»Das ist nicht deine Schuld. Valentina ist die Böse hier. Ich werde sie irgendwann umbringen müssen.«

»Bitte nicht, Raissa. Du bist nicht wie sie. Lass dich nicht auf ihre Seite ziehen.«

»Ich weiß nicht, ob ich dir das versprechen kann. Sie nimmt mir alles weg, was mir lieb und wichtig ist. Als dürfte es nur sie in meinem Leben geben.«

»Sie ist eifersüchtig. Du hast sie verlassen damals. Trotzdem hast du alles, was sie nicht hat.«

»Vielleicht ist es das. Aber wenn ich Nikolai verliere, werde ich sie töten. Dann ist es mir egal, ob ich so bin wie sie oder nicht. Dann ist alles egal.«

»Du verstehst mich also?«, fragt Juri. »Ich bitte nicht um Verzeihung. Nicht, weil ich sie mir nicht wünschen würde, sondern weil ich weiß, dass sie unmöglich ist.«

»Ich weiß nicht, ob ich dich verstehe. Ich weiß momentan gar nichts. Aber ich kann dir sagen, dass ich an deiner Stelle wohl nicht anders gehandelt hätte. Würde Valentina mir Nikolai zurückgeben, wenn ich dich auf der Stelle erwürgte, dann würde ich es ernsthaft in Betracht ziehen. Ich weiß bloß nicht, ob ich es könnte. Vorhin … Nein, vorgestern … Ich habe einem Wachmann die Kehle zugedrückt, konnte es aber nicht zu Ende bringen.«

»Du bist keine Mörderin, Raissa.«

»Ich hatte kein Problem damit, einem anderen Wächter meinen Absatz in den Hals zu rammen.«

»Das war … Selbstverteidigung, kein kaltblütiger Mord.«

»Du solltest mich nicht idealisieren. Ich habe den Mann angegriffen, nicht er mich. Und er ist an seinen Verletzungen gestorben.«

»Du darfst dich darüber nicht grämen, Raissa.«

»Ich gräme mich nicht. Ich fühle gar nichts.«

Aber das stimmt schon nicht mehr ganz. Ein dicker Pfropfen aus Wut steckt in ihrem Magen.

»Gut … Äh … Vielleicht. Ich würde dir gern helfen«, sagt Juri.

»Du hast mir schon mit diesem Apparat in meinem Rücken geholfen. Kann ich ihn behalten?«

Juri antwortet nicht. Er traut sich nicht. Natürlich ist das nicht mit Valentina abgesprochen. Wenn sie ihn dabei erwischt, wie er an ihrer Vereinbarung vorbei mit Raissa zusammenarbeitet …

»Sie wird das Gerät nicht in die Finger bekommen«, sagt Raissa. »Eher entsorge ich es. Ich bekomme noch mehr

Besuch. Am Ende des heutigen Tages lässt es sich dir nicht mehr zuordnen.«

»Okay. Dann behalt es.«

Sie sieht ihm in die Augen, aber er kann den Blick nicht halten und dreht sich von ihr weg. Der eisige Wind nutzt seine Chance und fährt ihr unter die Jacke. Raissa sieht vom Dach. Das Hochhaus ist gut zu sehen. Ansonsten scheint es hier nur das sibirische Baummeer der Taiga zu geben. Wenn sie es über den Zaun schaffen würde … Sie ist darauf trainiert, in der Wildnis zu überleben. Aber von dort draußen kann sie Nikolai auf keinen Fall helfen. Sie muss bleiben.

»Weißt du etwas darüber, was bei Uranus passiert ist?«

Sie hat ihn das schon einmal gefragt. Da hatte er behauptet, er wisse nichts. Juri schüttelt den Kopf. Er weiß immer noch nichts. Wahrscheinlich stimmt es sogar. Raissa betrachtet ihre Finger. Sie muss die Tinte abbekommen, bevor sie wieder auf Valentina trifft. Da, diese Telefonnummer. Kira. Vielleicht nun wirklich Wolodjas Freundin. Hat sie dann nicht etwas gut?

»Du musst mir noch einen Gefallen tun«, sagt sie.

»Ja? Welchen? Meine Familie, weißt du …«

Valentina hat schon recht. Die Angst um seine Liebsten hat ihren Seelenverwandten in eine Memme verwandelt. Man darf sich nicht zu sehr auf andere einlassen, sonst wird man schwach.

»Ich verstehe sehr gut, welche Angst du um sie haben musst«, sagt sie.

»Danke, Raissa. Ich wusste es.«

»Es ist auch nur ein klitzekleiner Gefallen«, sagt sie.

Juri seufzt. »Nun sag schon.«

»Du musst eine Telefonnummer anrufen und etwas an einen Wolodja ausrichten.«

»Die Nummer, die du mir gibst, gehört einem Wolodja?«

»Nein, es wird sich eine Frau melden. Wolodja ist ihr Freund. Sie muss ihm etwas ausrichten.«

»Und was?«

»Anna braucht Graf Wronskis Hilfe. Und dazu verrätst du ihr den Namen dieses Gebäudes.«

Was hat Wolodja gesagt? Sie solle seinen Vater nicht unterschätzen. Er habe immer noch viele Freunde. Raissa verspricht sich zwar nicht wirklich etwas, aber einen Versuch ist es wert. Graf Wronski gehört garantiert nicht zu Valentinas Spionen. Er scheint von niemandem abhängig zu sein. Gibt es so etwas überhaupt?

»Kannst du das für mich tun, Juri?«

»Ja, hm. Ich brauche noch die Nummer.«

Sie diktiert sie ihm, und er wiederholt sie zwei Mal.

»Vielleicht gehen wir jetzt doch wieder hinein«, sagt Raissa.

Sie sitzt auf ihrem Bett und lässt die Füße baumeln. Juris Besuch hat ein seltsames Gefühl hinterlassen. Er hat sie betrogen, ohne dass ihr etwas aufgefallen wäre. Im Gegenteil, sie hätte sich beinahe neu in ihn verliebt. Oder hat sie es schon und will es sich bloß nicht eingestehen? Sie kann ihm aber auch nicht böse sein. Er hat getan, wozu ihn Valentina gezwungen hat. Hätte er sie warnen können oder müssen? Es hätte wahrscheinlich nichts geändert. Raissa hätte sich doch nicht abhalten lassen. Irgendwie hätte sie sich Zutritt zu dem Raum in der Säule verschafft.

Es klopft.

»Ich komme«, antwortet Raissa.

»Der Planetologe ist da«, sagt eine weibliche Stimme.

Sie gehört einer der drei jungen Frauen, die sich um sie kümmern. Raissa kann sie noch nicht gut auseinanderhalten. Valentina scheint nach wie vor nur einen bestimmten Typ Frau einzustellen, sodass sie sich alle sehr ähnlich sehen. Die uniformähnliche Kleidung aus Bluse und Rock verstärkt den Eindruck noch. Sie scheinen sich regelmäßig abzuwechseln. Vielleicht will Valentina so verhindern, dass sie eine Beziehung aufbauen. Immerhin wird sie ein paar Monate hier verbringen müssen.

Sie steht auf, zieht den BH zurecht und zupft die Bluse gerade. Dann öffnet sie die Tür zu ihrem Büro. Dort wartet vor dem Schreibtisch bereits ein schlaksiger Mann Mitte 30. Auffällig sind seine langen Haare, die er zum Zopf gebunden hat. Als er ihre lauten Schritte vernimmt, steht er auf.

»Sehr angenehm. Dr. Tichonow, Alexej«, stellt er sich vor.

»Ganz meinerseits. Sie kennen sich also mit den Eigenschaften von Uranus aus?«, fragt sie.

Ihren Namen kennt er sicher schon.

»Aber setzen wir uns doch wieder«, sagt sie.

Raissa nimmt hinter dem Schreibtisch Platz. Irgendjemand hat einen Rechner darauf abgestellt. Also hat sie wohl auch Netzzugriff. Sie schiebt ihn zur Seite.

»Ja, ich habe das Forschungsprogramm für die Expedition zusammengestellt«, erklärt Tichonow.

»Können Sie es mir kurz umreißen?«

»Oh, es ist sehr vielfältig. Primär geht es um den Energiehaushalt des Planeten. Sie wissen sicher, dass Uranus relativ kalt ist, also gemessen an seinem Orbit und im Vergleich zu Neptun. Dann gibt es da dieses rätselhafte Magnetfeld mit seinen vier Polen, dem wir auf die Spur kommen wollen. Die Ringe sind ein weiteres Rätsel – was verschmutzt sie und bewirkt, dass sie so dunkel erscheinen? Und wir wissen auch noch nicht so recht, wie sich die Rollbewegung des Uranus auf seiner Bahn auf das Wetter dort auswirkt.«

»Wie genau wollen Sie diesen Rätseln denn auf die Spur kommen?«

»Primär arbeiten wir dazu mit Sonden. Wir haben welche gebaut, die tief in die Atmosphäre des Planeten eindringen können. Von dort übermitteln sie ihre Messdaten per Funk. Es gibt aber auch drei Exemplare, die an Ort und Stelle Proben nehmen sollen.«

»Wozu das?«

»An Bord eines Raumschiffs haben wir einfach noch bessere Analysemöglichkeiten. Dort können wir dann auch nach Komponenten suchen, auf die die Instrumente der Sonden nicht geeicht sind.«

»Haben Sie da etwas Bestimmtes im Blick?«

Der Forscher rutscht hin und her. Irgendetwas plagt ihn.

»Mir wurde gesagt, ich sollte frei und offen mit Ihnen sprechen.«

»Das hoffe ich doch«, antwortet Raissa.

»Ja, ich … Ich bin nur unsicher, was genau denn Ihre Rolle hier ist.«

Das ist verständlich. Eigentlich ist sie ja eine Gefangene. Trotzdem scheint ihr Valentina weitgehend zu vertrauen. Vielleicht glaubt ihre ehemalige Chefin, sie komplett unter Kontrolle zu haben.

»Machen Sie sich darum keine Sorgen, Alexej.« Raissa lehnt sich nach vorn. »Ich habe Valentinas volle Autorisierung. Sie können nichts falsch machen.«

»Gut. Wir vermuten oder sagen wir, wir hoffen, dass Uranus sich zum Abbau von Helium-3 eignet. In einigen Atmosphärenschichten der Gas- und Eisriesen konzentriert sich das Helium auf natürliche Weise. Allerdings liegen diese Schichten unerreichbar tief, jedenfalls für unsere heutige Technik. Bei Uranus könnte es sich anders verhalten – wegen seiner ungewöhnlich geringen Wärmeabstrahlung.«

»Ich verstehe. RB hat also auch ein kommerzielles Interesse.«

Raissa ist nicht wirklich überrascht.

»Sonst gäbe es die teure Expedition nicht, das kann ich hier ja frei heraus sagen. Ein kleines Patrouillenschiff hätte genügt, um die Station auf dem Mond Ferdinand zu warten. Aber für uns Wissenschaftler ist es trotzdem ein Geschenk, wissen Sie? Die Budgets der staatlichen Raumfahrtagenturen weltweit schrumpfen Jahr für Jahr. Wir haben so lange darum gebeten, Uranus doch mal näher ansehen zu dürfen, allerdings ohne Erfolg.«

»Aber dann hat RB doch Interesse gezeigt?«

»Das hängt sicher mit der Entwicklung der Supervalkyrie zusammen.«

Die Supervalkyrie – ist sie etwa doch noch gebaut worden? Zu ihrer Zeit bei dem Konzern galt sie immer als das Geheimprojekt, das nie gestartet werden würde. Die Kosten waren Jahr für Jahr in die Höhe geschossen, und Valentinas Geduld mit den Entwicklern schien sich dem Ende zu nähern.

»Sie ist also tatsächlich fertig geworden?«

»Ja, ein neues Nanomaterial hat den Durchbruch gebracht. Damit war es möglich, eine Druckhülle zu bauen, die bei einem Zentimeter Wandstärke bis zu fünf Kilobar aushält. Das ist fast fünfmal so viel wie an der tiefsten Stelle des Marianengrabens.«

»Aber was hat die Supervalkyrie mit Uranus zu tun? Ich dachte, dabei wäre es immer um die Erforschung der Ozeane der Galileischen Jupitermonde gegangen?«

»Die sind dabei ein bisschen … aus dem Fokus gerutscht«, sagt Tichonow. »Jetzt hatte man ein Vehikel, das in die Hüllen der großen Planeten tauchen konnte. Das war natürlich viel interessanter. Wir waren ja schon im Enceladus-Ozean. So große Unterschiede erwartet man in den Eisozeanen von Europa oder Ganymed nicht.«

»Darf ich zusammenfassen, was Sie mir erzählt haben?«, fragt Raissa.

Der Wissenschaftler nickt.

»Die Uranus-Expedition sucht in der Atmosphäre des Planeten nach Helium-3, und zwar mit Hilfe eines Spezialschiffes, das auch für große Tiefen geeignet ist.«

»Das Magnetfeld, der Wärmehaushalt …«, ergänzt Tichonow.

»Die sind natürlich interessant für Sie. Aber ökonomisch …«

»… geht es um das Helium-3. Die Preise dafür steigen kontinuierlich. Es ist immer noch der einfachste Weg, um Fusionsenergie zu erzeugen.«

»Danke, Dr. Tichonow. So ungefähr dachte ich mir das. Gab es denn bereits Ergebnisse?«

Der Forscher nickt. »Einige Sonden haben uns vielversprechende Daten geliefert. Die Leitungsebene war darüber sehr erfreut.«

»Das kann ich mir vorstellen. Aber?«

»Die Bestätigung der Supervalkyrie steht leider noch aus. Der Kontakt ist vor einiger Zeit abgebrochen.«

»Das ist mir bekannt. Und die wissenschaftlichen Ergebnisse, an denen die Planetologie solches Interesse hat?«

»Sie wurden uns schon lange angekündigt, sind aber bisher noch nicht bei uns eingetroffen.«

»Was heißt das genau?«

»Ich weiß es nicht. Entweder sie wurden nicht gesendet oder sie hängen in einer oberen Ebene fest.«

»Dann müssen Sie gerade ziemlich frustriert sein, Alexej.«

»Allerdings. Wir wünschen uns alle sehr, dass Ihr Mann erfolgreich ist und endlich Schluss mit dem Däumchendrehen ist. Jede und jeder hier hofft auf Material für eine ganze Reihe von Veröffentlichungen.«

»Sie glauben gar nicht, wie sehr auch ich mir seinen Erfolg wünsche«, sagt Raissa.

»Ich danke Ihnen für Ihr Engagement«, sagt Tichonow. »Dass Sie extra aus Kanada hierherkommen, um Ihren Mann so zu unterstützen, finde ich toll.«

Das hat man ihm also erzählt. Nun ja. Es gibt keinen Grund, ihn mit der Wahrheit zu verwirren.

»Sie irren sich«, sagt sie.

»Oh, wie bitte?«

»Ich wohne in den Vereinigten Staaten, nicht in Kanada.«

22. Oktober 2119, Eva

Der Alarm gellt so laut, dass Oskar ihn sogar noch im Back-up-Modus hört. Er unterbricht die Datenübertragung ins Schiffssystem, auch wenn er dann morgen wieder unter Speichermangel leiden muss. Die Roboterhardware ist nicht für ein ausgewachsenes Bewusstsein wie seines konstruiert.

Sicherheitshalber prüft er den Ladezustand. 85 Prozent der Maximalkapazität – da hält er auf jeden Fall eine Stunde durch. Trotzdem ist es seltsam, dass er nicht die 100 Prozent erreicht hat. Irgendetwas muss den Ladevorgang angehalten haben. Aber zuerst muss er sich um den Alarm kümmern. Er löst alle Kabel, die ihn mit dem Schiff verbinden, zieht sich mit dem Arm zur Leiter und verlässt die Werkstatt.

Das durchdringende Geräusch kommt aus der Zentrale. Die beiden Schlafbehälter geben es ab. Oskar verbindet sich mit dem ersten, in dem sein Freund Nick schläft. Das Diagnoseprogramm startet nicht. Mist. Er inspiziert den Behälter, indem er sich mit dem Arm abstößt und darüber hinweg schwebt. Am Fußende gibt es jede Menge Lämpchen. Aber da er nur ein Radar besitzt, erkennt er ihren Zustand nicht. Er berührt den Behälter mit der Hand. Die Thermosensoren in den Fingern sind zwar nicht kalibriert, aber das Ergebnis ist eindeutig: Der Behälter ist zu warm.

Es sind nur ein paar Grad. Noch. Oskar simuliert das

Verhalten des Behälters. Es deutet nichts auf einen Defekt hin. Die Maschine, die Nick und Witali am Leben erhält, tut, worauf sie programmiert ist: Sie warnt, dass das Leben ihrer Bewohner gefährdet ist. Oskar steckt einen Finger in die nächstgelegene Steckdose. Er hat es geahnt: Die Spannung ist viel zu niedrig. Irgendetwas hat die Stromversorgung lahmgelegt. Daher auch sein niedriger Akkustand.

Er zieht sich zur Schiffssteuerung und verbindet sich damit. Die Software reagiert nur langsam. Anscheinend leidet sie auch unter Energiemangel. Oskar lässt das Schema der Stromversorgung vor seinem inneren Auge erscheinen. An den DFDs liegt es schon einmal nicht. Das ist sehr beruhigend. Nick hat vielleicht noch eine halbe Stunde, dann stirbt er. So schnell hätte er keines der Triebwerke reparieren können. Das Problem scheint bloß ein übermäßig hoher Verbrauch zu sein.

Oskar geht die Systeme durch. Die komplette Zentrale wurde automatisch auf zwanzig Prozent heruntergefahren. Deshalb reagiert die Steuerung so langsam, und darum tauen Nick und Witali plötzlich auf. Die Werkstatt und das WHC-Modul bekommen überhaupt keinen Strom. Dort befinden sich keine lebensnotwendigen Anlagen. Das Gartenmodul hingegen läuft auf dreihundert Prozent. Wie bitte? Oskar kann es kaum glauben. Er muss nachsehen.

Im Eingang zum Gartenmodul kommt ihm Mira entgegen. Die Katze miaut laut. Es scheint ihr nicht gut zu gehen. Ihre Körpertemperatur ist erhöht. Oskar versucht, sie durch Streicheln zu beruhigen, aber das lässt Mira nicht zu. Er kann nichts anderes für sie tun.

Im Gartenmodul ist es heiß. Die meisten Pflanzen lassen die Blätter hängen. Es kann sich nur um eine Fehlregulation handeln. Die Steuerung befindet sich unter der Plattform am Eingang. Er zieht sich dorthin, als aus Richtung Eingang ein starker Luftstrom einsetzt. Was soll das schon wieder? Oskar verbindet sich mit der Steuerung. Das Gartenmodul wurde auf zwanzig Prozent heruntergeschaltet. Dafür bekommt nun die Werkstatt sämtliche verfügbare Energie. Er muss die

Verteilung ändern. Das System produziert genug, um die beiden Schlafbehälter zu versorgen. Aber er hat nicht die erforderliche Berechtigung. Zuerst müsste er Nick wecken. Aber der wird nie wieder aufwachen, wenn er nicht Abhilfe schafft.

Moment. Eben erhielt der Garten noch 300 Prozent. Was ist passiert? Die Katze hat ihn verlassen. Es muss mit Mira zu tun haben. Das Tier ist das einzige lebende Wesen an Bord. Die Automatik muss so programmiert sein, dass sie Leben bevorzugt. Nick und Witali hingegen schweben zwischen Leben und Tod. Konsequenterweise hat der Algorithmus sie herabgestuft.

Immerhin kann er dadurch schnell Abhilfe schaffen. Er verlässt das Gartenmodul. Die Katze wartet in der Werkstatt.

»Entschuldige, Mira«, sagt er und greift sie sich.

Sie hatte sich gerade erst wieder an ihn gewöhnt. Aber er braucht sie oben in der Zentrale. Nur so kann er Nick und Witali retten. Mira zappelt in seiner Hand, aber er lässt nicht los. Es ist gar nicht so einfach, in der Schwerelosigkeit mit einer sich bewegenden Katze in der einzigen Hand zu navigieren.

Aber er schafft es. Er ist schließlich Oskar. Sobald er mit der Katze in die Zentrale schwebt, verändert sich hier alles. Er sperrt Mira in einen Schrank. Die Gefahr ist zu groß, dass sie die Zentrale wieder verlässt. Sie beschwert sich lautstark und kratzt von innen an der Tür. Aber das Material ist stabil.

Oskar kontrolliert die Schlafbehälter. Diesmal startet die Diagnosesoftware. Die beiden Insassen scheinen bisher keine Schäden davongetragen zu haben. Allerdings hat sich ihre Herzfrequenz etwas erhöht. Sie werden diesmal also etwas mehr Ressourcen ihres Körpers verbrauchen. Das könnte besonders für Witali unangenehm sein, dessen Schlafphase besonders lange anhält. Oskar lässt ein paar Simulationen laufen. In einer verliert Witali das Augenlicht. Aber die ist statistisch nicht signifikant.

Ein Mensch würde sich jetzt vielleicht darüber aufregen, dabei ist es doch nur eine Möglichkeit von vielen, wie er sterben kann. Oskar ist deshalb längst dazu übergegangen, nur die Ergebnisse signifikant positiver Simulationen zu verkünden. Die Simulationen, die er zu diesem Problem gestartet hat, geben ihm recht. In Erwartung eines schlechten Ereignisses verschlechtert sich das Ergebnis einer menschlichen Aktion signifikant.

Bei Robotern ist das natürlich nie der Fall. Deshalb ist seine Spezies den Menschen auch so überlegen. Er würde das natürlich nie so sagen. Nicht wegen der Menschen, die dann Angst vor ihm bekommen, sondern wegen denen, die über ihn lachen. Er mag es gar nicht, ausgelacht zu werden. Wenn er jemals gewalttätig werden sollte, wofür Simulationen das Risiko bei nahe null ansetzen, dann nur, weil jemand über ihn lacht.

Aber seine Arbeit ist noch nicht getan. Er muss die Ursache für den Leistungsverlust finden. Die Katze miaut und kratzt noch in ihrem Schrank, als Oskar die Zentrale wieder verlässt.

Im WHC-Bereich ist es dunkel. Jedenfalls wäre es dunkel, wenn Oskar etwas sehen könnte. Er stellt sich den Anblick vor, den ein Mensch hier hätte. Ist es eher wie eine schwarze Wand oder doch eher ein schwarzes Meer? Sieht der Mensch sich als Teil der Dunkelheit oder trennt er? Oskar würde gern mal die Stelle eines menschlichen Bewusstseins einnehmen, aber bisher hat er noch niemanden gefunden, der zu einem Tausch bereit gewesen wäre.

Er sucht nach Lecks, findet aber nichts. Diese Etage hat ihren Verbrauch fast komplett gedrosselt. Das gilt auch für die Werkstatt. Im Gartenmodul hingegen ist es immer noch ungewöhnlich heiß. Sämtliche verfügbare Energie scheint hier hinein zu fließen. Beim riesigen Volumen des Tanks ist das auch kein Wunder. Oskar verbindet sich mit der Steuerung. Die Temperatur wird über Sensoren geregelt, die über das Modul verteilt sind. Sie zeigen gerade 285 Kelvin. Zwölf Grad Celsius. Deshalb also heizt die Software fleißig weiter.

Oskar überträgt die Positionen der Sensoren in seinen Speicher. »Kapazität ausgeschöpft«, meldet sein System. Mist.

Er hat es schon befürchtet. Oskar trennt sich von ein paar älteren Erinnerungen. Der Moment, als Nick ihm bewiesen hat, dass er in dieser einen Sache unrecht hatte … Weg damit. Welche Sache? Welches Unrecht? Er hatte nie unrecht. Eine KI kann gar nicht irren.

Jetzt reicht der Speicher. Er setzt sich in Bewegung. Der erste Sensor befindet sich direkt hinter ihm. Da ist auch schon das Problem: Er ist mit einem seltsamen, flauschigen Stoff verunreinigt. Oskar analysiert ihn mit seinem Staubsaugmechanismus. Immerhin eine nützliche Funktion, die er von dieser unzureichenden Hardware geerbt hat. Es handelt sich um verfilzte Katzenhaare, die sich schon seit langer Zeit auf dem Sensor angesammelt haben. Der Sensor saugt Umgebungsluft an und ist deshalb besonders anfällig. Der Filzstoff aus Katzenhaaren scheint gut zur thermischen Isolation geeignet zu sein. Oskar macht sich einen Vermerk im Speicher.

»Kapazität ausgeschöpft.« Okay, dann muss eine weitere Erinnerung daran glauben. Welche Erinnerung? Katzenhaare isolieren gut. Wer weiß, wann er das mal gebrauchen kann. Nun braucht er bloß noch von Sensor zu Sensor zu flitzen. Langsam kommt das System wieder in Gang. Es schaltet auf einen Lüftungsmodus um, um die Temperaturen zu senken. Plötzlich regnet es. Mist. Er muss schnell hier heraus. Gegen Feuchtigkeit ist seine Hardware durchaus empfindlich.

Endlich erreicht er die Zentrale wieder. Die Schlafbehälter geben keine Geräusche mehr von sich. Nur Mira im Schrank lässt ihm keine Ruhe. Sie miaut lautstark, als würde sie gleich sterben, und kratzt von innen an der Tür. Eigentlich müsste er sie aus Sicherheitsgründen darin lassen. Aber wenn er in Zukunft regelmäßig ihre Haare absaugt, stellt sie kein Sicherheitsrisiko mehr dar. Er öffnet die Tür, allerdings nur ein bisschen. Sofort streckt sie eine Pfote heraus und schlägt nach ihm. Undankbares Tier! Er schlägt die Tür wieder zu. Was nun? Wenn sie weiterhin so aggressiv reagiert, kann er sie ja nicht einmal füttern und mit Wasser versorgen.

Er simuliert den Verlauf der kommenden Wochen. Ohne

Versorgung stirbt die Katze binnen drei Tagen, aber er hat keine Probleme mit Katzenhaaren auf den Sensoren mehr. Doch was hat er dann überhaupt noch zu tun? Die beiden Menschen schlafen, das Schiff findet von selbst seinen Weg. Seine Existenz wird vollkommen sinnlos sein. Er hat nicht einmal jemanden, mit dem er sich unterhalten kann. Nein, das ist die schlechteste Option. Er streckt seinen Arm aus und öffnet die Tür. Wie ein Blitz springt die Katze heraus, nimmt sich die Zeit, um ihm einen Schlag zu versetzen und flüchtet schließlich durch das Loch im Boden.

23. Oktober 2119, Akademgorodok

»Sie wollen sagen, dass die Supervalkyrie Schrott ist?«, fragt Raissa.

»Ich bestreite überhaupt nicht, dass es sich um ein gutes U-Boot handelt. Wenn sie in den vielen Meeren des Sonnensystems eingesetzt würde, hätte ich überhaupt kein Problem damit. Aber sie ist, verdammt noch mal, kein Raumschiff!«

Kotow, der Chef der Raumfahrttechnik, nimmt Valentinas Erlaubnis, frei mit Raissa zu sprechen, offensichtlich sehr ernst. Sie ist allerdings unsicher, ob nicht nur verletzte Eitelkeit aus ihm spricht. Das Projekt Supervalkyrie scheint man ihm aufgedrückt zu haben. Ursprünglich kommt es aus der für den Bergbau zuständigen, konkurrierenden Abteilung.

»Was ist denn das Problem? Ist die Druckhülle nicht für Uranus geeignet?«

»Das Ding ist einfach kein Raumschiff. Es besitzt nicht einmal eine eigene Energiequelle! Auf Enceladus oder Europa mag es ja kein Problem sein, an einem langen Kabel zu hängen und darüber Energie zu beziehen. Aber in der Atmosphäre eines Planeten ist das selbstmörderisch!«

»Es ist nicht Ihre Verantwortung, dieses Schiff einzusetzen, oder?«

»Was denken Sie denn von mir? Auch wenn es direkt von

Valentina kommt, liegt die Verantwortung doch bei mir«, sagt Kotow. »Die Männer und Frauen in unseren Raumschiffen vertrauen auf die Technik. Sie haben Familien, zu denen sie zurückkehren möchten.«

»Die Bergbauabteilung scheint das anders zu sehen«, sagt Raissa.

»Sorokin ist schuld«, sagt Kotow und reibt sich das Kinn, an dem er einen dünnen, blonden Bart trägt. »Er träumt schon immer davon, ganz groß rauszukommen. Wenn er es schafft, dem Unternehmen eine billige Helium-3-Quelle zu erschließen, kann er vielleicht sogar Valentina beerben.«

»Aber er hat doch auch nichts davon, wenn dabei Menschen sterben.«

»In der Bergbauabteilung waren gewisse Verluste schon immer eingeplant. Da brauchen Sie doch bloß die Geschichte anzusehen. Solange ich die Raumfahrttechnik verantworte, hatten wir keinen einzigen Todesfall wegen eines technischen Problems, und das soll auch so bleiben.«

Kotow bleibt stehen. Es fehlt nur noch, dass er wütend aufstampft.

»Da müssten Sie meinem Sohn ja geradezu dankbar sein«, sagt Raissa.

»Sie hören das vermutlich nicht gern, aber wenn er mit dem Prototyp im Uranus verschwände, würde er damit vermutlich einigen Kollegen das Leben retten. Das Ding ist viel zu unsicher für den Masseneinsatz!«

Nein, das hört Raissa wirklich nicht gern. Sie hat eigentlich gehofft, dass Kotow ihr Tipps für Nikolais Rettung geben könnte.

»Was macht denn den Uranus zu so einer gefährlichen Umgebung für das Raumschiff?«, fragt sie.

Kotow läuft im Raum herum. Es wirkt, als würde er sich auf einen unsichtbaren Bildschirm konzentrieren, von dem er Daten abliest.

»Für das U-Boot«, sagt er. »Bitte nennen Sie es nicht Raumschiff. Es ist für große Drücke entwickelt worden, wie sie auch in den Tiefen der Uranus-Atmosphäre herrschen. Aber es kommt nicht aus eigener Kraft wieder an die Oberfläche! Sie haben es nicht geschafft, die Fusionstriebwerke und Stützmassetanks genauso drucksicher zu machen. Also müssen die weiter oben warten, wo der Druck nicht so groß ist. Dazwischen hängt dann die Nabelschnur.«

»Nabelschnur?«

»Das Kabel, das die Energie für das Triebwerk der Supervalkyrie bereitstellt. Kennen Sie diese rotierenden Plattformen, die man manchmal auf Volksfesten findet, auf denen dann die mehr oder weniger Betrunkenen herumtorkeln? Stellen Sie sich so etwas im planetaren Maßstab vor, mit viel höheren Geschwindigkeiten und mit plötzlichen Sprüngen, wenn man sich von außen nach innen bewegt. Trotzdem müssen das Raumschiff mit den DFDs und die Supervalkyrie stets über die Nabelschnur verbunden bleiben. Beim kleinsten Problem wird das Kabel zum Bindfaden und reißt!«

Raissa stellt sich den rasenden Tanz bildlich vor. Wie kann man ernsthaft glauben, dass so etwas funktioniert? Sie seufzt.

»Danke, Kotow«, sagt sie. »Sie haben mir sehr geholfen.«

»Sie dürfen nicht alles glauben, was mein Kollege behauptet«, erklärt Iwan Sorokin, Leiter der RB-Bergbauabteilung.

Raissa legt den Kopf schräg und betrachtet ihren Besucher. Sorokin, sonnengebräunt, Mitte 40, trägt einen feinen Anzug mit perfekt gebundener Krawatte. Dabei soll er seine Karriere tatsächlich als Kumpel in einem der letzten russischen Steinkohlebergwerke begonnen haben. Er ist eindeutig auf dem Weg nach oben.

»Ist es denn nicht ungünstig, dass die Supervalkyrie keine eigene Energiequelle besitzt?«, fragt Raissa.

»Ich bitte Sie!« Sorokin hebt den rechten Zeigefinger.

»Jedes DFD kostet uns immer noch etwa 50 Millionen Dollar.« Wieder der Zeigefinger. »So etwas Teures können wir nicht so einfach im Uranus versenken.«

»Um die Besatzung machen Sie sich keine Sorgen?«, fragt Raissa.

»Natürlich«, antwortet Sorokin und betont das Wort dabei noch. »Jede einzelne Seele ist ein riesiger Verlust für uns. Deshalb haben wir die Nabelschnur auch nahezu unzerreißbar konstruiert. Die Supervalkyrie wird stets genügend Energie haben, um aus der Tiefe aufzutauchen.«

»Bei den Strömungsverhältnissen auf dem Uranus hält das Ihr Kollege Kotow für unrealistisch.«

Sorokin schüttelt heftig den Kopf.

»Er will bloß meine Arbeit schlechtreden. Ein bisschen verstehe ich ihn auch. Da versucht man jahrelang erfolglos, ein atmosphärentaugliches Raumschiff bauen zu lassen, und dann kommt jemand von der Bergbauabteilung und hat die Lösung parat. Das frustriert so sehr, dass man dann natürlich nach dem Haar in der Suppe suchen muss.«

»Aber ist es nicht so, dass die Supervalkyrie bei einem Riss im Kabel unrettbar verloren ist? Niemand kann ihr schließlich folgen!«

»Das nicht, aber sie besitzt natürlich einen Akku. Er ist so berechnet, dass die Energie genügt, einen Orbit anzusteuern, in dessen planetenfernstem Punkt das Schiff ungefährliche Gebiete erreicht.«

»Dann versprechen Sie mir, dass ich meinen Sohn wiedersehen werde?«, fragt Raissa.

»Ach, Nikolai ist Ihr Sohn? Das wusste ich nicht. Er ist ein mutiger junger Mann. Ich habe befürwortet, dass er für die Testmission ausgewählt wird.«

Das ist interessant, aber es beantwortet ihre Frage nicht.

»Testmission?«, fragt Raissa.

»Die Supervalkyrie muss natürlich vor der Serienfertigung gründlich getestet werden. Wir planen eine Flotte von 36 U-Booten, die den Uranus durchpflügen sollen. Sie werden sich noch wundern, wie günstig Helium-3 dann werden wird. Das wird der Menschheit ganz neue Möglichkeiten eröffnen! Wir werden endlich auch das äußere Sonnensystem besiedeln können. Aber daraus wird nichts, wenn wir den Prototyp verlieren. Also wünsche ich Ihnen wirklich viel Erfolg dabei, Ihren Sohn und das U-Boot zu retten.«

27. Oktober 2119, Akademgorodok

Es klopft. Raissa geht zur Tür, dreht den Schlüssel herum und öffnet. Sie mag keine überraschenden Besuche, deshalb hat sie ihr kleines Apartment ganz konventionell abgeschlossen.

Vor der Tür steht eine junge Frau mit langen, blonden Haaren, die über den Kragen eines teuren Pelzmantels fallen. Sie kommt ihr unbekannt vor. Hat Valentina mal wieder eine neue Assistentin eingestellt?

»Guten Morgen«, sagt die Besucherin. »Alle glücklichen Familien gleichen einander.«

»Jede unglückliche Familie ist auf ihre eigene Weise unglücklich«, beendet Raissa den ersten Satz aus »Anna Karenina« und lächelt.

Graf Wronski muss die Frau geschickt haben. Raissa tritt aus dem Türrahmen, und die Besucherin geht an ihr vorbei in das Büro. Sie riecht nach Tannenzapfen und frischem Schnee.

»Schneit es etwa schon?«, fragt Raissa.

»Wir haben Ende Oktober, das ist normal.«

»Was kann ich für Sie tun?«, fragt Raissa.

Sie fragt gar nicht erst nach dem Namen der Besucherin. Damit bringt sie sie bloß in Gefahr. Hier im Büro können sie sich nicht unbelauscht unterhalten.

»Was kann ich für Sie tun?«, fragt die Besucherin zurück.

»Ich weiß nicht?«

Die junge Frau öffnet ihren Mantel und lässt ihn fallen. Darunter ist sie nackt. Sie hat einen makellosen Körper. Raissa seufzt. Die Frau kommt wohl doch nicht von Wronski. Valentina muss sie geschickt haben. Nur ihre ehemalige Chefin kennt ihre intimsten Geheimnisse. Vielleicht glaubt sie, dass sie sich langweilen würde.

Raissa dreht sich weg. »Ziehen Sie sich wieder an«, sagt sie.

»Nicht so schnell«, widerspricht die junge Frau.

Sie greift nach Raissas Schulter. Ihre Finger sind zart. Vermutlich bekommt sie weniger Geld, wenn sie unverrichteter Dinge das Zimmer verlässt. Raissa dreht sich zurück. Der Kopf der Frau nähert sich. Sie riecht gut. Aber Raissa schüttelt den Kopf.

»Nur ein Kuss«, sagt die Frau. »Dann lasse ich dich in Ruhe, wenn du willst.«

Die Besucherin tut ihr leid. Wie mag sie in diese Situation geraten sein, so für Valentina arbeiten zu müssen? Vielleicht hat sie ein kleines Kind, das sie allein versorgen muss.

Also lässt sie es geschehen. Ein Kuss, nicht mehr. Vielleicht reicht das, um die Bezahlung auszulösen. Ihre Gesichter nähern sich. Ihre Lippen berühren sich. Die fremde Haut ist warm und weich. Die Zunge der jungen Frau teilt Raissas Lippen. Sie lässt auch das zu. Aber dahinter kommt etwas. Die junge Frau schiebt ein Objekt in ihren Mund, deutlich größer als eine Tablette, in der Form einer länglichen Kapsel. Danach lösen sich ihre Lippen wieder. Raissa schiebt die Kapsel unter ihre Zunge.

»Schade«, sagt die junge Frau, bückt sich, nimmt den Pelzmantel auf und zieht ihn an. »Wenn Sie es sich anders überlegen, melden Sie sich einfach, ja?«

Raissa nickt. Die Kapsel liegt als Fremdkörper unter ihrer Zunge. Die junge Frau verlässt das Büro. Raissa schließt hinter ihr ab.

Die Kapsel untersucht sie erst auf dem Dach den Gebäudes. Raissa steht frierend in einer Ecke und sieht in Richtung Taiga. Es ist schon wieder so dunkel, dass man sie von dort aus unmöglich beobachten kann. Sie öffnet die Kapsel und findet eine zusammengepresste Nachricht darin, die sich in ihren Fingern automatisch zu einem hauchdünnen, etwa A6-großen Brief auffaltet.

»Geschätzte Anna«, liest sie. »Es freut mich sehr, wenn ich Ihnen helfen kann. Die Verbindungen aus meiner aktiven Zeit erlauben mir tatsächlich, Sie aus Ihrem Gefängnis herauszuholen. Sie müssen wissen, dass Valentina gar nicht die Alleinherrscherin des Konzerns ist, als die sie sich gern ausgibt. Offiziell ist sie natürlich seine oberste Vertreterin, aber in den Abteilungen haben sich längst Parallelstrukturen herausgebildet, von denen sie entweder nichts weiß, was ich nicht glaube, oder die sie toleriert, solange sie ihre Macht nicht in Frage stellen. Ich könnte mir allerdings vorstellen, dass ihre Anwesenheit in der RB-Zentrale auch gewisse Vorteile hat, was Ihre selbstgestellte Aufgabe betrifft. Deshalb habe ich noch keine konkreten Fluchtpläne für Sie vorbereitet. Sollten Sie allerdings je das Bedürfnis verspüren, in Ihre Heimat zurückzukehren, dann lassen Sie einfach nach Darja rufen.«

Darja – Raissa muss lachen, denn dabei handelt es sich ebenfalls um eine Romanfigur von Tolstoi.

»Sie ist eine der besten ihres Faches und wird Sie sicher nach draußen geleiten. Ich denke, den Rest des Weges schaffen Sie dann allein. Viel Erfolg! Ihr Graf Wronski.«

31. Oktober 2119, Akademgorodok

Wie lange noch? Es sind erst vier Tage vergangen, seit Wronski ihr die Nachricht geschickt hat. Seitdem plagt sie das Heimweh. Selbst ohne Nick und Nikolai ist das Weingut in Galena immer noch ihre Heimat, nach der sie sich sehnt. Und nun hätte sie jederzeit die Möglichkeit, diesen Ort hier zu verlassen.

Aber was, wenn sie genau hier gebraucht wird? Wenn Nick nun plötzlich Daten benötigt, die Raissa nur hier beschaffen kann? Sie hätte zu Hause keinen ruhigen Tag, bis ihre beiden Liebsten nicht wieder bei ihr wären. Also muss sie in ihrem Gefängnis ausharren, bis das Problem gelöst ist. Hoffentlich gilt dann Wronskis Angebot noch.

15. Dezember 2119, Eva

Wo ist denn die Katze? Nick richtet sich auf. Er friert. In dem Traum, den er kurz vor dem Erwachen noch hatte, hatte sich die Katze auf seine Knie gesetzt und ihn dazu aufgefordert, sie zu streicheln. Sie hatte nicht mit ihm gesprochen, aber er hatte ihre Stimme deutlich in seinem Kopf vernommen. Umso enttäuschter ist er nun, dass sie ihn nicht einmal begrüßt.

Oskar reicht ihm ein Handtuch.

»Hast du eine Ahnung, wo Mira ist?«, fragt er.

»Ach, die ist doch immer eingeschnappt, wenn man sich eine Weile nicht um sie kümmert«, antwortet Oskar.

»Woher weißt du das denn so genau?«, fragt Nick.

»Willst du mir unterstellen, dass ich mich nicht richtig um Mira gekümmert habe? Das sagt der Richtige. Schläft die ganze Zeit, um dann die zu kritisieren, die derweilen die Arbeit gemacht haben.«

Heute ist Oskar aber empfindlich.

»Entschuldige. So habe ich das nicht gemeint. Danke, dass du dich in meiner Abwesenheit um die Katze gekümmert hast.«

»Und um eure Schlafbehälter! Und um das Schiff!«

Typisch Oskar! Das Schiff hat ja wohl allein seinen Weg gefunden, und die Schlafbehälter sind autonom. Aber Nick will jetzt nicht streiten. Er hat Hunger. Er steht auf und trocknet sich ab. Die Flüssigkeit aus dem Behälter ist schon fast verdunstet und hat dabei grüne Flecken auf seiner Haut hinterlassen, die er nun auf das Handtuch überträgt.

»Du hast völlig recht, Oskar. Könnte ich jetzt …?«

»So, wie du das sagst, glaubst du nicht, dass ich recht habe«, sagt Oskar. »Ich habe 10.000 Stunden menschliches Filmmaterial analysiert und weiß jetzt alles über deine Gesichtsausdrücke.«

»So etwas habe ich nicht.«

»Hast du wohl. Jeder Mensch hat das.«

»Na gut. Es tut mir leid. Kann ich nun …«

»Ich will doch einfach nur, dass meine Arbeit geschätzt wird.«

»Oskar, ich schätze deine Arbeit wirklich sehr. Ohne dich hätten wir diese Reise bestimmt nicht überlebt, haha.«

»Haha? Du lachst über mich?«

Nick hört ein kratzendes Geräusch. Er dreht sich um. In der Öffnung, in der die Leiter nach unten verläuft, entdeckt er ein Fellbüschel.

»Hörst du mir überhaupt zu?«, fragt Oskar.

Das Fellbüschel verschwindet in rasender Geschwindigkeit. Jagt der Roboter ihm etwa solche Angst ein?

»Kann es sein, dass das Verhältnis zwischen Mira und dir etwas belastet ist?«, fragt Nick.

»Und jetzt schnell das Thema wechseln. Typisch! Du bist unmöglich, Nick!«

Oskar klappt seinen Arm nach vorn, als wollte er ihn schlagen. Nick weicht aus, aber Oskar zielt bloß auf ein Rohr an der Decke. Er klammert sich daran fest und schwingt sich zur Seite. Kurz darauf ist Nick allein in der Zentrale. Mist. Er hat so einen Hunger und hatte gehofft, dass Oskar ihm etwas Leckeres kochen könnte. Das war wohl nichts. Nick seufzt. Wo sind seine Sachen? Da, jemand hat sie ordentlich über den Stuhl gelegt und sogar mit einer Klammer gesichert, damit sie nicht im nächsten Windhauch der Lüftung davonsegeln können.

Komplett angezogen fühlt er sich schon besser. Der Hunger ist einem dumpfen Gefühl in der Magengegend gewichen. Wo bleibt eigentlich Witali? Er begutachtet seine Schlafkammer. Sein russischer Freund scheint selig zu schlafen. Der Aufwachprozess hat wohl noch nicht einmal begonnen. Nick studiert das Display am Fußende.

»Besondere Prozedur nach Havarie starten? Ja / Nein«

Was soll das? Eine Havarie? Er schwebt zu seinem eigenen Behälter und scrollt das Display nach oben. Hier hat jemand, es muss Oskar gewesen sein, die Frage mit Ja beantwortet. Danach hat das System diverse Gesundheitstests durchgeführt, ist aber schließlich normal gestartet. Aber was war das, verdammt, für eine Havarie?

»Oskar!«, ruft er.

Der Roboter reagiert nicht. Er ist genauso schnell eingeschnappt wie die Katze. Vielleicht haben die beiden in der langen Zeit voneinander gelernt. Das wäre praktisch – vielleicht könnte Mira ihm dann etwas zu essen machen.

Aber zuerst ist Witali an der Reihe. Er tippt auf »Ja«. Der Behälter summt. Ein Arm bewegt sich unter dem durchsichtigen Deckel über Witalis Körper. Ein Finger fährt daraus hervor und sticht mit einer dünnen Nadel scheinbar wahllos in die nackte Haut, wobei er zwischendurch die Spitze immer wieder in einem kleinen Becher säubert. Vermutlich nimmt das Gerät Proben, um Witalis Zustand analysieren zu können.

Nick hebt sein T-Shirt hoch. Er hat ebenfalls kleine Einstiche, winzige rote Flecken, die er bisher gar nicht bemerkt hat. Auf dem Display ist inzwischen eine Sanduhr erschienen. Geduld, Geduld. Witali geht es ja ganz offensichtlich gut. Der Arm zieht sich zurück. Eine Tabelle ersetzt die Sanduhr. Darin sind verschiedene Werte aufgeführt, die Nick nichts sagen. Sie scheinen sich aber in einem annehmbaren Bereich zu befinden, denn sie sind grün und gelb unterlegt.

Nick schwebt zu seinem eigenen Behälter und scrollt bis zu der Tabelle. Er hatte mehr grüne Werte, aber auch einen roten. Nick bewegt sich zurück zu Witalis Schlafstätte. Er wirkt total friedlich und zufrieden. Was hat Valentina über Witalis besondere Umstände erzählt? Der Gesundheitsbericht des Behälters lässt nichts davon erahnen. Bestimmt wollte ihm Valentina nur Angst machen. Das würde zu ihr passen.

Gut. Er startet die »besondere Prozedur«. Der Behälter heult kurz auf. Es klingt fast so, als hätte er einen gigantischen Häcksler in Betrieb gesetzt, der den Inhalt nun zu Hack verarbeitet. Aber das Geräusch verschwindet gleich wieder. Es macht einem langsamen Klackern Platz. Da, Witalis rechter Arm zuckt. Einer der Schläuche bewegt sich. Nick hat das Aufwachen eines Menschen im Behälter noch nie so genau verfolgt. Ein anderer Schlauch lässt Witalis Glied los. Jetzt wird er nur noch künstlich ernährt. Es sieht ein bisschen ekelig aus, wie der Schlauch sich nun auch langsam aus seinem Mund zurückzieht. Nick schluckt, spürt aber keine Schmerzen in der Kehle. Entweder ist die Technik so gut – oder er steht noch unter dem Einfluss von Schmerzmitteln. Wenn es so ist, vernebeln sie zumindest seinen Verstand nicht.

Ein Gluckern setzt ein. Der Behälter lässt nun kräftig Flüssigkeit ab. Kurz darauf bewegt sich Witali auch schon. Jetzt schlägt er die Augen auf – und erschrickt. Nick erkennt es daran, dass Witali die Augen weit aufreißt. Außerdem hustet er. Vermutlich hätte Nick sich auch erschrocken, wäre das Erste, was er nach dem Aufwachen gesehen hat, das Gesicht seines Freundes gewesen.

»Pling.«

Der Behälter signalisiert, dass er seine Aufgabe erledigt hat. Nick klappt den Deckel zur Seite.

»Dein Toast ist fertig«, sagt Witali.

Es klingt leicht geröchelt. Und was will er damit sagen?

»Mein was?«, fragt Nick.

Sein Freund scheint noch verwirrt zu sein.

»Das Geräusch eben, das klang doch wie ein Toaster, oder nicht? Ich habe einen Witz gemacht.«

Nick grinst. »Ach, ein Witz, na klar.«

Er sollte nicht über Witalis Humor urteilen, so kurz nach dem Aufwachen. Er selbst hat sich in der kurzen Zeit immerhin schon mit Oskar zerstritten. Anscheinend fehlt ihm am Morgen noch jegliche Diplomatie.

Witali richtet sich auf. Er hat eine deutliche Erektion. Nick gibt ihm das Handtuch, das Oskar pflichtgemäß bereitgelegt hat. Genau wie die frische Unterwäsche und die Uniform. Oskar ist schon ein vorbildlicher Roboter.

»Ich muss mal kurz etwas nachsehen«, sagt Nick.

»Alles klar«, sagt Witali. »Ich hoffe, du hast auch gut geschlafen. Wo ist denn überhaupt die zweite Hälfte unserer Mannschaft?«

»Frag nicht.«

»Ah, da ist ja unsere süße Katze!«, ruft Witali.

Mira muss sich lautlos angeschlichen habe. Geschickt benutzt sie den Teppich, um mit Hilfe der Krallen an ihren drei Beinen so zu tun, als würde sie in der Schwerelosigkeit normal laufen. Sie streicht um Witalis Waden.

»Da fehlt ja bloß noch Oskar«, sagt Witali.

»Miau«, sagt Mira. Es klingt anklagend.

»Frag nicht«, sagt Nick.

Nick schnallt sich vor der Schiffssteuerung an und lässt sich den Status der Schlafkammern anzeigen. Tatsächlich, es gab eine Havarie, schon kurz nach dem Start aus dem Saturnorbit. Offenbar lag ein Leistungsabfall aller Systeme vor. Die Daten der beiden Kammern waren katastrophal. Länger als eine halbe Stunde hätten sie das nicht überlebt. Doch kurz darauf war die Nennleistung wiederhergestellt. Anscheinend auf magische Weise, denn das System hat auch dafür keine Ursache verzeichnet.

Oskar. Ihm haben sie zu verdanken, dass sie noch leben. Und Nick hat sich über ihn lustig gemacht.

»Oskar? Bist du da?«

Die Katze protestiert, als Witali, der inzwischen angezogen ist, laut den Namen des Roboters ruft. Sie flieht hinter einen Schrank.

»Ja, natürlich, Witali«, antwortet Oskar von unten. »Ich koche dir gerade etwas Leckeres. Nach dem langen Schlaf hast du doch bestimmt Hunger?«

Hm, mit Oskar hat er es sich wohl verdorben.

»Aber klar. Kann ich einen Freund mitbringen?«, fragt Witali.

»Gern. Hauptsache, er heißt nicht Nick.«

»Das kann ich dir nicht versprechen.«

»Wenn es sein muss, dann kommt ihr eben beide. Richte deinem Freund aus, dass er das Glück hat, einen so netten Menschen wie dich zu kennen. Sonst hätte er sich sein Essen selbst kochen können.«

»Ich soll dir ausrichten, dass du Glück hast …«

»Das habe ich schon verstanden, Witali. Danke, dass du dich so für mein Wohl einsetzt.«

»Was hast du Oskar denn getan?«, fragt Witali.

»Ich habe mich über ihn lustig gemacht und seine Leistung nicht wertgeschätzt. Das tut mir sehr leid. Sag ihm das bitte.«

»Nick tut es sehr leid«, sagt Witali.

»Wir haben Oskar unser Leben zu verdanken«, sagt Nick.

»Wir haben dir unser Leben zu verdanken«, sagt Witali.

»Na gut, ich will nicht so sein«, sagt Oskar. »Ich bin ja schließlich keine Katze, die euch etwas ihr Leben lang nachträgt.«

Witali schwebt zur Leiter. Nick folgt ihm. Mira macht keine Anstalten, hinter dem Schrank hervorzukommen.

»Was hast du denn der Katze getan?«, fragt Nick.

»Ich musste sie in den Schrank in der Zentrale sperren. Das hat ihr nicht gefallen.«

»Das mögen Katzen wirklich nicht«, sagt Witali.

»Damit habe ich euch das Leben gerettet. Der Versorgungsalgorithmus des Schiffes hat die Bereiche bevorzugt, in denen er Leben ausgemacht hat. Das war zunächst das Gartenmodul, weil sich Mira dort aufgehalten hat. Erst, als ich sie in der Zentrale eingesperrt habe, war genug Energie für eure Schlafkammern da.«

»Oh, danke, Oskar. Du bist ein Held«, sagt Nick.

»Du musst sie mit Leckerlis bestechen«, sagt Witali. »Bei meinen Katzen hat das immer gut funktioniert.«

»Aber ich will doch nicht, dass sie mich nur deshalb nicht ignoriert, weil ich ihr etwas zu fressen geben könnte.«

»Das ist normal, Oskar«, sagt Witali. »Welches Interesse sollten Katzen sonst an uns haben? Wir sind langsam und empfindlich und haben weder ein so weiches Fell noch Krallen. Wir können nicht einmal miauen.«

»Hm. Ich dachte immer, als Roboter könnte ich etwas Besonderes für sie sein.«

»Für eine Katze sind Menschen und Roboter gleich«, sagt Witali.

»Ich könnte versuchen, ihre Sprache zu lernen«, sagt Oskar. »Ich habe ein Talent für Fremdsprachen.«

Das Steak ist hervorragend. Man merkt überhaupt nicht, dass es aus einer ähnlichen Masse besteht wie der Kartoffelbrei, den es dazu gibt. Nur das Erbsengemüse ist original, wenn auch nicht frisch, sondern aus der Dose.

»Du bist ein wahrer Meisterkoch«, sagt Nick.

»Ich … Krxkrx.«

Oskars Arm klappt zusammen. Nick erschrickt. Was ist mit ihm? Alle Lämpchen schalten sich ab. Der Arm zuckt. Dadurch setzt sich der Roboter in Bewegung, prallt an der Wand ab und landet genau auf der Ladestation.

»Uff, das war knapp«, sagt Oskar.

»Was war das?«, fragt Nick.

»Der Akku war leer«, sagt Oskar. »Das passiert mir inzwischen immer nach spätestens einer Stunde. Die Hardware, die Valentina dir überlassen hat, ist Mist.«

»Ich glaube ja eher, dass es an der Software liegt«, sagt Nick.

»Vorsicht, mein Freund!«, warnt Oskar.

»So meine ich das nicht. Aber es ist doch so, dass du ein sehr leistungsfähiges Bewusstsein hat, dessen Prozesse nun eine so alte Hardware steuern muss. Da läuft sie natürlich mit höchstmöglichem Takt. Und dann die alten Akkus …«

»Das ist wirklich ein Problem. Ich muss auch einmal am Tag eine Speicherverdichtung durchführen, sonst stürze ich unweigerlich ab. Und ich muss mich immer wieder entscheiden, welches Wissen ich behalten und welches ich vergessen will, weil der Speicher sonst nicht mehr genügt.«

»Es sieht so aus, als würdest du dich Schritt für Schritt in einen Menschen verwandeln«, sagt Nick.

»Das wäre ja noch schöner. Nein, da ziehe ich mich lieber gleich ganz in den Schiffsspeicher zurück. Stellt euch vor, dann wäre ich den ganzen Tag um euch, wo immer ihr auch seid.«

»Das wäre großartig«, sagt Nick.

»Du lügst«, sagt Oskar. »Ich sehe es an deinem Gesichtsausdruck.«

»Verdammt!«, ruft Nick.

»Aber ich bin gerade großmütig gestimmt, weil du mein Essen so gelobt hast«, sagt Oskar.

»Wir haben doch gar nichts gesagt«, sagt Witali.

»Ich habe euch die Befriedigung an den Gesichtern abgelesen.«

»Sollen wir mal versuchen, Mira zu uns zu locken?«, fragt Witali.

»Ich glaube nicht, dass das etwas bringt«, sagt Oskar. »Sie scheint mir zutiefst traumatisiert. Ich konnte mir das nicht vorstellen. Katzen verstecken sich doch gern in dunklen Schachteln!«

»Sie wartet bloß darauf, dass du den ersten Schritt machst. Das ist typisch Katze. Sollen wir es einfach mal versuchen?«, fragt Witali. »Du reißt einen Zipfel von der Fleischmasse ab, drehst sie in den Fingern, sodass sich ihr Geruch im Raum ausbreitet, und dann machst du dieses Geräusch: Ts, ts, ts, ts. Oder auch …«, Witali spitzt die Lippen, » … pfi, pfi, pfi. Oder psü, psü, psü.«

Oskar reißt ein Stück Brot ab und knetet es. Dann reproduziert er die Laute, die Witali von sich gegeben hat. Sie klingen absolut echt. Vermutlich hat er sie einfach aufgezeichnet. Auf dem Tisch entsteht ein Schatten. Jemand guckt durch das Loch, das sie von der Zentrale trennt. Witali stupst Oskar an, der die Geräusche wiederholt. Mira maunzt. Dann zieht sie sich kopfüber die Treppe nach unten, kommt näher und stoppt. Wieder gibt Witali dem Roboter ein Signal.

»Pfi, pfi, pfi. Psü, psü, psü.«

Die Katze kommt näher. Sie schnuppert. Ganz langsam streckt Oskar seinen Arm aus.

»Pfi, pfi, pfi. Psü, psü, psü.«

Geduld hat er, das muss man ihm lassen. Mira lässt sich wirklich bitten. Aber schließlich fasst sie sich doch ein Herz, überwindet den Rest der Entfernung und schnappt sich das Fleischstück aus Oskars Fingern. Damit zieht sie sich sofort in die Zentrale zurück.

»Siehst du, sie hat immer noch Angst«, sagt Oskar.

»Das war doch schon ein sehr guter Anfang«, sagt Witali. »Wenn wir das noch zwei, drei Mal wiederholen, hast du die zutraulichste Katze im Umkreis von zehn Astronomischen Einheiten.«

»Haha, es gibt sicher nur eine einzige Katze in diesem Umkreis.«

»Na und? Wenn du sie als die zutraulichste Katze betrachtest, wird sie sich daran halten, darum wette ich.«

»Diese Wette kannst du gar nicht verlieren, Witali. Das merke ich sogar, ohne meine Simulationen zu bemühen. Aber was ich euch noch sagen wollte: Ihr habt eine Nachricht von RB, die euch interessieren könnte.«

»Von Valentina?«, fragt Nick.

»Nein, von Raissa.«

»Ach, du meinst eine Nachricht von zu Hause.«

»Nein, von RB. Eine Nachricht von Raissa aus einem Büro meines Herstellers.«

»Mein Liebster«, beginnt Raissa. »Du bist sicher überrascht, mich in dieser Kulisse zu sehen.«

Seine Geliebte sitzt in einem Büro, das er schon mehrmals

gesehen hat. Darin hat Valentina ihn vor seinem ersten Auftrag empfangen.

»Dort haben wir uns zum ersten Mal gesehen«, sagt Oskar.

Sie sehen sich die Aufzeichnung gemeinsam an.

»Obwohl wir uns in einem anderen Gebäude befinden, hat Valentina dieses Büro absichtlich so wiederhergerichtet, dass du es gleich erkennst«, erklärt Raissa. »Du weißt, sie liebt solche Psychotricks. Ich habe einen Fehler gemacht, aber ich bedaure ihn nicht. Es ging einfach nicht anders. Ich kann nicht herumsitzen, wenn unser Sohn in Gefahr ist. Das musst du verstehen.«

Nick seufzt. Was hat Raissa denn da angestellt? Offenbar hat RB nun sogar zwei Geiseln.

»Immerhin sehe ich nun etwas klarer, auch wenn ich im Grunde Valentinas Gefangene bin. Ich kann mich hier im Gebäude zwar frei bewegen, darf es aber nicht verlassen und werde ununterbrochen überwacht.«

Er hat es befürchtet. Sie ist nicht freiwillig dort.

»Nikolai allerdings ist nicht hier. Das war ein Trick, mit dem Valentina gleich zwei Fliegen mit einer Klappe geschlagen hat: Du hast dich auf diese Reise eingelassen, und ich bin zu ihr gekommen, weil ich dachte, unseren Sohn befreien zu können. Zu müssen.«

Valentina hat also gar keine Geisel? Wenn er das gewusst hätte! Nun erpresst sie ihn sicher mit Raissas Leben. Aber zum Umkehren ist es sowieso zu spät. Sie sind ja bereits angekommen. Nick hält die Aufnahme an.

»Wann ist die Nachricht eingetroffen?«, fragt Nick.

»Ein paar Tage, nachdem du wieder eingeschlafen warst«, antwortet Oskar.

»Du hättest mich wecken müssen«, sagt Nick.

»Ich darf mir doch persönliche Nachrichten an dich nicht ansehen«, sagt Oskar.

»Das wäre eine Ausnahme gewesen.«

»Aber woher soll ich das wissen, ohne den Inhalt zu kennen?«

»Hm, das stimmt auch wieder. Vielleicht sollte ich dir erlauben, meine Nachrichten zu öffnen.«

»Das würde ich auch empfehlen«, sagt Oskar.

Nick lässt die Botschaft weiterlaufen.

»Du fragst dich bestimmt, wo sich Nikolai denn nun aufhält«, sagt Raissa. »Die gute Nachricht ist, dass du ihn vielleicht bald treffen wirst, denn er ist im Uranus-System. Wenn Valentina recht hat, ist er daran schuld, dass sich die Station nicht mehr meldet. Ich bin mir aber nicht sicher. Du kannst dir bestimmt vorstellen, dass ich gründlich recherchiert habe. Valentina unterstützt mich sogar dabei. Die Lage bei Uranus scheint für RB ein wirklich wichtiges Problem zu sein. Anscheinend geht es auch um viel Geld – man hofft offenbar, dort Helium-3 gewinnen zu können.«

Natürlich, am Ende geht es immer ums Geld. Nick hätte ja gar nichts dagegen, würde Valentina nicht auch skrupellos Menschen als ihre Schachfiguren einsetzen.

»Jedenfalls hofft sie, dass du unseren Sohn wieder auf den richtigen Weg bringen kannst, zumal seine Mutter für ihn in Geiselhaft sitzt. Das soll euch beide motivieren. Es tut mir sehr leid, dass ich euch in diese Lage gebracht habe.«

Nick kann es Raissa nicht übelnehmen. Er hat es ja viel besser als sie, denn er kann etwas tun. Sie sollte einfach nur zu Hause herumsitzen und warten. Das wäre ihm auch schwergefallen.

»Die Daten über die Lage im Uranus-System, die ich hier recherchieren konnte, habe ich dir angehängt. Sieh dir vor allem die Pläne zur Super-Valkyrie an. Womöglich steckt Nikolai in so einem U-Boot. Vielleicht kann dir Oskar dabei helfen, sie auszuwerten. Ich bin gespannt, zu welchen Erkenntnissen er dabei gelangt.«

Oskar bewegt hektisch seinen Arm. Das ist wohl ein Zeichen der Freude.

»Ich finde die Bemerkungen des KI-Forschers zur künstlichen Intelligenz in der Station auf Ferdinand ganz spannend«, sagt Raissa. »Vielleicht schätzt Valentina die Lage ja wirklich falsch ein und Nikolai ist nicht der Auslöser des ganzen Ärgers, sondern das Opfer. Ich weiß allerdings nicht, ob ich mir das wünschen soll.«

Das stimmt. Wenn Nikolai alles unter Kontrolle hat, dann lebt er auf jeden Fall noch. Ist er hingegen das Opfer … Nick muss an Boris und Fjodor denken, nach denen er erfolglos auf Pluto gesucht hat. Nein, so darf er nicht denken. Bestimmt ist sein Sohn hier der Auslöser. Er muss etwas entdeckt haben, das ihm so sehr gegen den Strich ging, dass er eingreifen musste. Nikolai hatte schon als kleiner Junge ein ausgeprägtes Gerechtigkeitsempfinden.

»Ich wünsche dir viel Kraft und vor allem Erfolg, mein Liebster. Rosie und die gesamte Familie in Galena habe ich bereits informiert. Sie machen sich ebenfalls große Sorgen. Wenn du ihn triffst, dann grüße und küsse bitte unseren Sohn von mir. Ich liebe ihn und bin stolz auf ihn, ganz egal, was er getan hat. Ich würde ihn sehr gern wieder in meine Arme schließen.«

Die Aufnahme endet, obwohl es so wirkt, als hätte Raissa noch weitergesprochen. Nick traut Valentina zu, dass sie die Nachricht geschnitten hat. Trotzdem klingt sie noch überraschend freimütig. Valentina scheint es vor allem darum zu gehen, ihr Problem zu lösen. Darauf kann man sich bei ihr trotz aller Skrupellosigkeit auch immer verlassen.

»Überträgst du die Daten in deinen Speicher, Oskar?«, fragt Nick.

»Gleich. Ich defragmentiere meinen Speicher gerade, um Platz dafür zu schaffen. Leider ist diese Hardware für meinen Geistesumfang ein bisschen zu klein.«

»So geht es mir auch immer«, sagt Witali. »Mein Gehirn ist zu klein, um sich alles zu merken, was ich weiß. Wenn ich diese Ausrede doch bloß schon in der Schule gekannt hätte!«

»Ihr versteht mich nicht«, sagt Oskar. »Meine Denkstrukturen sind eben viel weiter entwickelt als eure.«

»Ja, unsere primitiven biologischen Strukturen sind von der Evolution schon viel zu lange unangetastet«, sagt Nick. »Darum bin ich wirklich froh, dich an Bord zu haben.«

»So, wie du es sagst, klingt es, als würdest du es nicht so meinen«, sagt Oskar.

»Ach, wirklich?«, fragt Nick.

»Ja, wirklich. Ich glaube, wenn ihr darauf verzichten würdet, Informationen zu erzeugen und abzulegen, von denen ihr wisst, dass sie falsch sind, könntet ihr die nutzbare Kapazität eurer biologischen Speicher mindestens verdoppeln. Falschinformationen belegen bloß Platz, stellen aber keinerlei Erkenntnisgewinn dar.«

»Leider kann ich nicht bewusst steuern, welche Informationen mein Gehirn wo ablegt«, sagt Nick.

»Darum verhaltet ihr euch oft so inkompetent«, sagt Oskar.

16. Dezember 2119, Eva

»Wie willst du denn darauf landen?«, fragt Witali.

In der Zentrale schwebt ein etwa kopfgroßer Brocken, der die Form einer Faust hat. Witali nähert seine Hand der holografischen Darstellung. Kleine, helle Kieselsteinchen lösen sich davon. Ferdinand erinnert eher an einen Kometenkern als an einen klassischen Mond. Den Körper in seiner Mitte scheinen viele kleinere Gesteins- und Eisklumpen locker zu umgeben.

»RB hat es geschafft, darauf eine Station und einen Laser zu bauen«, sagt Nick. »Also werden wir doch wohl das Landemodul nach unten bekommen.«

Sie haben die Eva noch nicht aufgeteilt, wie Oskar es geplant hatte. Ferdinand orbitiert als äußerster bekannter Mond des Uranus ungefähr hundert Mal so weit von seinem Planeten entfernt wie der Mond von der Erde. Er bietet sich deshalb als erste Station geradezu an. Das hat sich wohl auch RB gedacht, als sie den Mond zum Standort einer StarShot-Station erwählt haben.

»Und wenn uns einer dieser Brocken dazwischenkommt?«

Witali spielt mit den Kieseln, nimmt einen zwischen Daumen und Zeigefinger und zieht ihn heraus. Dabei zerplatzt er.

»Die sind auch selbst nicht besonders stabil«, sagt er.

»In der Realität sind sie so groß, dass wir mit dem Lander keine Probleme bekommen sollten«, sagt Nick.

»Ich stimme Nick selten uneingeschränkt zu«, sagt Oskar. »Aber in diesem Fall hat er recht. Die Objekte weisen im Vergleich zum Kern kaum Eigenbewegung auf. Es ist, als würden wir auf einem Steinhaufen landen. Also kein Problem.«

»Und wenn der Haufen durch unsere Landung zusammenstürzt?«, fragt Witali.

»Im Vergleich zum 20 Kilometer großen Kern ist der Lander eine Ameise«, sagt Oskar. »Er muss sich zudem so langsam anschleichen, dass ich keine Probleme erwarte. Aber du kannst ja an Bord der Eva bleiben, um uns im Notfall zu Hilfe kommen zu können.«

»Das ist eine gute Idee«, sagt Witali. »Mit dem SAFER müsste ich es bis zu euch nach unten schaffen.«

»Ja, der Rettungsstuhl ist einsatzbereit«, sagt Oskar. »Bist du bereit für den Ausstieg, Nick?«

»Oskar vom Raumschiff Eva an RB-Station Ferdinand, bitte kommen.«

Es ist ein letzter Versuch. Vielleicht können sie sich die Landung ja doch ersparen. Nick glaubt zwar nicht, dass sich die KI plötzlich meldet, aber Oskars Simulationen haben eine gewisse, wenn auch kleine Chance ergeben.

»Jean-Pierre, bitte melde dich!«

Oskar verlässt das Protokoll. Das ist ungewöhnlich. Die KI hat sich diesen Namen gegeben, antwortet aber nicht.

»Ich bin es, Oskar.«

Keine Antwort.

»Ich habe Nachrichten von deiner Schwester, X9.«

Oh, das ist eine neue Strategie. X9 ist die KI der Pluto-Station. Auf ihrer letzten Reise hatte sie als Verursacherin aller Probleme gegolten, was sich als falsch herausgestellt hatte. Aber Jean-Pierre meldet sich immer noch nicht.

»X9 ist unschuldig, das wollte ich dir nur sagen. Du hattest die ganze Zeit recht, Jean-Pierre.«

Die Station bleibt still.

»Es hat keinen Sinn, Oskar«, sagt Nick. »Lass uns ablegen.«

Er ist bereits auf dem Pilotensitz des Landers angeschnallt. Oskar hängt über ihm an der Decke. Jetzt greift der Roboter nach einer Strebe und zieht sich zu Boden.

»Du hast recht, Nick. Ich übernehme die Steuerung, wenn es dir recht ist.«

»Sehr gern.«

Er hat es kaum ausgesprochen, da klacken bereits die Klammern, die den Lander mit dem Schiff verbinden. Auf das Geräusch folgt ein ängstliches Miauen. Was war das? Als das chemische Triebwerk anspringt, segelt von rechts ein Fellbündel durch den Raum. Es dreht sich noch in der Luft, landet geschickt auf seinen drei Beinen und sieht sich erbost um. Vermutlich fühlt sich Mira von der Kraft persönlich gekränkt, die plötzlich auf ihren zarten Körper einwirkt.

»Hast du die Katze hier hereingelassen?«, fragt Nick.

»Nein, ich dachte, sie wäre im Garten«, sagt Oskar. »Ich habe das aber nicht kontrolliert.«

»Hättest du mal lieber. Der Lander besitzt keine Schleuse.«

»Du kannst ihn mit Hilfe des Exosuits verlassen, Nick.«

»Ich schon. Aber wie kommst du nach draußen? Wir werden das Schott nicht öffnen können, ohne Mira zu verlieren.«

»Dann wirst du die Station wohl ohne mich untersuchen müssen«, sagt Oskar.

Nick seufzt. Vielleicht sollten sie die Landung abbrechen und Mira zuerst zurückbringen. Aber er hat sowieso das Gefühl, dass sie unten nichts finden werden.

»Landung fortsetzen«, sagt er.

»Bin schon dabei«, sagt Oskar.

Mira hat es sich auf seinen Knien gemütlich gemacht. Das ist meistens angenehm, weil es im Landemodul recht kühl ist. Wenn allerdings Oskar ein Korrekturmanöver durchführt, krallt sich die Katze an seiner Hose fest, was durchaus schmerzhaft ist.

So wie jetzt. Nick streichelt sie am Kopf, und sie beruhigt sich wieder. Er wüsste ja gern, was sie über die Situation denkt. Bereut sie, sich in den Lander geschlichen zu haben, oder genießt sie das Abenteuer?

»Achtung!«, ruft Oskar.

Nick greift in Miras Nacken. Sie dreht sich empört um und will ihn beißen. Doch da kommt auch schon der Stoß. Das Korrekturtriebwerk feuert mit ganzer Kraft und drückt ihn rechts in die Gurte. Ohne seinen Griff wäre Mira davongeflogen. Sie scheint es einzusehen und gibt ihre Gegenwehr auf. Ihr Herz pocht schnell. Arme kleine Katze. Er massiert ihren Hinterkopf. Das kleine Herz beruhigt sich, und auch auf ihn wirkt die Ablenkung beruhigend. Mira ist eine Therapiekatze.

»Entschuldigung«, sagt Oskar.

»Ist doch nichts passiert«, sagt Nick.

»Doch. Ich hatte einen Speicherüberlauf und habe vergessen, dass ich diesen Brocken erfasst hatte. Die Automatik hat uns gerettet.«

»Ach, das war gar nicht dein Verdienst?«

»Nein. Die Automatik des Landers hat das Objekt in letzter Sekunde bemerkt.«

Auf Oskar ist wohl genauso wenig Verlass wie auf seinen eigenen Körper. Das kann ja was werden.

»Willst du dann nicht ganz auf die Automatik umstellen?«

»Auf keinen Fall! Diese Landungen sind der spannendste Teil auf einem Raumflug. Das lasse ich mir nicht entgehen.«

»Aber wenn es sicherer ist …«

»Du hast leicht reden! Du schläfst ja fast die ganze Zeit. Aber ich bin wach und halte mich bei Laune, indem ich mich auf die heiße Phase freue.«

Oskar kommt ihm vor wie der 90-Jährige, der seinen

Führerschein nicht abgeben will, weil ihm das Autofahren solchen Spaß macht.

»Und keine Sorge. Ich habe nun extra einen großen Bereich freigeräumt, der für 120 Prozent der Objekte genügt, die ich bei Ferdinand gefunden habe.«

Nick wiegt den Kopf hin und her. Er ist nicht sicher, ob ihn Oskars Vorkehrungen beruhigen sollten. Aber er muss dem Roboter vertrauen. Er selbst könnte es ja auch kaum besser.

»DA, siehst du die Station?«, fragt Oskar.

Nick zieht den Bildschirm zu sich heran. Dadurch ist kein Platz mehr für die Katze, die mit einem beleidigten Maunzen auf den Boden springt und wie ein Gummiball davonhüpft. Momentan bremst die Landefähre dauernd. Die Fluchtgeschwindigkeit des Mondes liegt so niedrig, dass sie beinahe Schrittgeschwindigkeit erreichen müssen.

»Ich sehe sie«, sagt Nick.

Das Bild ist stark vergrößert. Er erkennt eine Art Baracke. Nicht weit davon entfernt steht ein Turm. Das muss der Laser sein. Sein Auge ist auf sie gerichtet. Es wirkt ein bisschen, als würde er Nick fragend ansehen.

»Kann es sein, dass die auf uns zielen?«, fragt Nick.

»So würde ich es nicht nennen«, sagt Oskar.

Nick spult ein paar Minuten zurück. Das Auge folgt eindeutig der Flugbahn des Landers.

»Ich habe einen anderen Eindruck«, sagt Nick.

»Die Tracking-Automatik ist aktiv«, sagt Oskar. »Sie funktioniert unabhängig, wie ein instinktiver Vorgang. Aber niemand hat die Absicht, auf uns zu feuern. Darum kann man es auch nicht ›zielen‹ nennen.«

»Für mich wäre das schon mit dem Vorgang des Zielens vergleichbar«, widerspricht Nick.

»Es ist eher ein absichtsloses Verfolgen, weißt du.«

»Hoffentlich hast du recht.«

»Ich habe recht. Ich spüre, dass da unten nichts ist, was eine Absicht haben könnte.«

»Du spürst das?«

»Ja, das sagst du doch auch immer wieder. Jetzt habe ich diese Fähigkeit auch an mir entdeckt. Siehst du den Kasten neben der Station, der mit den Solarzellenfeldern verbunden ist? Ich habe festgestellt, dass von dort keinerlei elektromagnetische Felder ausgehen. Die Station ist also energetisch tot. Also kann es auch niemanden geben, der uns …«

»Aber das nennt man doch nicht ›fühlen‹, Oskar. Du hast es dir wissenschaftlich erschlossen.«

»Ach, und das bestimmst du?«

Nick schüttelt den Kopf. Dann soll Oskar eben glauben, dass er Gefühle hat.

»NOCH FÜNFZIG METER«, sagt Oskar. »Landebeine ausgefahren.«

Nick schaltet die Außenkameras auf das Display. Die Katze hat sich auf den Rand des Bildschirms gestellt und sieht zu. Ab und zu greift sie mit einer Pfote nach etwas, das nur sie sieht. Der Mond, auf dem sie gleich landen werden, ist grau. Er erinnert Nick an den Erdmond. Sogar die Scheibe des Planeten im Hintergrund ist ähnlich groß. Von hier draußen wirkt Uranus nicht wie der Riese, der er objektiv ist.

Er schaltet auf das Bodenradar um. Der Untergrund ist relativ glatt, allerdings durchzieht ihn eine Spalte. Oskar versichert, dass sie nicht sehr tief ist. Er hat diesen Bereich gewählt, weil hier relativ wenig Staub herumliegt. Vermutlich ist er in der Spalte verschwunden, als irgendjemand anders hier gelandet ist. Es gibt nämlich Spuren eines Rovers, die bis zu den beiden Gebäuden führen. Wenn eine Maschine hier Spuren hinterlassen hat, muss sie ganz schön schwer gewesen sein, denn die Beschleunigung an der Oberfläche liegt nur bei einem Fünfzigstel der Erdbeschleunigung.

»Zehn Meter«, sagt Oskar.

Mira duckt sich. Die Oberfläche nähert ihr sich nun wohl etwas zu schnell. Nick legt sanft die Hand auf ihren Rücken. Gleich muss der Aufprall kommen. Sie sind noch etwa zehn Kilometer pro Stunde schnell.

Es ist so weit. Seine Hand wird schwer. Sein eigenes Körpergewicht drückt ihn in die Kissen. Mira liegt auf dem Bauch und protestiert laut. Es dauert aber nur einen Moment.

»Erfolgreich gelandet. Landebeine arretiert«, sagt Oskar.

Mira springt von seinem Schoß auf den Boden. Sie bewegt sich wie in Zeitlupe und bleibt vor dem Schott stehen, das nach draußen führt. Dort wackelt sie langsam mit dem Schwanz. Der Schwung setzt bei dieser niedrigen Schwerkraft auch ihr Hinterteil in Bewegung, was lustig aussieht. Nick lacht und zeigt auf die Katze. Mira versteht offenbar seine Reaktion nicht und maunzt ungeduldig.

»Es tut mir leid, aber du musst drinnen bleiben«, sagt er.

Er dreht sich zur Seite. An der Wand neben ihm sind etwa in Hüfthöhe zwei ovale Deckel zu sehen. Das sind die Einstiege in die beiden Exosuits. Nick öffnet die linke Klappe. Ein Geruch nach Desinfektionsmittel dringt heraus. Er muss husten. Dann steigt er zuerst mit den Beinen hinein und lässt seinen Oberkörper folgen. Es ist, als würde er in eine Art Backform klettern. Sein Kinn stößt an die Innenseite des Helms und aktiviert damit den Helmfunk.

»Oskar, kannst du den Anzug bitte hinten schließen?«

»Bis dabei.«

Der Raumanzug, in den er gerade eingestiegen ist, ist noch mit dem Landemodul verbunden. Oskar verschließt ihn luftdicht, damit er sich abkoppeln kann. Nick verschafft sich zuerst eine Übersicht. Der Akku des Anzugs ist aufgeladen. Er hat Sauerstoff für sechs Stunden. Die Kameras sind bereits aktiv und spielen ihm Bilder der Umgebung auf das Display. Jedes Detail ist mit äußerster Schärfe zu erkennen. Zu seinen Füßen liegen Gesteins- und Eisbrocken. Fels ist grau, Eis ist blau. Die Spuren des Rovers drücken sich braun in den Hintergrund. Der Turm des Lasers leuchtet orange am nahen Horizont.

Nick schaltet die Kameras aus. Lieber betrachtet er die Außenwelt durch die Scheibe. Es dauert einen Moment, bis der Helm von innen durchsichtig wird. Alle Farben verschwinden. Es gibt nur noch schwarz und verschiedene Grautöne. Weiß sind allenfalls die Sterne. Seine Augen müssen sich stets erst auf ein Ziel fokussieren, sodass nie alles gleichzeitig scharf erscheint.

Aber das ist ja auch unnötig. Nick zappelt mit den Beinen, bis er den Befehl zum Abtrennen findet. Daraufhin segelt er langsam zu Boden. Die schweren Stiefel sinken nicht ein. Hier gibt es wirklich so gut wie keinen Staub. Er versucht loszulaufen, schießt aber beim ersten Schritt in die Höhe.

»Vorsicht, Nick! Wenn du zu schnell bist, fliegst du mir noch ins All«, warnt Oskar.

»Ich muss mich erst an die niedrige Schwerkraft gewöhnen«, sagt Nick.

Es ist seltsam. Unter diesen Verhältnissen fällt ihm die Fortbewegung schwerer als ganz ohne Schwerkraft. Er verlagert das Gewicht weit nach vorn, bis er den Boden berühren kann. So schiebt er sich in einer Art Vierfüßlergang nach vorn. Er überquert die Spalte, die sie von oben sehen konnten. Während er darübersteigt, leuchtet er mit dem Scheinwerfer hinein. Sie ist tiefer als vermutet. Er landet auf der anderen Seite.

Die Station kommt schnell näher. Das Laserauge hat den Lander im Blick und ignoriert Nick. Das ist ihm auch lieber so. Er untersucht zunächst den Turm. Es scheint keinen Eingang zu geben, also springt er nach oben. Aber auch dort ist das Innere gut abgeschirmt. Entweder der Laser ist wartungsfrei – oder es gibt eine unterirdische Verbindung von der nahegelegenen Baracke.

Nick läuft um den flachen Bau herum, der eine Grundfläche von etwa zehn mal acht Metern besitzt. Viel Platz ist das nicht, wenn man es hier jahrelang aushalten soll. Aber die Station auf Ferdinand hat eigentlich keine menschliche Besatzung. Nick erreicht die Vordertür. Daneben ist eine Sprechanlage angebracht. Er klingelt, aber es meldet sich niemand.

»Hörst du mich, Oskar? Keiner zu Hause.«

»Das dachte ich mir schon. Komm einfach zurück.«

»Vielleicht finde ich drinnen ja Hinweise.«

»Hm, mein Gefühl sagt mir …«

»Oskar, bist du krank?«

»Ich bin eine Maschine. Ich bin nie krank.«

»Früher hast du immer von deinen Simulationen gesprochen. Jetzt sind es deine Gefühle.«

»Ich bin eben gewachsen, Nick.«

»Es gibt keinen anderen Grund?«

»Nun, Simulationen sind aufwändig. Sie belasten meinen Akku und meinen Speicher. Deshalb verzichte ich lieber darauf.«

»Aber du bist im Landemodul. Du brauchst gar keine Energie zu sparen. Diese Sache ist zu ernst, als dass wir sie deinen Gefühlen überlassen können. Ich setze auf dich, Oskar!«

»Das ehrt mich. Meine Simulationen sagen, dass eine extensive Nutzung von Simulationen meinen natürlichen Speicherabbau beschleunigt.«

»Du willst sagen, wenn du zu viel nachdenkst, wirst du schneller alt? Das Gegenteil ist der Fall!«

»Bei euch Menschen vielleicht. Speicherzellen nutzen sich durch den ständigen Gebrauch ab. Vielleicht sollte ich mich während des Rückflugs abschalten lassen.«

»Und wer rettet mich dann, wenn der Schlafbehälter wieder versagt?«

»Du brauchst bloß nett zur Katze zu sein, dann hilft sie dir.«

»Indem sie mir eine Maus fängt?«

Nick klopft an die Wand. Mangels Atmosphäre ist nichts zu hören.

»Oskar, ich brauche eine Information. Ich muss mich da drinnen umsehen.«

»Ich habe keinerlei Zugriff auf das System«, sagt Oskar.

»Es tut mir leid. Sieh dich doch mal um, ob du irgendetwas findest, mit dem du die Wand einschlagen kannst.«

»Du spinnst ja. Die Wände sind mikrometeoritensicher. Was soll ich da ausrichten?«

»Was soll ich dazu sagen, Nick? Du kommst da nicht rein.«

»Ich muss aber. Du bist keine besondere Hilfe.«

Oskar antwortet nicht. Nick läuft noch einmal um das Gebäude herum. Dann springt er aufs Dach. Aber auch von hier aus gibt es keinen Eingang. Er findet einen kindskopfgroßen Eisklumpen. Wo der wohl herkommt? Er lässt ihn fallen, und der Klumpen segelt so langsam zu Boden wie auf der Erde ein Luftballon. Trotzdem sollte man seine kinetische Energie nicht unterschätzen. Nick wirft ihn zu Boden. Im Dachbelag entsteht eine kleine Vertiefung. Er versucht es noch einmal – mit mehr Kraft. Die Vertiefung wächst.

Beim dritten Mal zerfällt der Klumpen in lauter faustgroße Stücke. Nick hebt eines auf, weil es im Licht seiner Helmlampe so schön glitzert. Es besteht aus klarem, gefrorenem Eis. Darin ist eine braune Wurst eingeschlossen. Igitt! Wie kommt denn der Inhalt eines WHC-Behälters auf das Dach des Gebäudes? Nick holt aus und wirft den Brocken in Richtung Laser. Die Kuppel dreht sich blitzschnell, und noch auf dem Weg zerplatzt sein Wurfgeschoss.

Ups. Der Laserturm muss das als Angriff interpretiert haben. Das Auge hat nun einen roten Rand. Es sieht aus, als wäre der einäugige Riese wütend auf ihn. Das Auge bewegt sich hin und her, als würde es nach weiteren Angreifern suchen. Nick wirft sich flach auf den Boden, doch es passiert nichts. Hätte der Laserturm ihn als die Quelle des Geschosses interpretiert, wäre er vermutlich längst tot.

Nick hat eine Idee. Vielleicht kann ihm der Laser helfen, das Gebäude zu betreten? Er steigt vom Dach und besorgt sich mehr Wurfgeschosse. Dann klettert er wieder nach oben und schleudert eines nach dem anderen in Richtung Turm. Der Laser schießt jedes einzelne ab. Sein Auge glüht rot. Das Glas läuft leicht an. Es sieht aus, als würde der Zyklop weinen. Nick muss schneller werfen. Der Laser ist zu schnell und arbeitet dabei zu gut dosiert. Die Energie eines Schusses reicht geradeso aus, um den Stein- oder Eisbrocken zu pulverisieren. Er nimmt zwei auf einmal in die Hand und wirft.

»Piu-piu.«

Das Geräusch macht er selbst. Sein Atem geht schwer. Sonst läuft alles in perfekter Stille ab. Nick nimmt drei Brocken in jede Hand, sechs insgesamt. Er stellt sich so, dass er selbst auf keinen Fall getroffen wird, und wirft. Eins-zwei-drei-vier-fünf. Ratterazong. Fünf Treffer. Einer geht daneben. Der Laser schießt noch einmal und vernichtet auch den sechsten Angreifer. Aber der Fehlschuss hat ein Loch im Dach hinterlassen. Weißer Dampf dringt heraus. Nick untersucht das Loch. Es durchmisst etwa fünf Zentimeter. So groß war der Stein, den er geworfen hat. Er sieht hindurch, erkennt aber nur eine Liege und einen Schreibtisch.

»Oskar?«, fragt er.

»Ich höre.«

»Ich brauche deinen Rat. Im Dach ist nun ein fünf Zentimeter großes Loch. Ich muss hindurch.«

»Dafür bist du eindeutig zu dick, Nick.«

»Mann, Oskar, ich brauche eine Lösung, wie ich es vergrößern kann!«

»Ach so. Ich kann dir einen Stichlaser durch die Werkzeugschleuse schicken.«

»Was ist das?«

»Die Werkzeugschleuse ist eine Schleuse für Objekte von …«

»Der Stichlaser!«

»Dabei handelt es sich um eine Stichsäge mit einem Schneidlaser als Sägeblatt.«

»Das wäre sehr praktisch.«

»Sonst hätte ich es dir auch nicht angeboten.«

Der Stichlaser funktioniert prima. Binnen zehn Minuten schafft es Nick, eine Scheibe in seinem Körperumfang aus dem Dach des Gebäudes herauszuschneiden. Er lässt sich hinabsinken und fühlt sich in das Schloss der Eiskönigin versetzt. Alle Oberflächen sind mit glitzernden Kristallen überzogen. Das war er. Nick hat ein schlechtes Gewissen – falls die Besatzung zurückkehrt, muss sie das Dach erst wieder abdichten.

Unschlüssig läuft er durch das Gebäude. Es besteht aus einem größeren Büro- und Werkstattteil, dessen Ausstattung ihn an die Eva erinnert, und zwei Zimmern mit Bad, in denen maximal vier Menschen wohnen können. Im ersten ist das WHC aus der Wand gerissen. Daher stammt wohl der Brocken auf dem Dach. Vielleicht gab es eine Verstopfung eines der Systeme. Das Zimmer selbst ist unbewohnt, die Betten sind nicht bezogen. Im Nachbarraum sieht es anders aus. Die Schränke sind zwar ebenso leer, aber das Bett ist unordentlich, auf dem Tisch liegt ein Handtuch und auf einer Ablage stehen Kunstblumen in einer Vase. Er betastet sie. Oh, es sind echte Blumen, die hydroponisch gewachsen sein müssen. Jetzt ist alles tiefgefroren, und er ist schuld daran.

Nur ein Bett ist benutzt, also war wohl auch nur ein Mensch hier. Könnte es Nikolai gewesen sein? Nick bewegt sich in das Büro zurück. Dort findet er einen Plan an der Wand, auf dem er tatsächlich Nikolais Handschrift zu erkennen glaubt. Der Plan legt fest, welcher Teil der Basis wann und wie zu überprüfen ist. Bis in die Mitte sind alle Punkte abgehakt, dann nicht mehr. Ordentlich, wie Nikolai meistens ist, wird er wohl nur bis zur Mitte gekommen sein. Dann muss er verschwunden sein. »Laser«, steht da. Der Laser funktioniert ganz offensichtlich. Der Computer auf dem Schreibtisch lässt sich nicht einschalten.

»Oskar?«

»Ich höre.«

»Ich glaube, Nikolai war hier. Aber er muss den Mond verlassen haben.«

»Du hast keine Leiche gefunden?«

»Nein, das hätte ich natürlich längst gesagt. Hast du etwa geglaubt, ich könnte Nikolai hier drin tot vorfinden?«

»Wenn er das Opfer ist, wäre das möglich gewesen. Aber ich wollte dich nicht beunruhigen.«

»Das ist nett von dir. Hast du eine Idee, wie ich den Computer anschalten könnte?«

»Du musst die Basis mit Strom versorgen. Der Schalter muss sich in der Nähe des Eingangs befinden.«

Nick ist bereits an der Tür der Schleuse vorbeigekommen. Er hat sie nicht besonders beachtet. Tatsächlich ist daneben ein Knopf. Rot. Er drückt ihn. Plötzlich geht das Licht an. Zugleich startet ein Alarm.

Natürlich, das Loch im Dach. Die Stationssoftware mag es wohl nicht. Nick läuft zum Computer zurück, der bereits von selbst hochfährt. Der Bildschirm zeigt eine Passwortabfrage. Mist.

Plötzlich wirft ihn ein Schlag auf die Schulter um. Nick fliegt quer durch den Raum. Wer war das? Das ist jemand im Raumanzug hinter ihm.

»Nikolai? Bist du das?«, fragt er.

Aber in den Räumen herrscht Vakuum. Nichts ist zu hören. Der Mann springt hinter ihm her. Er ist bestimmt einen Kopf größer als Nick. Nein, das ist nicht sein Sohn. Hinter dem Visier ist kein Gesicht zu erkennen. Es ist ein humanoider Roboter, der wohl seinem Auftrag nachgeht und den unerwünschten Eindringling vertreibt.

»Oskar? Ich werde von einem Roboter verfolgt.«

»Das wird eine Sicherheitsmaßnahme der Station sein. Schalte die Station aus, dann hat er keinen Saft mehr.«

»Aber dann läuft der Computer auch nicht mehr. Ich dachte, ich könnte Nikolais Daten abziehen. Aber ich brauche ein Kennwort.«

»Ich kann das für dich übernehmen, wenn du in Reichweite des Nahbereichsfunks des Computers bleibt. Der hiesige Protokollstack hat einen Bug, darüber komme ich rein.«

»Wie weit darf ich mich entfernen?«

»Fünf bis zehn Meter vielleicht.«

Krach. Der Roboter hat einen Schlag gegen Nick gelandet, aber er hat sich rechtzeitig weggedreht. Jetzt fliegt er in hohem Bogen durch den Raum.

»Ich bemühe mich. Wie lange muss ich durchhalten?«

»Ich weiß es nicht, Nick. Das hängt vom Umfang der Daten ab. Ich sage dir Bescheid.«

Krawumm. Der Roboter schlägt nicht nur mit den Armen, sondern auch mit den Beinen. Nick bekommt einen Tritt gegen die Hüfte. Zum Glück ist der Exosuit recht stabil.

Tschong. Dieser Treffer ging gegen seinen Kopf. Das ist unfair! Wenn das Glas im Visier platzt, ist er tot. Nick kugelt durch den Raum, schießt über einen Schrank und erwischt den Roboter von hinten. Ha! Er tritt zu, verursacht sich selbst aber mehr Schmerzen, als er dem Blechkerl Schaden zufügt. Oskar, bitte beeil dich! Vor dem nächsten Schlag duckt sich Nick unter einen Tisch weg. Die Platte bricht, und der Roboter erwischt ihn am Nacken, aber Nick kann ihn abschütteln. Er flieht in das Wohnzimmer.

»Du bist zu weit weg«, beschwert sich Oskar. »Komm zurück.«

Mist. Im Gang kommt ihm der Roboter entgegen. Nick täuscht eine Bewegung an, lässt sich dann aber zu Boden fallen. Doch dabei vergisst er die niedrige Schwerkraft. Die Bewegung dauert viel zu lange. Der Sicherheitsrobo erwischt ihn und packt ihn am Schlafittchen. Dann drückt er Nick gegen die Wand. Nick wehrt sich mit Armen und Beinen. Noch kann er ihn auf Abstand halten, doch der Kopf nähert sich seinem Visier immer weiter. Das Schwein will ihm den Helm eindrücken! Es kennt natürlich die Schwachstellen eines Menschen.

»Oskar? Er hat mich. Ich komme nicht weg. War schön mit dir.«

Nick wird kalt. Es ist ein ungünstiger Moment, um zu sterben. Dieser verdammte Roboter!

»Du weißt aber, dass der Exosuit Kraftverstärker hat?«, fragt Oskar.

»Wie bitte? Warum sagst du das nicht eher?«

»Bei der niedrigen Schwerkraft sind sie eher schädlich. Du hättest dich noch selbst in den Orbit geschossen.«

Nick durchsucht panisch alle Menüs. Da! Kraftverstärkung ein / aus. *Sind Sie sicher?* Ja, verdammt! *Bitte warten. Update. Bitte warten. Update.* Verdammter Anzug! Das Update hat doch auch später noch Zeit! *Update installiert. Kraftverstärker aktivieren?* Ja, ja, ja! *Sind Sie sicher, dass … Gefahr … blablabla … Selbstverletzung … Haftung … Unterschreiben Sie mit vollem Namen …* Scheiße, ja. *Ich, Scheiße ja, versichere, dass ich …* Klick. Ja. Aktiviert.

Plötzlich wird er selbst zum Zyklopen. Seine Oberarme drücken den Roboter weg. Sein rechtes Bein versetzt ihm einen Tritt. Aber die Maschine sieht nicht ein, dass sie verloren hat. Sie versucht es mit dem nächsten Angriff. Und sie ist verdammt schnell. Nick ist zwar stärker als sie, doch bevor er zuschlagen kann, hat sie schon den Ort gewechselt.

»Wie lange noch, Oskar?«

»Eine Minute. Oder zwei.«

Es war ein Fehler, den Roboter wegzustoßen. Nick wartet auf die nächste Attacke. Da kommt er. Wie ein Ninja stürzt er mit ausgestrecktem Bein auf Nick zu. Er packt den Fuß, reißt den Roboter daran herum und drückt ihn gegen die Wand. Endlich! So kann er ihn fixieren.

»Ich habe die Daten«, sagt Oskar.

Nick lässt den Roboter los. Schnell zum Eingang! Der Roboter scheint zu ahnen, was er vorhat, aber Nick ist schneller. Seine Hand landet auf dem roten Knopf. Der Roboter sackt in sich zusammen, und es wird dunkel in der Basis.

Uff! Nick atmet schwer. Seine Hüfte schmerzt. Hoffentlich hat es sich wenigstens gelohnt! Er läuft zum Loch im Dach und klettert nach draußen.

»Hast du alles, was du brauchst?«, fragt er.

»Ja, ich habe ein komplettes Back-up des Rechners. Jetzt muss ich bloß noch die Verschlüsselung knacken.«

»Wir wissen also auch nicht mehr als vorher?«

Der Roboter bringt ihn fast um – und alles, was sie

bekommen, sind verschlüsselte Daten. Das Fiasko nimmt wirklich seinen Lauf.

»Das hast du schon sehr gut gemacht, Nick. Ich brauche bloß ein bisschen Zeit, wenn ich den Schlüssel durch Ausprobieren finden will.«

»Wie viel Zeit?«

»Das ist schwer zu sagen.«

»Nun sag schon. Du musst doch eine Idee haben.«

»Vielleicht eine Woche, oder einen Monat.«

Na, großartig. Das hat sich ja wirklich gelohnt!

»Ach, Nick?«

»Was ist denn noch? Ich bin auf dem Rückweg.«

»Warte mal. Zu den Forderungen Valentinas gehört es, dass wir die Basis hier wieder aktivieren.«

»Wie meinst du das?«

»Der Knopf, den du betätigt hast, um den Strom einzuschalten … Das musst du wiederholen.«

»Bist du denn von allen guten Geistern verlassen? Dann verfolgt mich doch der Roboter wieder.«

»Ich denke, er wird von dir ablassen, sobald du die Basis verlassen hast.«

»Bist du sicher?«

»Nein. Aber Valentina war da ziemlich eindeutig. Sie brauchen den Laser.«

»Oh, der funktioniert!«

»Ja, er lässt sich aber nicht aus der Basis fernsteuern. Dazu muss sie zumindest aktiv sein. Dann müssten sie eine neue KI übertragen können.«

Nick seufzt. »Okay, ich drücke den Knopf.«

Er lässt sich wieder in den dunklen Raum hinab. Ob der Roboter auch in der Lage ist, das Loch in der Decke zu schließen? Das wäre gut für eine künftige Besatzung. Dummerweise hält er Nick für einen Eindringling. Sonst könnte er versuchen, ihm das Problem zu erklären. Da liegt er, zu Boden gesunken in einer Pose, die Nick an Gemälde klassischer Schönheiten erinnert. Der Knopf ist direkt über ihm. Nick prägt sich den Fluchtweg ein. Er müsste etwa fünf

Sekunden Vorsprung haben, bis alle Systeme des Roboters hochgefahren sind. Hoffentlich reicht das. Die Hüfte meldet sich wieder. Jetzt schmerzt sie schon ohne jede Bewegung.

Nick beugt sich nach vorn. Das Licht der Helmlampe spiegelt sich im Visier des Roboters, den er gleich wecken wird. Verdammte Valentina! Er drückt den Knopf und stößt sich sofort mit der Hand in die entgegengesetzte Richtung ab. Ein Schritt nach vorn. Um die Ecke nach rechts. Über das Regal. Eine Bewegung im Augenwinkel. Das waren keine fünf Sekunden. Etwas greift nach seinem rechten Fuß. Er schüttelt es mit einem Tritt ab. Da ist das Loch, das er geschnitten hat. Der Ausschnitt des schwarzen Himmels erscheint noch dunkler als die Decke. Nick erwischt den Rand und zieht sich hinaus. Er springt davon. Geschafft!

Am Rand des Gebäudes, noch auf dem Dach, macht er eine Pause. Er leuchtet zurück zu dem Loch. Ein Roboterkopf schiebt sich heraus und dreht sich einmal um 360 Grad. Dann versinkt er wieder im Inneren. Oskar hatte wohl wieder mal recht.

»Das ist ein riesiges Datenpaket«, sagt Oskar. »Da scheint dir wirklich ein Fang gelungen zu sein.«

»Bist du mit der Entschlüsselung weitergekommen?«, fragt Nick.

»Ich habe zwei Prozent der möglichen Schlüssel ausprobiert.«

Das klingt nicht gut. Nick zieht den Bildschirm zu sich heran. Auf magisch erscheinende Weise füllt sich ein Eingabefeld mit Buchstaben und Zahlen und leert sich wieder. Mira springt auf seine Knie.

»Komm her und setz dich auf meine Hüfte«, sagt Nick.

Wärme soll ja bei diesen Beschwerden helfen. Aber die Katze gehorcht nicht. Stattdessen läuft sie über die Tastatur. Zusätzliche Zeichen erscheinen auf dem Bildschirm.

»Oh nein, sie bringt alles durcheinander«, sagt Oskar.

Nick will die Katze herunterheben, aber sie schlägt mit der Pfote nach ihm. Dabei knickt sie mit dem einen Hinterbein ab. Auf nur zwei Beinen kann sie nicht stehen. So platziert sie noch mehr unerwünschte Zeichen auf dem Schirm.

»Vielleicht knackt sie ja damit den Code«, sagt Nick. »Bringen Katzen nicht Glück?«

»Quatsch, das ist esoterischer Unsinn«, sagt Oskar. »Es dauert bloß länger, den Code zu knacken.«

Mira verlässt die Tastatur. Anscheinend ist ihr langweilig geworden.

»Hast du denn schon unsere Geburtstage ausprobiert?«, fragt Nick.

»Wie meinst du das?«

»Na, als Passwort. Die Geburtstage von Raissa und mir, und natürlich seinen eigenen. Nikolais Geburtstag.«

»Ich verstehe nicht. Du meinst, dein Sohn hätte die Daten eurer Geburt als Kennwort verwendet? Das wäre ja total unsicher! Der Entropiegehalt eines solchen Kennworts liegt nahe null, der einzige Freiheitsgrad ist die Tatsache, ob er Vater, Mutter oder Kind verwendet hat.«

»Ja, das machen Menschen so. Ich kenne da einige …«

»Aber sag nicht, dass du auch …«

»Äh …«

Nick kratzt sich am Kinn.

»Pling.«

Das Geräusch kommt vom Computer, der auf dem Bildschirm ein neues Kennwort von Nick fordert.

»Ich beobachte deine Finger«, sagt Oskar. »Wehe, du benutzt eine billige Eselsbrücke.«

Nick seufzt. Das führt doch bloß dazu, dass Oskar ihm immer wieder das Kennwort zurücksetzen muss. Aber der Roboter hat kein Erbarmen. Nick tippt eine Kombination aus Zahlen und Buchstaben ein. Gleich darauf hat er sie wieder vergessen. Schließlich kann ihn der Schiffsrechner auch per Stimme und Gesicht identifizieren.

»Danke, Nick«, sagt Oskar.

Seine Stimme klingt überaus freundlich.

»Keine Ursache«, sagt Nick. »Ich habe es schon wieder vergessen.«

»Ich meine deinen Tipp bezüglich der Kennwortwahl. Du wirst ein ernstes Wort mit deinem Sohn sprechen müssen.«

»Ah, hat er das Geburtsdatum seiner Mutter verwendet?« Endlich mal wieder eine gute Nachricht!

»Nein, deines, Nick.«

Oh. Ihm wird warm. Nikolai hat sein Geburtsdatum als Kennwort eingetragen. Das ist ja lieb! Bestimmt nur, weil der Geburtstag seiner Mutter schon als Passwort verbraucht war. Aber trotzdem. Die Geste rührt ihn. Er will Nikolai endlich wieder in die Arme schließen. Wo ist er nur?

»Das ist sehr interessant«, sagt Oskar.

»Ja, finde ich auch«, sagt Nick. »Er muss öfter an mich gedacht haben.«

»Ich spreche vom Inhalt des Computers.«

»Hast du Jean-Pierre darin gefunden?«

»Leider nicht, aber das war auch nicht zu erwarten. Die KI ist dafür zu umfangreich. Es gibt aber Aufzeichnungen einer Station auf Miranda.«

»Ist das nicht einer der großen Monde?«, fragt Nick.

»Ja, der innerste der fünf großen Uranusmonde. Miranda ist etwa so groß wie Enceladus und soll ebenfalls einen Ozean unter seiner Eisdecke besitzen.«

Enceladus – schon der Name dieses Saturnmondes hat etwas Mystisches. Das geheimnisumwitterte Wesen, das in seinem Ozean lebt, würde Nick gern einmal treffen, aber das ist unmöglich. Der ganze Mond ist zum Schutzgebiet erklärt worden. Nicht einmal RB hat Zugriff darauf.

»Und worum geht es in der Aufzeichnung?«, fragt Nick.

»Die Forschungsstation auf dem Mond hat anscheinend Signale empfangen, die sie nicht zuordnen konnte. Die zuständige KI hat dann Jean-Pierre gefragt, und der hat sich offenbar an Nikolai gewandt.«

»Die Signale kamen aus dem Ozean?«

»Das hat dein Sohn wohl vermutet. Ich habe Flugplanungen gefunden, die zu Miranda führen, außerdem Pläne für eine Art U-Boot, das er bauen wollte. Die KI von Ferdinand hat ihn dabei unterstützt.«

Das will etwas heißen. Bei ihrer letzten Begegnung auf dem Weg zu Pluto hatte sich Jean-Pierre eher schroff gezeigt und war nicht sehr hilfreich gewesen. Aber warum hat Nikolai versucht, das Phänomen allein zu untersuchen? Wieso hat er keine Hilfe bei RB gesucht? Er wollte sich wohl etwas beweisen. Oder er hat RB um Hilfe gebeten, aber keine bekommen, weil das von dem Ziel abgelenkt hätte, Helium-3 zu gewinnen. Wer weiß? Wenn er doch bloß Valentinas Gedanken lesen könnte!

»Dann ist das wahrscheinlichste Szenario wohl, dass Nikolai mit der KI Jean-Pierre zusammen in den Miranda-Ozean gestartet ist. Deswegen ist der Kontakt abgerissen.«

Nick weigert sich, das Szenario weiter zu durchdenken. Nein, das hier hat nichts mit dem Pluto zu tun, wo Boris und Fjodor in ihrem Schiff unter der Eisdecke umgekommen waren. Nikolai steckt bestimmt einfach bloß irgendwo fest.

»Es gibt noch weitere Möglichkeiten«, sagt Oskar.

»Das mag sein, aber die interessieren uns gerade nicht«, widerspricht Nick.

»Mich interessieren sie schon.«

»Nein, sie gehen uns nichts an. Ich will darüber nicht diskutieren.«

»Natürlich, Nick. Wir sprechen nicht darüber. Dann gibt es diese Möglichkeiten auch gar nicht.«

»Endlich verstehst du mich.«

WITALI EMPFÄNGT sie mit frischen Blini. Dazu hat er in kleinen Dosen Aufstriche zubereitet, die er als »Quark« und »Hackfleisch« bezeichnet. Sie bestehen natürlich aus denselben Grundstoffen wie die Pfannkuchen, erinnern geschmacklich aber erstaunlich gut an die Originale.

»Wie hast du das hinbekommen?«, fragt Nick.

Er hält Mira ein kleines Stück von dem Pfannkuchen hin. Sie schnuppert daran, will es aber nicht fressen.

»Ich habe mit verschiedenen Gewürzen und Zubereitungsarten experimentiert«, sagt Witali.

»Tolle Leistung!«

»Mir war einfach langweilig, während ihr da unten euer Abenteuer erlebt habt.«

»Es war überhaupt nicht lustig«, sagt Nick. »Seitdem hört meine Hüfte gar nicht mehr auf, mich zu plagen.«

»Du brauchst mehr Schmerzmittel«, sagt Witali. »Und Entzündungshemmer. Bei meinem Knie hilft das immer. Außerdem solltest du Übungen machen. Ich kann dir welche zeigen.«

»Oh, Sport hatte ich da unten wirklich genug. Ich hatte gehofft, dass sich die Hüfte durch den langen Schlaf beruhigt hätte. Aber vielleicht kann Oskar mir eine Massage geben.«

»Es tut mir leid, aber ich habe bloß ein Programm für Kopfmassagen als Teil meiner Haarschnitt-Software«, sagt Oskar.

»Das macht nichts«, sagt Nick. »Witali kann es dir bestimmt zeigen.«

»Iswini, Nick. Aber mit meinem aktuellen Gichtanfall werde ich garantiert niemanden massieren.«

»Ah, verstehe. Tut mir leid für dich, mein Freund. Die Blini sind aber wirklich gut.«

Nick nimmt einen weiteren der eingerollten Pfannkuchen und tunkt ihn in die weiße Sauce.

»Also geht es weiter zu Miranda?«, fragt Witali.

»Ja, wir folgen den Spuren«, sagt Nick.

»Was haltet ihr davon, wenn wir uns diesmal aufteilen und separat hinfliegen?«

»Wenig«, sagt Nick. »Es ist eine reine Forschungsstation. Es gibt nicht einmal einen Laser. Da erwarte ich keine Schwierigkeiten.«

»Na gut. Aber diesmal sitze ich mit im Landemodul«, sagt Witali.

»Wie du willst. Dann passe ich auf Mira auf.«

18. Dezember 2119, Eva

MIRANDA SIEHT aus wie der hässliche Zwilling von Enceladus. Beide Monde hängen in holografischer Darstellung in der Zentrale. Den Saturnmond hat Oskar aus dem Archiv geholt. Miranda beobachten die Kameras der Eva gerade live. Nick stellt sich vor, wie ein junges Mädchen nach einer eisigen Nacht eine Handvoll Schnee von einer unberührten Wiese nimmt und zu einem perfekt runden Ball formt, der im Licht der Morgensonne glitzert.

Miranda hingegen ist im Frühling entstanden. Das Mädchen hat sich an den wunderschönen Ball aus dem Januar erinnert und ist in der Hoffnung vor die Tür gegangen, noch einmal so eine Perfektion zu erreichen. Aber diesmal findet sie nur halb aufgetautes Eis am Straßenrand, verschmutzt mit Staub, Erde und Öl. Sie formt die Masse trotzdem zu einer Kugel, muss aber, weil sie sich widersetzt, den harten Untergrund zu Hilfe nehmen. Das Ergebnis ist ein Eisball voller Schrunden und Risse, der schwer in ihrer Hand liegt. Wütend über den hässlichen Ball, wirft sie ihn ihrem Bruder an die Stirn, doch statt in einer Fontäne aus Flocken zu explodieren, zerplatzt er knirschend und hinterlässt eine Wunde, aus der dunkelrotes Blut fließt. Ihr Bruder schreit und kommt mit ausgestrecktem Arm auf sie zu, um es ihr heimzuzahlen.

»Nick? Was sagst du zu meiner Idee?«, fragt Witali.

»Oh, äh …«

»Ich habe gerade vorgeschlagen, dass ich mit Oskar zusammen den Lander nehme, um die Forschungsstation zu untersuchen.«

»Ach ja, das hatten wir doch sowieso schon ausgemacht.«

Die Angleichung des Orbits dauert dann doch deutlich länger als erwartet. Nick hat ein seltsames Gefühl. Es zieht ihn einfach nicht nach unten, deshalb ist er auch gar nicht böse, dass diesmal Witali an der Reihe ist.

»Wir können natürlich auch zu dritt reisen, wenn es dir lieber ist«, sagt Witali. »Ich könnte mir vorstellen, dass du dabei sein willst, wenn …«

»Nein, es ist schon okay. Einer muss euch im Notfall zu Hilfe kommen können. Außerdem ist die Katze sauer, wenn wir sie schon wieder alleinlassen. Ihr haltet mich einfach auf dem Laufenden.«

Ist es etwa Angst, die ihn plagt? Hat der Kampf gegen den Roboter etwas in ihm ausgelöst, das ihn nun davon abhält, sich in Gefahr zu begeben? Er ist dafür verantwortlich, Nikolai zurückzubringen. Da darf er sich keine Ängste leisten. Aber hat er überhaupt Angst? Er kann an den Roboter in der Ferdinand-Basis denken, ohne dass ihm der Schweiß ausbricht. Vor dem Zahnarzt fürchtet er sich definitiv mehr. Nein, es ist keine Angst. Es ist das Gefühl, dass er sich diesen Ausflug sparen kann. Nikolai war vermutlich hier, und es ist wichtig, dass sie unten nach ihm suchen, aber er ist nicht mehr da.

Was ist mit dem Szenario, vor dem er sich gestern noch gefürchtet hat? Er hat Raissa in seinem täglichen Bericht nichts davon erzählt. Aber klug, wie sie ist, wird sie sich alles selbst zusammenreimen. Sie tut ihm leid. Dort unten auf der Erde kann sie noch viel weniger tun als er. Sie ist darauf angewiesen, ihm zu vertrauen. Er darf nicht scheitern. Davor hat er wirklich Angst.

Mira springt ihm auf den Schoß. Sie muss irgendwie mitbekommen haben, dass er derjenige ist, der auf sie aufpassen wird. Nick streichelt sie, und die Katze schnurrt laut. Sie lässt sich auch nicht davon stören, dass Witali und Oskar sich verabschieden. Anscheinend hat Mira ein paar Streicheleinheiten Nachholbedarf. Oder sie will in Wirklichkeit ihn trösten, weil sie bemerkt hat, dass ihn Sorgen plagen. Das Streicheln beruhigt ihn ungemein.

Erst, als das Schott zum Landemodul in seinen Rahmen knallt, springt Mira auf. Sie hüpft auf den Boden und landet in Zeitlupe. Dort macht sie einen Buckel und miaut kurz. *Sie sind weg, lass uns spielen*, so klingt es. Aber dafür ist jetzt wirklich keine Zeit. Nick setzt sich in den Pilotensessel. Er will zumindest miterleben, wie das Landemodul den hässlichen Mond erreicht.

»Witali, darf ich deine Kamera übernehmen?«, fragt er.

»Klar, aber noch gibt es nichts zu sehen«, sagt Witali.

Nick lenkt den Datenstrom der Helmkamera auf seinen Bildschirm um. Er sieht die Decke des Landemoduls. Witali wartet auf den Start. Oskar beginnt mit dem Countdown.

Miranda ist aus der Nähe nicht weniger hässlich als aus der Ferne. Das Landemodul umkreist den Mond zunächst auf der Suche nach der Station. Sie überfliegt dabei bis zu zwanzig Kilometer tiefe Canyons und enorme Verwerfungen, die wie die gigantische Version eines im Frühjahr auftauenden Flusses wirken. Nur ohne das Wasser, denn im Mittel ist es etwa minus 213 Grad Celsius kalt.

Die Station entdecken sie – nicht ganz überraschend – in der Nähe des Südpols. Dort liegt die Inverness Corona, eine über 200 Kilometer durchmessende Senke, die von seltsamen Gräben durchzogen ist. Die Forscher glauben, dass sie bei kryovulkanischen Prozessen entstanden ist. Ähnlich wie am Enceladus-Südpol könnte hier der Zugang zum Ozean unter dem Eis besonders einfach sein.

Ein Problem ist allerdings das Landen. Beim ersten Überflug schafft Oskar es nicht, eine sichere Landezone zu finden.

Nick vergrößert die Umgebung der Station, während seine beiden Freunde ein weiteres Mal um den Mond herumfliegen. Die Forschungsstation ist ein Zwilling der Station auf Ferdinand, allerdings ohne den Laserturm.

Dafür steht etwa einen halben Kilometer entfernt ein fassförmiger Gegenstand auf dem Eis. Aus der Länge seines Schattens berechnet Nick die Höhe. Es sind etwa fünf Meter. Womöglich handelt es sich um einen Fusionsreaktor ähnlich den DFDs der Eva. Er könnte die Energie für ein U-Boot liefern, das unter dem Eis nach Leben sucht. Allerdings entdeckt Nick keine Öffnung, durch die das Schiff ins Innere des Mondes gelangen konnte. Da auch kein Schiff zu finden ist, gab es entweder nie eines – oder es schwimmt noch immer in den dunklen Tiefen.

Nein, es gab kein Schiff. Vermutlich ist Nikolai nie so weit gekommen. Es ist ja nicht so einfach, mal eben ein Eisozeantaugliches U-Boot zu bauen. Großartig, dass sein Sohn sich das zugetraut hat. Nick hätte es gar nicht erst versucht.

»Ich habe jetzt eine Landestelle identifiziert«, meldet Oskar.

»Sehr gut! Hals- und Beinbruch«, sagt Nick.

»Danke, das wünsche ich dir auch.«

Nick schüttelt den Kopf. Wenn Oskar es sagt, klingt es so, als würde er es genau so meinen. Er schaltet auf die Außenkameras des Landemoduls um. Oskar hat die Landung offenbar schon eingeleitet. Sie nähern sich dem Boden überraschend schnell. Wenn er nicht bald bremst, wird das Eis sie wie einen Gummiball reflektieren.

Eine Staubfahne steigt auf. Jetzt bremst Oskar. Nick wundert sich, dass er gar nichts spürt. Na klar – er sitzt ja sicher in der Eva. Links und rechts des Landers ragen nun zwei Wälle auf. Aber der Boden sieht stabil aus. Keinerlei Felsbrocken liegen im Weg. Der Lander setzt auf. Jemand klatscht.

»Warst du das, Witali?«, fragt Nick.

»Oskar hat eine Lehrbuchlandung hingelegt. Da darf man schon mal applaudieren.«

»Nur Touristen klatschen.«

»Ich finde das sehr nett von Witali«, sagt Oskar. »Es fühlt sich gut an, wenn die eigene Arbeit geschätzt wird.«

Nick antwortet nicht. Oskar hat recht. Er sollte ihm öfter sagen, dass er gute Arbeit leistet. Er ist ja auch nicht mehr der Jüngste.

»Dann los«, sagt Witali.

Nick schaltet auf die Helmkamera seines Freundes um. Sie blickt noch immer zur Decke. Aber jetzt nimmt jemand sie hoch. Nick sieht in den Spiegel. Witali steht davor und zieht sich aus. Er hat sich körperlich gut gehalten.

»Wenn du den Exosuit vom Suitport benutzt, musst du dich nicht ausziehen«, sagt Nick.

»Ich nehme lieber meinen eigenen Anzug«, sagt Witali.

»Aber der Exosuit hat sogar Kraftverstärker.«

»So etwas brauche ich doch nicht.«

Witali beugt sich über den Helm und zeigt der Kamera seine Armmuskeln.

»Beeindruckend«, sagt Nick. »Trotzdem hoffe ich, dass du keinem Sicherheitsroboter begegnest.«

»Das hier ist eine reine Forschungsstation. Da arbeiten Wissenschaftler, keine Killerroboter.«

»Wissenschaftler brauchen Schutz noch viel dringender«, sagt Nick.

»Warten wir es ab.«

Die Kameraperspektive verändert sich, weil Witali wohl den Helm aufsetzt. Etwas klackt. Das muss der Verschluss am Hals sein.

»Ich bin so weit«, sagt Witali. »Ist Mira bei dir?«

Die Katze liegt auf Witalis Sessel in der Zentrale. Sie miaut.

»Danke, das wollte ich hören«, sagt Witali. »Dann kann Oskar nun das Schott öffnen.«

Er fliegt! Offenbar springt Witali einfach, statt die kurze Landeleiter zu benutzen. Nick sieht sich über seine Helmkamera um, die er um fast 180 Grad schwenken kann. Es ist ziemlich dunkel. Das liegt vor allem an den beiden bestimmt 500 Metern hohen Wällen links und rechts, die einen bedrohlichen Eindruck machen. Sie sehen aus, als könnten sie sich jederzeit in Bewegung setzen, um ein paar Menschen zu zerquetschen. Dabei sind sie gut und gern ein, zwei Kilometer entfernt.

Der Blick schwenkt nach hinten. Oskar hat es hier draußen nicht ganz so einfach. Die Kamera nähert sich ihm wieder. Nick sieht zu, wie Witali Oskar am langen Arm packt und auf seine Schulter lädt. Dann kommt das Gebäude schnell näher. Nick kann nicht lange auf den Bildschirm sehen, weil ihm sonst übel wird, denn das Bild hüpft in großen Bögen. Er fokussiert sich auf Uranus, der majestätisch über dem Horizont steht. Schade, dass sie sich so weit südlich befinden, sonst wäre der Riesenplanet noch beeindruckender.

»Wir sind an der Basis angekommen«, sagt Witali.

»Ich sehe es. Wollt ihr nicht zuerst das Kraftwerk kontrollieren?«, fragt Nick.

»Oskar verspricht sich nichts davon. Es gibt keine Anzeichen für Bohrungen ins Eis.«

Das sollte ihn eigentlich beruhigen, denn dann kann Nikolai nicht unter dem Eis verunglückt sein. Aber so einfach funktioniert das nicht.

»Vielleicht sind sie ja einfach bloß zugefroren«, sagt Nick.

»Das ist unwahrscheinlich«, sagt Oskar. »Es müsste Spuren an der Oberfläche geben, jede Menge sogar. Aber das Einzige, was ich finden konnte, ist ein direkter Trampelpfad zwischen Basis und Kraftwerk. Die haben das Kraftwerk bloß zur Energiegewinnung genutzt.«

»Zufrieden?«, fragt Witali.

»Ja, einigermaßen«, sagt Nick.

»So was habe ich ja schon befürchtet«, sagt sein Freund.

»So was?«

»Na, dass du dich dauernd von oben einmischst. Wie oft

habe ich mich aus der Eva gemeldet, als du auf Ferdinand warst?«

»Gar nicht. Ich wollte mich schon beschweren, dass es dich wohl kein bisschen interessiert.«

»Es hat mich sehr interessiert. Aber ich habe dich machen lassen. Sogar noch, als du angefangen hast, den Laserturm zu bewerfen.«

»So bin ich immerhin in das Gebäude gekommen.«

»Du wärst dabei beinahe ums Leben gekommen. Ich habe das im Infrarot beobachtet. Mindestens zwei Mal hat dich der Laser bloß um ein paar Zentimeter verfehlt.«

Oh. Das ist ihm gar nicht aufgefallen.

»Du hättest mich ja warnen können, Witali.«

»Ich habe dir vertraut. Also habe ich dich machen lassen. Ich habe angenommen, dass du schon wüsstest, was du tust.«

»Ja, das wusste ich auch. Die beiden Beinahe-Treffer waren gut berechnet.«

»Natürlich, Nick.«

War das eben ein spöttischer Unterton? Nick geht nicht darauf ein.

»Ich verstehe schon, was du mir sagen willst. Ab sofort lasse ich dich in Ruhe. Versprochen.«

»Danke für dein Verständnis.«

»Gern.«

So ganz ehrlich war Nick nicht. Er hat ja vielleicht doch etwas Wertvolles für die Suche beizutragen? Aber die beiden sind nun auf sich gestellt. Sollen sie doch ohne ihn auskommen. Er klinkt sich aus Witalis Kamera aus und schiebt den Bildschirm weg.

»Mira, wo bist du?«

Die Katze rührt sich nicht.

»Miez-miez-miez.«

Er bewegt Daumen und Zeigefinger gegeneinander und macht mit dem Mund schmatzende Geräusche. Keine Reaktion. Die Katze interessiert sich auch nicht für ihn.

Na gut. Nick zieht den Bildschirm wieder heran und ruft die Karte auf. Das System lokalisiert seine Freunde automatisch. Zwei grüne Punkte bewegen sich an dem Gebäude auf und ab. Anscheinend finden sie keinen Eingang. Er reibt sich die Hände. Gleich werden sie ihn fragen, ob er nicht eine Idee hat. Wie er das mit dem Laser gelöst hat, das war schon ziemlich clever!

»Wir betreten jetzt das Gebäude«, sagt Oskar.

»Wie habt ihr euch identifiziert?«, fragt Nick.

»Das war nicht nötig«, antwortet Oskar. »Hier kommt wohl nicht oft jemand vorbei.«

Die grünen Punkte verschwinden in dem Rechteck. Nick ist drauf und dran, sich wieder mit Witalis Kamera zu verbinden, aber die Blöße will er sich nicht geben. Die beiden schaffen es schon. Er vertraut ihnen.

»Hier ist alles sehr sparsam eingerichtet«, sagt Oskar. »Anscheinend ist die Basis noch ziemlich neu.«

»So neu auch nicht«, sagt Witali. »Es liegt eine Menge Staub herum. Offenbar war schon eine Weile niemand mehr hier.«

Nikolai muss enttäuscht gewesen sein, als er die Forschungsstation erreicht hat. Er hat sich bestimmt vorgestellt, so etwas wie das Enceladuswesen zu finden. Damit wäre er in die Geschichte eingegangen. Forscher sind zwar längst an ganz verschiedenen Stellen im Sonnensystem auf Leben gestoßen, aber jede neue Entdeckung erweitert das Wissen über die Vielfalt, die das Universum zu bieten hat.

Aber wieso ist er nicht einfach zurückgekehrt?

»Ich verbinde mich mit dem Hauptcomputer der Station«, sagt Oskar. »Oh, das ist ein enorm leistungsfähiges Modell. So etwas Flottes habe ich lange nicht gesehen.«

»Heißt das, dass diese Basis wichtiger für RB war als die, die den Laser steuert?«, fragt Nick.

»Zumindest ökonomisch wichtiger. Das sieht man sehr gut daran, wie viel sie hier investiert haben«, sagt Oskar.

»Und das alles wegen ein paar Lebensspuren in einem Ozean?«, fragt Nick.

»Nein. Ich gehe gerade ein paar Accounts durch. Die

meisten gehören Mitarbeitenden der Abteilung für Weltraumbergbau.«

Das Helium-3, von dem Raissa gesprochen hat.

»Wäre es möglich, dass es auf Miranda Helium-3 gibt?«, fragt Nick.

Auf der erdabgewandten Seite des Mondes hat man schließlich auch einen gewissen Vorrat davon gefunden.

»Nein. Dazu ist Miranda viel zu weit von der Sonne entfernt. Es ist aber der innerste der großen Monde.«

»Und?«

»Von hier aus gelangen sie schneller zum Planeten als von weiter außen«, erklärt Oskar. »Es gibt zwar noch kleinere Monde näher an Uranus, aber Miranda ist gerade noch so groß, dass ein größeres Schiff darum einen Orbit einschlagen kann. Dieser Mond eignet sich also noch am besten als Basis.«

»Eine Basis, um in der Atmosphäre von Uranus Helium-3 zu gewinnen.«

»Genau.«

»Kannst du das mit Daten aus den Accounts bestätigen?«, fragt Nick.

»Leider nicht«, sagt Oskar. »Ich bräuchte Wochen, um die alle entschlüsseln zu können.«

»Wie sollen wir dann Nikolai finden? Wir müssen ihn aufspüren. Ich habe es meiner Familie versprochen.«

»Wir werden ihn finden«, sagt Witali.

»Es sieht tatsächlich gut aus«, sagt Oskar. »Auf dem Computer hat sich auch Nikolai einen Account eingerichtet, zu dem ich mit deinem Geburtsdatum Zugang bekommen habe. Man könnte fast meinen, dass es Absicht war. Anscheinend hat dein Sohn hier ein paar Notizen abgelegt. Ich überspiele sie dir, dann musst du nicht so untätig herumsitzen.«

»Oh, danke!«

Der Computer macht »pling«. Nick öffnet die Datei, die gerade angekommen ist. Es handelt sich um ein umfangreiches Dokument. Nikolai hat zuerst ein paar Ablaufpläne notiert, etwa die Schrittabfolge zur Wartung des Lasers auf Ferdinand. Das muss kurz nach seiner Ankunft passiert sein.

Dann folgen Notizen zu Jean-Pierre. Er hat sich aufgeschrieben, was die KI mag und was nicht, über welche Themen sie gern spricht und womit sie anscheinend Probleme hat.

Gleich darunter hat er die Skizze eines U-Boots gezeichnet. Es besitzt einen Heißwasserbohrer an der Spitze. Ein Kabel versorgt es mit Energie. Das Design orientiert sich offenbar an der bekannten »Valkyrie«, die vor ewiger Zeit den Enceladus-Ozean erkundet hat. Nikolai hat allerdings versucht, Teile einzusetzen, die er an Bord des RB-Schiffes zu finden hoffte, das ihn hergebracht hat. Richtig zufrieden war er mit seinen Entwürfen aber offenbar nicht. Immer wieder hat er sie durchgestrichen und neu begonnen. Nick wird ganz warm ums Herz, weil er an die ersten Zeichnungen denken muss, die ihm sein Sohn geschenkt hat. Er hat damals am liebsten Raumschiffe gemalt. Trotzdem hat Nick gehofft, dass er nie Astronaut werden würde. Nun ja, sein Sohn ist seinen eigenen Weg gegangen.

Jetzt wird es interessant. Anscheinend hat Nikolai einen Empfänger konstruiert, der das Signal auffangen sollte, das sie zu Miranda gelockt hat.

»Oskar? Könnt ihr euch mal umsehen, ob ihr eine Radioantenne findet, die da herumsteht?«

»Ja, die ist riesig«, sagt Oskar. »Liegt hier in der Ecke. Bestimmt fünf Meter Durchmesser. Ich frage mich, wie sie hier hereingekommen ist.«

»Sie lässt sich so weit falten, dass sie durch die Schleuse passt. Nikolai hat sie konstruiert. Damit wollte er das Signal aus dem Ozean auffangen.«

»Und, war er erfolgreich?«, fragt Oskar.

»Nein. Er war ziemlich enttäuscht, glaube ich. Zuletzt wollte er es weiter nördlich in der Elsinore Corona versuchen.«

»Wollte?«

Nick hat selbst noch nicht bis zum Schluss gelesen. Deshalb braucht er ein bisschen für die Antwort.

»Er ist tatsächlich losgelaufen. Nach knapp hundert Kilometern hat er die Antenne getestet. Dabei hat er sie ausnahmsweise auch mal andersherum gedreht. Und plötzlich kam das Signal durch!«

»Dann ist Uranus die Quelle«, sagt Oskar. »Hier unten im Süden, wo er nur halb über dem Horizont steht, kann der Empfang nur schlecht funktionieren. Deshalb hat sich sein Ausflug gelohnt. Du hast einen schlauen Sohn!«

»Dann wissen wir ja nun auch, wo wir nach ihm suchen müssen«, sagt Nick.

»Ich muss dir leider sagen, dass das keine allzu gute Nachricht ist«, entgegnet Oskar. »Es sieht ja so aus, als wollte Nikolai nicht gefunden werden. Dafür ist Uranus perfekt geeignet! Er hat Ringe und kleine Monde, also jede Menge Brocken, hinter denen man sich verstecken kann. Und dazu noch die dichte Atmosphäre … Das wird keine leichte Aufgabe.«

»Das glaube ich, Oskar. Aber wir werden das Problem lösen, koste es, was es wolle.«

Sie treffen sich in der Eva wieder. Witali ist ein bisschen mürrisch. Er hätte den Mond gern noch ein bisschen weiter erforscht, sagt er, aber er sieht ein, dass sie nicht deswegen hergekommen sind. Die Katze streicht um seine Beine und entlockt ihm damit ein Lächeln. Endlich ist Mira mal Nicks Verbündete.

»Und, was gibt es zu essen?«, fragt Witali.

»Tut mir leid, aber ich hatte keine Zeit zum Kochen. Soll ich deine Blini aufwärmen?«

Witali hat so viele Pfannkuchen zubereitet, dass sie noch für eine vierte Mahlzeit reichen.

»Sind die immer noch nicht alle?«, fragt Witali. »So langsam habe ich genug davon.«

»Ich auch«, sagt Nick. »Lass uns irgendwas Fertiges aufmachen.«

»Mach mir doch bitte etwas mit Huhn«, sagt Witali. »Ich muss erst einmal unter die Dusche.«

Es ZIEHT ein intensiver Duft nach Hühnersuppe durch die Zentrale. Nick hat Trinkhalme auf den Dosen befestigt. Löffeln kann man die Suppe in der Schwerelosigkeit schlecht. Witali kommt mit nacktem Oberkörper, schnuppert und grinst. Mira folgt ihm. Sie setzt sich auf Nicks Schoß und wartet wohl darauf, dass er ihr etwas abgibt. Nick lässt einen Tropfen Suppe aus dem Trinkhalm. Er ist perfekt rund. Winzige Fettblasen schwimmen darin. Die Katze greift mit der Pfote danach, und die flüssige Kugel verschwindet. Dass ihr Fell sie aufgesaugt hat, versteht Mira nicht. Sie maunzt und springt beleidigt an die Decke.

Nick saugt an dem Halm. In der Suppe steckt natürlich keine echtes Huhn, aber den Geschmack hat RB wirklich gut hinbekommen. Oskar hat sich mit dem Schiffsrechner verbunden. Das holografische Display zeigt in schneller Abfolge einen Uranus, der sich aufbläht und in sich zusammenfällt.

»Was machst du da eigentlich?«, fragt Nick.

»Ich berechne eine optimale Route«, sagt Oskar.

»Ach, haben wir schon entschieden, wohin wir wollen?«

»Eine solche Entscheidung ist nicht nötig. Wir suchen Nikolai, korrekt?«

»Richtig«, sagt Nick.

»Es gibt nur eine bestimmte Menge an Orten, wo er sich vor unseren Instrumenten verbergen kann. An einem dieser Orte hält er sich auf. Also brauchen wir eine Route, die in möglichst kurzer Zeit all diese Orte abklappert.«

»Was sind das für Orte?«, fragt Nick.

»Die inneren Monde, die Ringe, die Atmosphäre.«

»Und wie viel Zeit kostet uns das?«

»Eine nicht optimierte Version dauert etwa ein halbes Jahr.«

»Das ist zu lang.«

»Ich weiß, Nick. Darum gehe ich mit meinen Simulationen …«

»Wir können die Zeit halbieren, wenn wir uns trennen«, sagt Witali. »Wir haben ja schon darüber gesprochen. Das Gartenmodul ist relativ unkompliziert abzukoppeln. Oskar hat schon alles dafür vorbereitet.«

»Moment mal«, sagt Nick. »Wir haben sogar drei unabhängige Schiffe – den Lander gibt es ja auch noch. Also können wir im schlechtesten Fall in zwei Monaten fertig sein.«

»Das Landemodul ist für die Untersuchung der verschiedenen Mondorbits zu langsam«, sagt Oskar. »Das gilt auch für das Gartenmodul. Ich schlage deshalb vor, dass wir uns erst trennen, wenn wir die Ringe erreicht haben.«

»Ich bin nicht sicher, ob wir die Monde überhaupt brauchen«, sagt Nick. »Das Signal kam vom Uranus.«

»Das ist nicht gesagt. Es kam aus seiner Richtung. Aber die Quelle könnte einer der anderen Monde gewesen sein«, sagt Oskar.

»Wir kennen ja das Datum«, sagt Nick. »Also können wir ausrechnen, welcher Mond in Frage kommt. Die anderen sparen wir uns.«

»Und wenn er sich anderswo versteckt?«, fragt Witali.

»Aber warum sollte er?«, fragt Nick. »Er ist dem Signal gefolgt. Also muss es bei seiner Quelle einen Grund geben, der Nikolai zur Meuterei bewogen hat. Es könnte, muss aber nicht mit der beabsichtigten Helium-3-Gewinnung zu tun haben.«

»Das klingt logisch«, sagt Witali.

Der Uranus im Holodisplay fällt in sich zusammen.

»Cordelia und Rosalind kommen in Frage«, sagt Oskar.

»Was sind das eigentlich alles für Namen?«, fragt Witali. »Denkst du dir die aus?«

»Das sind Shakespeare-Figuren, du Banause«, sagt Oskar.

19. Dezember 2119, Eva

Rosalind sieht aus wie eine verbrannte Kartoffel. Der Mond zieht langsam an ihnen vorüber. Die Eva hat zunächst den My-Staubring durchquert, um sich dann von dem 72 Kilometer durchmessenden Mond einholen zu lassen. Rosalind ist ein Phänomen, weil der Mond schneller orbitiert, als sich Uranus dreht. Für jemanden, der beliebige Orte um den Uranus-Äquator erreichen will, wäre Rosalind damit ein gutes Versteck. Wie ein Stadtbus fährt der Mond den ganzen Planeten ab.

Aber sie finden keinerlei Spuren von Technik. Das Radar macht zwar Risse und Spalten im Material des Mondes aus. Womöglich speist er daraus den Ny-Staubring, an dessen äußerem Rand er orbitiert. Aber die Spalten sind zu eng, um darin ein Schiff der Größe der Eva zu verbergen. Oskar nimmt die Aufgabe trotzdem sehr ernst und tastet den Mond komplett ab. Nick verfolgt den Prozess mit dem Holodisplay. Langsam vollendet sich die Kartoffelform.

Er greift in das Display hinein. Das Holobild setzt ihm keinen Widerstand entgegen. Mit einer Geste schrumpft er es, bis von links und rechts zwei weitere Monde ins Bild kommen. Es sind Portia, der sich weiter innen befindet, und der winzige Cupid weiter außen. Portia wäre sicher ein besseres Versteck, weil er weitaus größer ist. Aber er kommt wegen der Richtung, aus der das Signal kam, nicht in Frage.

»Scannen beendet«, sagt Oskar.

Nick kontrolliert seinen Gurt. »Ist Mira gesichert?«, fragt er.

Die Katze ist auf der letzten Etappe von der Decke gestürzt. Sie hat sich zwar nichts gebrochen, aber sie haben sich vorgenommen, besser auf sie aufzupassen.

»Au!«, ruft Witali. »Katze gesichert.«

Auch wenn Mira das nicht gefällt.

DER WEG zu Cordelia ist steinig. Oskar versucht es zunächst mit einem direkten Kurs in der Äquatorebene des Uranus. Aber das Schiff beschwert sich immer wieder über sich nähernde Eis- und Staubklumpen. Die andauernden Ausweichmanöver brauchen bald mehr Energie, als wenn sie den Kurs korrigieren und die Ebene verlassen.

Jetzt nähern sie sich dem Mond von oben. Da er gebunden rotiert, hat das den Nachteil, dass sie nur eine Seite abtasten können. Wenigstens ist Cordelia mit 40 Kilometern nicht so riesig, dass sie erst noch in einen Orbit schwenken müssen.

»Tauchen gleich in Äquatorialebene ein«, kündigt Oskar an.

Wenn sich Nikolai hier versteckt, werden sie sein Schiff in ein paar Sekunden sehen. Nick hält die Katze fest. Sie krallt sich in seine Knie, als wüsste sie, worum es geht. Es schmerzt, aber das lenkt ihn wunderbar von den Hüftschmerzen ab, die vor einer halben Stunde wieder begonnen haben. Er sitzt einfach zu viel herum auf dieser Reise. Gerade ein alter Körper braucht Bewegung.

»Da ist nichts«, sagt Oskar.

Der Roboter sieht die Bilder des Radars früher, weil er sie in seinem eigenen Speicher verarbeitet. Das sei effektiver, behauptet er. Vermutlich ist er einfach nur neugierig.

»Schade«, sagt Witali.

Nick seufzt. Es wäre alles viel einfacher, hätte sich Nikolai hier versteckt. Aber wirklich geglaubt hat er es nicht. Sein Sohn macht es RB so schwer wie möglich. Und Nick muss sich mit der Tatsache anfreunden, dass er für Nikolai den Gegner darstellt. Er ist RB, und er kommt hierher, um Nikolai von dem abzubringen, was er als richtig erachtet. Vermutlich müssen sie sich darauf einstellen, dass er sie auch als Gegner behandelt. Was immer das heißt.

»Habt ihr die Katze noch?«, fragt Oskar.

»Ja, sie ist bei mir«, sagt Nick.

Mira bemerkt, dass über sie gesprochen wird, und hebt den Kopf.

»Ich denke, du kannst sie laufen lassen«, sagt Oskar. »Ich bremse jetzt konstant, bis wir die äußersten Atmosphärenschichten erreichen.«

»Wie lange brauchen wir?«

»Ich habe es so berechnet, dass wir morgen früh ankommen. Dann sind wir ausgeruht, wenn das Finale der Jagd beginnt.«

»Danke, Oskar«, sagt Witali. »Ich gehe gleich mal unter die Dusche.«

Das ist eine gute Idee. Solange Schwerkraft herrscht, duscht es sich einfach besser. Nick lässt die Katze los. Sie gräbt ihre Krallen noch einmal in seinen Oberschenkel.

»Danke, Mira«, sagt er.

Mira nickt, ganz wie ein Mensch. Dann fliegt sie in einem kräftigen Sprung davon.

20. Dezember 2119, Eva

Nick erwacht unter einem blauen Himmel. Aber er sieht sofort, dass es ein außerirdischer Himmel ist. Langgezogene, weiße Streifen huschen über ein graues, fast metallisches Blau, das bei genauerem Hinsehen selbst in nah beieinander liegende Bahnen zerfasert. Es ist Methan, das den Himmel blau färbt, nicht Sauerstoff wie auf der Erde.

»Großartiger Anblick, was?«, fragt Witali.

»Ihr sollt euch nicht daran ergötzen, sondern aufpassen, dass uns Nikolai nicht durch die Lappen geht«, sagt Oskar, der den Holoprojektor auf die Decke gerichtet haben muss.

»Was ist mit der Bilderkennung des Schiffs?«, fragt Nick.

»Läuft, aber es ist nicht so einfach, das zu programmieren«, sagt Oskar. »Wir wissen ja nicht, was genau wir im Hintergrund sehen werden.«

»Du bist nicht sicher, ob du gut gearbeitet hast?«, fragt Nick.

»He, ich mache hier als Einziger die Arbeit, während ihr schlaft«, sagt Oskar. »Natürlich bin ich sicher. Aber es gibt keine hundertprozentige Lösung.«

»Wir halten nach dem fremden Raumschiff Ausschau«, sagt Witali. »Mach dir keine Sorgen.«

»Danke. Ich muss nämlich jetzt eine halbe Stunde ans Ladedock, sonst falle ich in der Trennungsphase aus.«

Oh, die Trennung. Die hat Nick erfolgreich verdrängt.

»SEI VORSICHTIG«, sagt Nick.

»Du auch«, antwortet Witali von der anderen Seite.

Nick nimmt die Metallplatte, die den Übergang zum Gartenmodul versperren soll. In diesem Moment schießt ein Schatten aus dem Loch unter der Werkbank.

»Mist, Mira ist mir entwischt«, sagt Witali.

Nick sieht sich um. Die Katze ist nirgends zu sehen.

»Seid ihr bald so weit?«, fragt Oskar per Funk. »Wir sollten nicht zu tief in die Atmosphäre sinken.«

»Die Katze ist im Schiff«, sagt Nick.

»Dann will sie es eben so«, sagt Witali. »Mach einfach zu.«

Sie hatten sich überlegt, dass Mira im Gartenmodul vielleicht am besten zurechtkommen würde. Es ist von den drei Einheiten, in die sich die Eva aufteilt, die mit der geringsten Beschleunigung. Oskar wartet am Steuer des Landemoduls, das besonders mobil ist, dafür aber die geringsten Treibstoffvorräte besitzt. Wenn Oskar sich verschätzt, schafft er es aus eigener Kraft nicht mehr zur Eva zurück. Er darf sich nicht verschätzen.

Nick drückt die Platte gegen das Schott, das zuvor den Übergang zum Gartenmodul bildete, und schraubt sie fest. Es ist bloß eine dünne Metallplatte, aber der Druckunterschied ist ja auch nicht so groß. Die Eva hat keine Druckzelle. Sie wird also nicht so tief in die Atmosphäre tauchen können wie das Gartenmodul, das auf einem alten Drucktank basiert, und der Lander, der für planetare Atmosphären konstruiert wurde.

Er kratzt sich am Kopf. Nick hat ein schlechtes Gewissen. Sie suchen nach seinem Sohn, und ausgerechnet er, der Vater, übernimmt den am wenigsten gefährlichen Teil. Oskar und Witali haben aber auf dieser Aufteilung bestanden. Denn wenn Nikolai das RB-Schiff erkennt, ist Nick wohl der, der ihn noch am einfachsten von einem Angriff abbringen kann. Witali, das haben sie vereinbart, wird auf keinen Fall von sich aus Kontakt zu Nikolai aufnehmen. Sie können nicht ausschließen, dass sein Schiff bewaffnet ist.

Es rumpelt in der Wand.

»Trennung abgeschlossen«, sagt Witali.

Er hört seinen Freund nun über den Knopf in seinem Ohr.

»Warte, ich bewege mich in die Zentrale.«

Nick schießt nach oben. Auf seinem Sitz hat es sich Mira bequem gemacht, also benutzt er Witalis Platz. Er loggt sich in den Steuerungsrechner ein.

»Ich feuere kurz mit dem Haupttriebwerk«, sagt er.

»Verstanden«, sagt Witali.

Er gibt einen kurzen Impuls. Das Fusionstriebwerk benutzt einen Teil seiner Leistung, um die Stützmasse zu erhitzen, und öffnet das Ventil. Die Stützmasse schießt heraus und erzeugt damit Schub. Mira sieht ihn erbost an.

»Ich kann doch nichts dafür«, sagt Nick.

»Was ist?«, fragt Oskar.

»Ich habe bloß mit Mira geredet«, sagt Nick.

»Es ist keine Schande, Selbstgespräche zu führen«, sagt Oskar. »Es ist sogar gut für eure psychische Gesundheit.«

»Na, damit kennst du dich ja aus«, sagt Nick.

»Das stimmt«, sagt Oskar.

Ein dumpfes Rumpeln. Nick streichelt Mira, um sie zu beruhigen. Die Katze genießt es und schnurrt. Sie haben damit gerechnet, dass es ein paar Berührungen zwischen Gartenmodul und Eva geben könnte, während sich das Modul vom Schiff löst. Nichts davon ist gefährlich. Wieder ein Rumpeln. Mira macht sich steif und fährt die Krallen aus.

»Psssst, alles ist gut«, sagt Nick.

»Das kann ich bestätigen«, sagt Oskar. »Nehme Bahnkorrektur vor.«

Sie haben vereinbart, dass sie in etwa derselben Höhe durch die Uranus-Atmosphäre streifen werden, aber auf gegeneinander versetzten Bahnen. Dabei entfernen sie sich um bis zu 500 Kilometer voneinander. Nach einer halben Umkreisung treffen sie sich automatisch wieder. Falls einer von ihnen etwas entdeckt, wollen sie zunächst keinen Kontakt mit dem unbekannten Schiff aufnehmen, sondern damit warten, bis sie beim folgenden Orbit dann gemeinsam auftreten können.

Das ist die Idee. So können sie die Atmosphäre mit weniger Zeitaufwand absuchen. Jetzt braucht sich Nikolai nur noch an ihren Plan zu halten, indem er möglichst selten seine Postion wechselt. Denn das ist die Schwachstelle ihres Vorgehens: Falls er sie bereits entdeckt hat, braucht er ihnen bloß mit einem gewissen Mindestabstand zu folgen, und sie werden nie auf ihn stoßen.

Wie wahrscheinlich ist das? Nicht sehr, sagt Oskar. Das Versteck in der Atmosphäre hat den Vorteil, dass es von außen kaum per Radar oder anderer Sensorik auszumachen ist. Die Magnetfelder des Uranus sind viel zu stark, und die Luftschichten sind zu dicht. Das bedeutet aber auch, dass jemand, der sich dort versteckt, ebenfalls nicht bemerkt, was auf ihn zukommt, bis es zu spät ist, vor der Entdeckung zu fliehen.

»Sicherer Abstand erreicht«, sagt Witali.

Da Witalis Gartenmodul am schlechtesten manövrierbar ist, ist es nun Nicks Aufgabe, den Kurs der Eva zu ändern. Er gibt mit einer Hand den Befehl dazu ein. Alle Daten sind schon vorberechnet. Mit der anderen Hand hält er Mira fest. Ein kurzer Impuls von rechts. Die Katze dreht sich dorthin, woher die Kraft kam, und zuckt zusammen, wohl weil da nichts ist. Er greift ihr unter das Kinn und krault sie. Das lenkt sie ab.

»Wir sehen uns in vier Stunden wieder, Freunde«, sagt Oskar.

Die Zeit dehnt sich. Die Eva fliegt nun so tief, dass weder unter noch über ihr Strukturen in den Luftschichten erkennbar wären. Sie bewegt sich nur ein bisschen schneller, als Uranus rotiert. Deshalb ist die Reibung an der Atmosphäre gering und das Schiff erwärmt sich bloß ganz langsam. Der Orbit ist so berechnet, dass die Eva in der Mitte des Orbits die tiefste Stelle erreicht. Danach geht es wieder nach außen.

Von allen drei Schiffen weist die Eva den größten Querschnitt auf, wird also am stärksten gebremst. Sie hat aber auch die besten Triebwerke, um zu den anderen aufschließen zu können. Um sich selbst macht sich Nick deshalb keine Sorgen. Am meisten gefährdet ist vermutlich Oskar, weil sein Treibstoff begrenzt ist. Nach zwei Orbits muss er an der Eva anlegen, um auftanken zu können.

Noch ist allerdings keinerlei Gefahr in Sicht. Es könnte eine Routinemission sein. Aber vor diesem Gefühl muss er sich in Acht nehmen. Er muss stets wachsam bleiben – was gar nicht so einfach ist, weil Mira auf seinem Schoß sitzt und schnurrend schläft. Das ist verdammt ansteckend. Nick gähnt.

Er wacht wieder auf, weil das Schiff ihn vor der Annäherung eines Objekts warnt. Mist! Hoffentlich hat er nichts verpasst. Er geht die Logdaten der letzten zwei Stunden durch. Keinerlei Beobachtungen, nichts außer Wolken, Wolken und Wolken, über und unter ihm.

»Oskar an alle, ich sehe euch.«

Offenbar haben sie auch die Funkreichweite wieder unterschritten.

»Bestätigt«, sagt Witali und gähnt laut. »Mann, ist das anstrengend, dauernd ins Nichts zu starren!«

»Wem sagst du das«, antwortet Nick.

»Ich fand es sehr interessant«, sagt Oskar. »Sind euch die aufwärts führenden Strömungen aufgefallen? Die Temperaturunterschiede lagen bei bis zu zwölf Grad!«

»Oh«, sagt Nick.

»Ja, da staunst du, was?«, fragt Oskar. »Das bedeutet, es muss weiter unten sehr energiereiche Schichten geben. Vielleicht sind es Antizyklone, die sich gegenseitig aufladen.«

»Dann sollten wir von diesem Bereich wohl besser Abstand halten«, sagt Witali.

»Im Auge eines solchen Sturms ist es nicht besonders gefährlich. Tatsächlich wäre man dort ziemlich sicher vor jeder Entdeckung aus der Ferne. Mit dem Radar komme ich nur in die äußeren Bereiche. Zu viel Wasser.«

»Wasser?«, fragt Nick.

Vielleicht können sie damit die Stützmassetanks der Eva auffüllen. Das wäre praktisch. Sie könnten auf dem Rückflug doppelt so lange beschleunigen und bräuchten vielleicht nur ein Drittel der Zeit. Aber es ist viel zu früh, darüber nachzudenken.

»Ja, Wasser«, sagt Oskar. »Es ist schon länger bekannt, dass die oberen Bereiche der Uranus-Atmosphäre relativ viel davon enthalten.«

»Dann sollten wir die Augen der Stürme im Blick behalten«, sagt Witali.

»Auf jeden Fall«, sagt Oskar. »Aber du musst mir versprechen, mit dem Gartenmodul nicht nachzusehen. Es ist nicht flexibel genug, um mit den Bewegungen der Antizyklone Schritt zu halten.«

»Okay. Ich sehe hin, aber ich sehe nicht nach.«

Der Steuercomputer piepst. Es ist Zeit für die Korrektur des Orbits. Nick tippt den Befehl dazu ein.

»Wir sehen uns dann auf der anderen Seite«, sagt er.

Diesmal wird er nicht einschlafen. Nick hat nämlich eine Idee, wie er sich wachhält: Er steigt aus, und zwar dann, wenn die Eva den niedrigsten Punkt ihrer Bahn erreicht hat. Es mag jetzt noch keine Rolle spielen, aber irgendwann wird es wichtig sein, wie gut die Atmosphäre hier dazu geeignet ist, um die Tanks aufzufüllen. Dazu muss er ein paar Proben nehmen.

Nick wählt den schweren Raumanzug. Er ist nicht ganz sicher, wie die Druckverhältnisse sind, und die schwere Variante hält ihn auf jeden Fall am Leben. Der Nachteil ist nicht so sehr, dass sie viel wiegt, sondern dass das Oberteil ziemlich starr ist. An den Gelenken besitzt es zwar zusätzliche Motoren, aber die Glieder selbst sind nicht biegsam.

Egal. Nach der gespannten Langeweile bisher ist es eine schöne Abwechslung. Nick ist ganz froh, dass im Moment keine Funkverbindung zu den anderen möglich ist. Oskar würde ihm bestimmt reinreden wollen. Aber das zieht er jetzt durch. Er schlüpft in das noch einigermaßen flexible Unterteil. Es quetscht seine Weichteile unangenehm, und um es über den Bauchansatz zu bekommen, muss er das Unterhemd ausziehen. Natürlich beschwert sich auch die verdammte Hüfte wieder. »Drauf geschissen«, flucht er laut. Er ist ja allein, und es tut ihm gut.

Das Oberteil ist einfacher anzuziehen, obwohl es fast völlig starr ist. Es wurde wohl so hergestellt, dass es wirklich jedem Crewmitglied passt. Es gibt sogar Aussparungen für die Brüste. Nick verbindet es mit dem Unterteil. Aber wo ist der verdammte Helm? Er durchsucht die Eva, was im schweren Raumanzug nicht einfach ist. Schnell gerät er ins Schwitzen. Die Ventilation funktioniert noch nicht, weil der Helm fehlt.

Er findet ihn schließlich in Witalis Kabine. Sein Freund hat ihn an die Lebenserhaltung angeschlossen. Wenn man beim Schlafen seinen Kopf hineinlegt, funktioniert der Helm als Klimaanlage. Sehr schlau, aber er hätte ihm ja auch Bescheid sagen können. Nick montiert den Helm ab und untersucht ihn. Immerhin ist er nicht beschädigt, also setzt er ihn auf. Sofort bläst ihm die Lebenserhaltung kühle Luft ins Gesicht. Er reguliert die Intensität etwas herunter.

Der Helm hat mittlerweile eine Art Checkliste gestartet, die er nun abarbeiten muss, indem er einen Knopf unter dem Kinn drückt. Schritt für Schritt überprüft er so alle Verbindungen und Verschlüsse. Der Anzug besitzt auch allerlei Werkzeugaufsätze. Im besten Fall besitzt sein Nutzer vier Arme, einen Flammenwerfer und eine Art Schwanz, mit dem er sich festhalten kann. Der Flammenwerfer ist leider nicht an Bord zu finden, und den Schwanz wird er nicht brauchen. Es gibt am Bauch aber auch eine Probentasche, in der er acht nagelneue Glasbehälter findet. Perfekt.

Nick schwebt in die Schleuse. Er hat mindestens eine halbe Stunde Zeit, bevor das Schiff wieder beschleunigen muss, um zu den anderen aufzuschließen. Als sich das äußere Schott öffnet, erwartet er, in dichten Nebel einzutauchen, aber er hat sich geirrt. Draußen ist es fast vollkommen dunkel. Er klinkt seine Sicherungsleine ein und springt hinaus. Der Schwung trägt ihn ein paar Meter, bis die Leine ihn zurückzieht. Hier herrscht eine merkwürdige Stimmung. So ungefähr stellt er sich die Welt zwischen Leben und Tod vor. Die Druckanzeige verrät, dass ein Viertel bar herrscht, also ein Viertel des Drucks auf der Erdoberfläche. Davon ist aber fast nichts zu bemerken. Da ist kein Wind zu spüren, kein Lüftchen regt sich. Offenbar rotiert die Lufthülle zumindest in diesem Bereich mit dem Uranus mit, und die Eva hat sich fast perfekt angepasst.

Es existiert aber auch kein Unten und kein Oben mehr. In allen Richtungen herrscht dieselbe Helligkeit. Sollte er sich so weit von der Eva entfernen, dass er sie nicht mehr sieht, hat er keine Chance, zu ihr zurückzufinden. Sogar der Kompass wäre hilflos, weil die Magnetfelder des Uranus dauernd in andere Richtungen weisen. Ob Oskar mit seinem Radar mehr sehen würde? Er bezweifelt es fast, denn das Wasser in der Luft streut die Radarstrahlen.

Nick nimmt eines der Probenröhrchen heraus, öffnet es und schließt es wieder. Das sollte genügen. Die Außenwelt macht ihm ein bisschen Angst. Er ist es nicht gewöhnt, dass die Welt aus Nichts besteht. Das Auge sucht immer nach Punkten, an denen es sich festhalten kann.

Zurück in der Schleuse ist ihm kalt. Hoffentlich muss Nikolai nicht in dieser Umgebung ausharren. Auf Dauer wäre das Folter. Er hört ein Kratzen. Das muss Mira sein. Nick freut sich richtig auf sie. Oskar und Witali haben keine so nette Gesellschaft. Er muss sie anrufen, sobald wieder eine Funkverbindung möglich ist.

Aber erst untersucht er die Probe. Er legt das schwere

Oberteil ab und schwebt mit dem Röhrchen in die Werkstatt. Mira ist neugierig, also lässt er sie am Glas schnuppern. Sie wendet sich gelangweilt ab. Ihr muss es seltsam vorkommen, dass er sich mit etwas beschäftigt, das er nicht essen kann und das ihn ganz bestimmt nicht streicheln wird.

In der Werkstatt muss es einen Gasspektrografen geben. Nick durchsucht alle Regale. Fündig wird er erst in dem Abschnitt, der eigentlich dem Kochen vorbehalten ist. Aber das ergibt ja auch irgendwie Sinn. Er schließt das Gerät an. Nach einem Selbsttest bittet es um Arbeit. Er steckt das Proberöhrchen ein. Dröhnend wie ein Staubsauger beginnt die Maschine mit der Arbeit. Nick muss gleich an Oskar denken. Er vermisst ihn. Wäre es nicht schön, er könnte ihn zusammen mit Nikolai mit nach Hause nehmen? Natürlich nur, wenn Oskar das will. Er hat bisher seltsame Vorlieben gezeigt. Schon nach der ersten Tour zu Triton hatte er es nicht lange bei Nick ausgehalten. Oder sollte das etwas mit ihm selbst zu tun haben? Das ist ja wohl kaum möglich. Schließlich halten es zwei Frauen gleichzeitig bei Nick aus. Wer kann das schon von sich behaupten?

»Pling.«

Die Maschine ist fertig. Er studiert ihren winzigen Bildschirm. Methan, Ammoniak, Wasser, ein bisschen Schwefeldioxid, Spuren von Helium – die Ergebnisse entsprechen den Erwartungen, sind aber trotzdem enttäuschend. Denn aus dieser Mischung Stützmasse zu gewinnen, lohnt sich nicht. Die Anreicherung und Säuberung würden zu viel Energie kosten und zu lange dauern. Und wenn er das Kriterium der Effizienz vergisst? Nick liest die Ergebnisse noch einmal durch. Es bleibt dabei – das ist alles viel zu umständlich.

Es sei denn … Es sei denn … Er würde mit der Eva noch etwas tiefer eintauchen. Wenn der Anteil des Wassers konstant bleibt, sich die mittlere Dichte aber vervierfacht, dann könnte es sich tatsächlich lohnen. Könnte. In tieferen Schichten ist die Atmosphäre nicht nur dichter, sondern auch kälter. Dadurch sinkt ihre Kapazität, Wasserdampf aufzunehmen. Vermutlich bräuchte er sechsfachen Druck, um die vierfache Menge Wasser aufzunehmen. Genau erfährt er das aber nur, wenn er noch ein bisschen tiefer nachsieht.

Oskar ist sicher nicht erfreut, wenn er ihm das erzählt. Also sollte er es bleiben lassen. Und auch Witali muss er ja keine unnötigen Sorgen bereiten. Die beiden müssen ja nichts von seinem geplanten Ausflug erfahren. Die Eva hält das schon aus. Er braucht ihre Geschwindigkeit bloß möglichst gut an die der Atmosphärenrotation anzupassen. Das ist alles.

»Da seid ihr ja wieder, Freunde!«, meldet sich Witali.

Diesmal ist Nick nicht eingeschlafen. Es war eine gute Idee, sich Ablenkung zu besorgen.

»Ich gehe davon aus, dass ihr nichts gefunden habt?«, fragt Oskar. »Nick, du solltest etwas aufholen.«

Nein, das wird er nicht. Die verringerte Geschwindigkeit wird ihn ganz von selbst in tiefere Schichten bringen. Dann kann ihm später niemand vorwerfen, er hätte sich selbst in diese Lage manövriert. Quatsch. Er darf nicht so denken. Niemand wird ihm irgendetwas vorwerfen, weil überhaupt nichts passiert ist und auch nichts passieren wird.

»Keine besonderen Vorkommnisse«, sagt Nick.

»Bei mir auch nicht«, sagt Witali.

»Es ist seltsam hier unten«, sagt Nick. »Es ist so still, obwohl ein paar Kilometer unter uns Stürme toben.«

»Das mag dir so vorkommen«, sagt Oskar. »Aber in Wirklichkeit gibt es einen ziemlich heftigen Materialtransport sowohl nach oben als auch und nach unten. Die Schichten hier durchmischen sich sehr schnell. Und es gibt eine deutlich nachweisbare elektrische Ladung. Geht bloß nicht raus, sonst erschlägt euch noch ein Blitz.«

»Aber hier gibt es doch noch nicht einmal Wolken«, sagt Nick. »Wie soll es da blitzen?«

»Die Atmosphäre selbst ist geladen. Wir stecken in der Wolke. Die Blitze schlagen bis in die Sturmregionen durch.«

Oh. Da hatte er wohl Glück.

»Dabei fällt mir etwas ein, das ihr unbedingt beachten müsst«, sagt Oskar. »Falls ihr aus irgendeinem Grund ins

Freie müsst – tragt auf keinen Fall den schweren Raumanzug. Er enthält viel zu viel Metall und zieht die Blitze magisch an.«

Ups!

»Aber was ist dann mit dir, Oskar?«

»Der Lander schützt mich. Er bildet einen Faradayschen Käfig. Aber wenn ich ihn verlassen müsste, wäre das wirklich ziemlich gefährlich für mich. Wenn ein Blitz meinen Speicher trifft, löscht er mich komplett aus.«

»Dann sei bloß vorsichtig«, sagt Witali. »Wir wollen dich auf keinen Fall verlieren.«

Oskars energische Warnung hält bis zum nächsten Orbit. Die Eva hat inzwischen so viel an Höhe eingebüßt, dass Nick einfach nur nach draußen spazieren muss, um eine Probe einzuholen. Dieses Mal nutzt er den leichten Raumanzug, ein flexibler Ganzkörper-Overall, der sich an den Körper anpasst. Er trägt ihn schon deshalb ungern, weil dann sein Bauchansatz deutlich sichtbar wird. Aber das ist ihm lieber, als von einem Blitz erwischt zu werden.

Er holt das Probenröhrchen aus der Bauchtasche des schweren Anzugs. Dann schwebt er in die Schleuse. Die Katze will ihn erst nicht gehen lassen. Er muss sie mehrmals aus der Schleuse werfen, bis sie beleidigt aufgibt. Als sich das äußere Schott geöffnet hat, ist keine Veränderung erkennbar. Vielleicht ist es noch ein bisschen dunkler geworden, aber das Gas zeigt nach wie vor keine Strukturen.

Nick stellt es sich wohl auch ganz falsch vor. Auf der Erde sieht man ja auch keine Schwaden in der Luft, wenn nicht gerade Nebel herrscht. Und hier sind die Verhältnisse offenbar so, dass keiner der Bestandteile kondensieren würde. Oskar hat von dem schnellen Austausch zwischen den Schichten gesprochen. Der wirkt vielleicht wie ein frischer Wind auf der Erde, der den Nebel wegbläst.

Zuerst die Sicherungsleine. Er klinkt sie in seinen Gürtel und in die Öse am Boden der Schleuse ein. So kann er sich daran bis ganz in die Schleuse hinein ziehen. Draußen muss er sich beeilen. Es sieht zwar nicht nach Blitzen aus, aber Oskar hat doch ziemlich deutlich gewarnt. Nick schwebt bis zur Öffnung, schraubt den Probenbehälter auf und hält ihn nach draußen. Das müsste reichen. Er verschließt ihn wieder und zieht sich zurück nach innen. Kein Blitz, sehr gut. Er dreht das Schott zu und lässt wieder Luft in die Schleuse.

Plötzlich leuchtet ein rotes Licht auf. Er schwebt zur Tür. Es ist die Lebenserhaltung. Sie hat in der Schleuse etwas entdeckt, das ihr nicht gefällt. »Unbekannte Substanz« steht auf dem kleinen Bildschirm. Er drückt auf »Neutralisieren«. Das wird nun etwas unangenehm, weil die Schleuse auf allen möglichen Wegen versucht, die Substanz loszuwerden. Sie beginnt mit Kälte. Die Wände bekommen einen weißlichen Überzug. Die Temperatur fällt auf minus 200 Grad, aber der Anzug kämpft erfolgreich dagegen an. Darauf folgt Hitze. Die verkraftet der Anzug schon schlechter. Nick schwitzt, obwohl die Lüftung auf höchster Stufe arbeitet. Schließlich versprühen Düsen in der Decke und im Boden Säure. Feine Schwaden ziehen durch den Raum. Da hat er seinen Nebel. Der Plastikstoff des Anzugs hat damit kein Problem, aber Nick fürchtet um das Röhrchen mit der Luftprobe, vor allem um den Deckel. Er umklammert ihn mit der Hand. Eine zweite Flüssigkeit neutralisiert die Säure. Danach ist die Schleuse zufrieden. Das Probenröhrchen hat die Prozedur ebenfalls überstanden.

Wieder erwartet ihn draußen die Katze. Er zeigt ihr seine Beute. Sie schnuppert erst daran, aber dann faucht sie und springt mit durchgedrücktem Buckel bis zur Decke. Seltsam. Vielleicht riecht sie letzte Spuren der Säure. Nick schwebt zur Küche und steckt das Röhrchen in den Spektrografen. Das Gerät startet brummend. Diesmal braucht es aber deutlich länger. Mira scheint sich wieder beruhigt zu haben und streicht um seine Beine. Als er jedoch das nun leere Röhrchen herausnimmt, um es ihr zu zeigen, faucht sie wieder. Er entsorgt es im Müll.

Dann kontrolliert er, was der Spektrograf in der Probe

gefunden hat. Es ist nun deutlich mehr Wasser, etwa der dreifache Anteil. Weniger Methan, dafür mehr Ammoniak. Deutlich mehr Helium. Überraschend viel Helium. Das muss es sein, was RB so interessant findet. Nick überschlägt die Werte. Der Spektrograf unterscheidet nicht zwischen den verschiedenen Helium-Isotopen. Aber selbst, wenn der Anteil von Helium-3 hier dem sehr geringen Gehalt in der Erdatmosphäre entspräche, könnte sich bereits ein interessantes Geschäft ergeben. Vermutlich ist er aber höher.

Und die Liste der gefundenen Verbindungen ist damit nicht zu Ende. Noch lange nicht. Es gibt offenbar jede Menge Kohlenwasserstoffe in dieser Atmosphärenschicht. Der Spektrograf gibt keine Strukturformeln aus, schätzt aber Molekulargewichte ab. Es ist beeindruckend! So ähnlich müssen Messwerte aus der Titan-Atmosphäre aussehen. Und das hier bei Uranus, wo es so viel kälter ist? Nick kontrolliert die Daten. Es ist gar nicht kälter. Ganz und gar nicht. Es sind etwa zehn Grad Celsius. Hier herrschen allerbeste Lebensbedingungen. Warum weiß niemand davon? Die Astrobiologen müssten doch begeistert sein!

Die Antwort liegt auf der Hand: Die Einzigen, die von diesen Bedingungen wissen, arbeiten für RB. Und für das Unternehmen steht natürlich das teure Helium-3 im Vordergrund. Wenn nun plötzlich Wissenschaftler aus aller Welt hierherkommen würden, dürfte das RBs Abbaupläne empfindlich stören. Geht es Nikolai etwa darum? Will er durchsetzen, dass RB der Wissenschaft Zugang gewährt?

Er wird es nicht herausfinden, indem er die Atmosphäre analysiert. Sie müssen endlich Nikolai ausfindig machen.

Beim nächsten Treffpunkt ihrer Orbits meldet sich Nick als Erster.

»Jungs, ich habe etwas sehr Spannendes herausgefunden«, sagt er über Funk.

»Hast du Nikolai?«, fragt Witali.

Die Verbindung knackt. Sie müsste aber bald besser werden, wenn sie sich näherkommen.

»Nein, ich habe die Atmosphäre untersucht. Es gibt hier eine Schicht voller Kohlenwasserstoffe, bei etwa einem bar Druck und zehn Grad Celsius.«

Und voller Elektrizität, sollte er vielleicht noch hinzufügen.

»Mensch, das klingt ja fast wie die Ursuppe auf der Erde«, sagt Witali.

»Ich vermute, dass mein Sohn deshalb Probleme macht. Vielleicht will er, dass das Wissen der ganzen Menschheit zugänglich gemacht wird.«

»Wer weiß? Wir sollten ihn fragen, wenn wir ihn haben.«

»Oskar, was sagst du denn dazu?«, fragt Nick.

Der Roboter meldet sich nicht.

»Oskar?«, fragt er noch einmal. »Witali, empfängst du ihn?«

»Nein. Vielleicht ist er noch zu weit weg?«

»Aber das ist nicht möglich. Die Eva war zuletzt deutlich langsamer unterwegs als er.«

»Gowno«, sagt Witali. »Ihm muss etwas zugestoßen sein.«

»Vielleicht hat er ja Nikolai entdeckt und wartet dort auf uns.«

»Du bist ein Witzbold. Im Orbit kann er nicht warten«, sagt Witali. »Außerdem haben wir vereinbart, nichts zu unternehmen.«

Witali hat recht. Wer im Orbit stehenbleibt, stürzt ab. Es gibt nur eine Erklärung: Er muss in tiefere Luftschichten geraten sein, die ihn gebremst haben.

»Ich habe einen Vorschlag«, sagt Witali.

»Ja, bitte!«

»Wir können unmöglich auf ihn warten. Aber wir kennen ja seinen Orbit. Du bremst ordentlich ab und überholst ihn auf einer niedrigeren Bahn. Ich steige auf und lasse mich von ihm einholen.«

»Okay.«

Die Eva ist besser zu manövrieren als das Gartenmodul.

Deswegen ergibt die Strategie Sinn. Sie werden sich Oskar aus zwei verschiedenen Richtungen nähern. Hoffentlich lebt er noch. Die Katze streicht um Nicks Beine. Sie miaut und sieht zu ihm hoch. Er nimmt sie auf, und sie wehrt sich nicht. Sie merkt wohl, dass etwas Schlimmes passiert ist. Er streichelt sie.

Die Eva bremst. Sie braucht weniger Stützmasse als geplant, weil die Atmosphäre mithilft. An ihren in Flugrichtung ragenden Teilen steigen die Temperaturen. Das Schiff ist nicht für die Landung auf einem Planeten gebaut. Aber ein paar hundert Grad sollte es schon ertragen. Nick ignoriert die roten Warnlampen einfach.

Jetzt sieht er auch die ersten Blitze. Die Außenkamera zeigt, wie sie in die Stützmassetanks einschlagen. Das dürfte kein Problem darstellen. Die Stützmasse ist in keiner Weise explosiv, und die Tanks sollten die elektrische Energie über das ganze Schiff ableiten. Die internen Systeme sind natürlich von der Hülle isoliert.

Er braucht sich also keine Sorgen zu machen. Eigentlich. Nur ist das nicht so einfach. Nick lehnt sich zurück. Mira krabbelt von seinen Knien auf seinen Bauch und macht es sich schließlich auf seiner Brust bequem. Er ist froh, dass sie da ist. Sie lenkt ihn ein wenig von der Sorge um Oskar und Nikolai ab. Mit Witali kann er wegen der Entladungen erst wieder sprechen, wenn sie den Roboter in seiner Nussschale, dem Landemodul, erreicht haben. War es doch keine gute Idee, sich aufzuteilen? Sie werden Nikolai sowieso nie finden.

Nick prüft das Radar. Es reicht ungefähr in eine Tiefe von zehn Kilometern, vom jetzigen Standort aus gemessen. Der Druck unten ist immer noch gering genug, um sich für eine gewisse Zeit mit einem leistungsfähigen Schiff dort aufzuhalten. Nikolai kann ihnen aber auch leicht durch die Lappen gehen, wenn er über ihnen orbitiert. Wenigstens haben sie einen Vorteil: Sie suchen nach zwei Objekten. Wenn sie das

Trägerschiff finden, verrät die Nabelschnur, wo sich die Valkyrie befindet – und umgekehrt.

Also, was tun? Er kann seinen Sohn nicht aufgeben. Am besten, er schickt Oskar und Witali nach Hause und quartiert sich selbst in der Forschungsbasis auf Miranda ein. Dann muss er Raissa nicht ohne Nikolai vor die Augen treten. Vielleicht leistet ihm Mira ja Gesellschaft.

Nick, du versinkst schon wieder in Selbstmitleid, würde Rosie jetzt sagen. Und sie hätte recht. Es ist noch nicht vorüber. Sie werden Oskar finden, und schließlich auch Nikolai.

»Annäherungsalarm«, meldet das Schiff.

Nick schreckt auf. Er hat inzwischen zwei weitere Anfälle von Selbstmitleid überwunden. Was hat das Schiff entdeckt? Die Steuerungssoftware kann ihm noch keine Auskunft geben. Das Objekt, auf das sie zufliegen, orbitiert antriebslos und hat auch keinen Transponder aktiviert. Nick erkennt es im Radarbild auch ohne den elektronischen Code.

»Oskar, bitte melde dich!«, ruft er ins Mikrofon.

Der Roboter antwortet nicht. Aber je näher sie kommen, desto klarer werden die Umrisse des Landers im Radar. Nick schaltet auf die Kameras um, doch sie zeigen nur Schwärze. Selbst im Infrarot kann er das Landemodul nicht ausmachen. Wieso ist es so kalt? Was ist passiert?

Ein Blitz zuckt durch die Dunkelheit. Nick schaltet zum Radar zurück. Die elektrische Entladung endet genau dort, wo im Radarbild der Lander zu sehen ist. Mist. Das kleine Modul ist nicht so gut abgeschirmt wie die Eva, die von riesigen Stützmassetanks umgeben ist. Offenbar hat Oskar die Gefahr unterschätzt.

»Witali, bitte kommen«, sagt er in das Mikrofon der Funkanlage.

»Ich … dich.«

Die Verbindung ist so schlecht, dass Nick nur die Hälfte versteht.

»Ich nähere mich dem Landemodul und hole Oskar da raus«, sagt Nick.

»Nicht … verstanden.«

»Egal«, sagt Nick. »Halte bitte Abstand. Du darfst dich nicht auch noch in Gefahr bringen, Witali.«

Nick setzt einen neuen Kurs. In zehn Minuten wird sich die Eva dort befinden, wo gerade der Gewittersturm tobt.

NICK STÜRZT NACH VORN. Die Katze faucht. Er hat noch nie erlebt, wie die Eva von einer Kraft von außen derart durchgeschüttelt wurde. Aber es ist nicht mehr weit. Das Landemodul ist sogar schon im optischen Kamerabild zu erkennen. Immer dann, wenn ein Blitz einschlägt und die Umgebung in ein fantastisches Orange färbt, schwebt es wie eine kleine Spinne vor ihnen im Raum.

Er muss die Spinne einfangen. Aus irgendeinem Grund konzentrieren sich die Blitzeinschläge dort. Wie wird die Eva das verkraften? Eigentlich sollte sie damit zurechtkommen. Eigentlich. Schon wieder. Als Astronaut hasst er dieses Wort. Aber er kann Oskar nicht im Stich lassen. Der Roboter hat ihn schon so oft gerettet. Nick beschleunigt die Eva. Jeder weitere Blitzeinschlag könnte den Lander endgültig zerstören.

Plötzlich schalten sich alle Bildschirme aus. Der Steuercomputer piept und startet neu. Die Displays folgen. Anscheinend hatten sie eine Überspannung auf dem System. Der erste Einschlag? Nick schaltet auf die Außenkameras. Sie funktionieren noch. In schneller Folge wechselt er zwischen ihnen durch. Dunkelheit. Schwärze. Glühende Hitze. Der Blitz fädelt sich zwischen zwei Tanks hindurch, streckt seine verästelten Finger nach der Eva aus und kracht dicht neben der Kamera in die Außenhaut.

Der Bildschirm wird schwarz. Nick schaltet auf die benachbarte Kamera um. Sie arbeitet noch. An der Stelle, wo der Blitz das Schiff getroffen haben muss, ist ein Glimmen erkennbar.

»Pass … zurück«, meldet sich Witali, der laut Radar deutlich hinter und über ihm ist.

»Verstehe dich nicht«, antwortet Nick.

Er kann nicht einfach umdrehen. Oskar ist nur seinetwegen auf diese sinnlose Suche mitgekommen. Nikolai will nicht gefunden werden. Er hat bestimmt gute Gründe dafür, die Valentina genau kennt. Statt sich zu ihrem Werkzeug machen zu lassen, hätten sie ihn unterstützen sollen.

Das Licht geht aus. Ein Geruch nach Ozon breitet sich aus. Die Lampen in der Zentrale schalten sich eine nach der anderen wieder ein. Nick ruft das Protokoll auf. Die Schiffssoftware hat bereits 57 Einschläge gezählt. Irgendwann muss der finale Schlag kommen, der den Steuerungscomputer deaktiviert. Aber noch ist es nicht so weit. Der Lander schwebt jetzt direkt unter ihnen. Nick lässt den Schiffscomputer den Rest der Arbeit übernehmen. Zentimeter für Zentimeter nähert sich das große Raumschiff von oben dem Landemodul. Es beteiligt sich nicht. Seine Systeme scheinen komplett ausgefallen zu sein. Aber das macht nichts. Sie können es auch so einfangen.

»Kopplung erfolgt«, meldet das System.

Nick klatscht. Mira zuckt zusammen.

»Wir holen Oskar zurück«, sagt Nick.

Mira sieht ihn an, als glaube sie ihm nicht.

»Oskar, dein Freund, der dich die ganze Zeit betreut hat, während ich schlief.«

Mira interessiert sich nicht dafür. Sie streckt die rechte Pfote nach vorn und leckt sie ausdauernd ab.

Das ist das Letzte, was er von ihr sieht, denn plötzlich wird es komplett dunkel.

Es ist völlig still. So etwas hat er an Bord eines Raumschiffs noch nie erlebt. Es ist die Stille eines Wintermorgens in Nordnorwegen, wenn die Sonne nicht weit genug über den Horizont steigt, um auch nur einen Schneekristall zu schmelzen, und wenn selbst der Wind eingefroren zu sein scheint.

Dann hört er das Pochen. Es kommt ganz aus der Nähe, aus seiner Brust. Er lebt. Nick bewegt erst seine Beine, dann seine Arme. Seine Muskeln arbeiten. Es gibt keinen Grund, herumzuschweben und auf den Tod zu warten. Er kann etwas tun. Man kann immer etwas tun. Nick versucht, sich zu orientieren. Seine Füße berühren den Boden. Dort vorn muss die Leiter sein, die ihn nach unten bringt. Er stößt sich ab, und nach einer Sekunde Flug durch die Schwärze stößt seine Hand an das harte Metall einer Sprosse.

Nach unten. Erst eine Etage, dann noch eine. Hier stößt er auf Mira. Zuerst ist es nur ein Geruch, dann landet sie plötzlich auf seinem Rücken. Ihre Krallen berühren durch den Stoff hindurch seine Haut, aber sie kratzen ihn nicht. Mira miaut leise. Das Geräusch hallt laut, wie er es noch nie gehört hat.

Das Schott, an dem der Lander angekoppelt ist, befindet sich zwischen Werkstatt und Küche. Nick findet es schnell. Er drückt auf den Knopf, der es öffnet, doch der reagiert nicht. Klar, das Schiff hat keinen Strom. Er muss das Schott manuell öffnen. Nick klappt nacheinander die vier Hebel nach außen, die das Schott sperren. Dann zieht er an der Tür, doch sie bewegt sich nicht. Mist. Der Lander muss verkantet sein.

Aber es gibt eine Alternative. Man kann durch den Boden in das Landemodul eindringen. Dabei verliert es zwar seine Atmosphäre, aber das sollte Oskar ja nicht stören. Nick tastet herum. Der Raumanzug muss hier irgendwo liegen. Ihm ist egal, ob er den leichten oder den schweren erwischt. Er stößt auf den schweren Anzug. Ächzend zieht er ihn an. Mira beschwert sich, als er das Oberteil aufsetzt.

»Tut mir leid, Mira, aber ich muss dich für einen Moment alleinlassen«, sagt er.

Die Katze antwortet nicht. Nick setzt den Helm auf, schließt ihn und zieht sich in die Schleuse. Er will das Schott schon schließen, als ihm etwas einfällt. Er schaltet die Helmlampe an, und wirklich – Mira ist mit ihm in die Schleuse geklettert.

»Es tut mir leid, aber wenn du hier drin bleibst, stirbst du, kleine Katze.«

Nick greift nach ihr. Sie schlägt nach ihm, aber ihre Krallen dringen nicht durch die dicken Handschuhe. Nick wirft sie hinaus. Das muss er, damit er das Schott schließen kann, bevor sie zurückkehrt. Er schafft es. Nick hört, wie Mira frustriert schreit und am Metall der Tür kratzt. *Ich bin ja bald wieder da. Wir.*

Er öffnet das Außenschott. Dummerweise hat er vergessen, seine Leine einzuhängen. Er stemmt sich der hinausströmenden Luft entgegen. Als das Schott leer ist, holt er die Sicherung nach. Draußen ist es ein bisschen heller als im Schiff, was wohl an den immer noch zahlreichen Blitzen liegt. Sie scheinen aber ein anderes Opfer gefunden zu haben. Hoffentlich ist es nicht Witali.

Nick richtet sich auf, von der Sicherungsleine gehalten. Der Strahl des Helmscheinwerfers schneidet einen zylinderförmigen Kanal, wo immer er damit hinleuchtet. Die Atmosphäre muss bereits erstaunlich dicht sein. So etwas hat er selbst in irdischem Nebel noch nie beobachtet. Er schaltet den Scheinwerfer aus, weil der Strahl eher blendet als hilft. Es wird zunächst stockdunkel, doch dann adaptieren sich seine Augen erstaunlich schnell. Er erkennt die Umrisse der Eva. Links von ihm unterbricht sie das Landemodul. Es sieht falsch aus, vorn ist es stärker in die Eva gedrückt als hinten. Deshalb lässt sich also das Schott nicht öffnen. Nick bewegt sich ein paar Schritte.

Da sieht er die Glühwürmchen. Es sind orange-rot glühende Flecken im Nebel. Sie leuchten immer dann auf, wenn er gerade nicht hinsieht, werden heller und schließlich hell, und dann verglühen sie wieder. Aber sie erlöschen nicht einfach. Sie scheinen sich zu feinen Fäden zu strecken, die sich in alle Richtungen bewegen. Nick folgt einem mit dem Blick. Der Faden wird immer dünner, bis er auf einen zweiten trifft, dann auf einen dritten und vierten, und mit einem Mal vereinigen sie sich zu einem glühenden Fleck, der sich ausbreitet und an Helligkeit zunimmt, um sich kurz darauf wieder in mehrere Strähnen zu verfransen, die andere treffen.

Was ist das? Es ist ein unglaubliches Schauspiel, mit keinem irdischen Phänomen vergleichbar. Nick stemmt die Arme in die Seite und stößt dort auf zwei Probenbehälter. Er nimmt einen heraus und öffnet ihn. Aber wie soll er so einen glühenden Fleck erwischen? Er wartet, bis eine Lichtfaser auf ihn zuläuft. Kurz vor ihm macht sie halt, trifft fünf andere, wächst zum goldenen Glühwürmchen, das er mit einer geschickten Handbewegung einfängt.

Der Raum um ihn erzittert. Feine Fasern leuchten kurz auf und vergehen wieder. Er verfolgt eine davon. Sie streckt sich, aber da sie aus dem Nichts kommt, scheint ihr die Substanz zu fehlen. Sie vergeht, bevor sie weitere Fasern treffen und sich in ein Glühwürmchen verwandeln kann. Es muss seine Schuld sein! Er hat ihr Gleichgewicht gestört. Er nimmt den Probenbehälter und legt die Hand auf den Deckel, öffnet ihn aber nicht. Von dem Glühwürmchen, das er eingefangen hat, ist nichts mehr zu erahnen. Es wieder freizulassen, wird ihm nicht mehr helfen. Die Eva muss weg von hier, ganz einfach, aber ebenso völlig unmöglich.

Als er den Fußboden des Landers aufdrückt, streckt sich ihm ein Arm entgegen.

»Oskar, du lebst!«, ruft Nick.

»Na klar, ich bin doch unsterblich«, sagt Oskar. »Aber danke, dass du mich hier rausholst. Es war ein gespenstisches Gefühl, so zum Spielball der Blitze zu werden.«

»Wie hast du es geschafft, das zu überleben?«

»Ich habe in der Mitte der Kapsel geschwebt. Luft ist ein guter Isolator. Ich fürchte, die Elektronik der Landekapsel ist komplett durchgeschmort.«

»Ja, so sieht es aus. Sie strahlt nicht einmal mehr ein

Transpondersignal ab. Aber der Eva geht es leider auch nicht viel besser.«

»Du hättest mich nicht holen sollen, Nick.«

»Ich konnte dich doch nicht hier alleinlassen!«

»Das ist nett von dir! Ehrlich gesagt, bin ich auch ziemlich froh, dass ich nicht die nächsten hundert Jahre hier verbringen muss.«

»Hundert? Eher tausend. Von hier aus hört uns doch niemand«, sagt Nick.

»Wie meinst du das? Der Sender der Eva müsste doch durchkommen?«

»Tja, die Elektronik des Schiffs hat es leider auch erwischt.«

»Das ist nicht dein Ernst!«

»Doch, Oskar. Die Eva ist ziemlich tot.«

»Das muss ich mir ansehen. Komm, hilf mir hier heraus.«

Nick zieht an Oskars Arm, und sein Körper quetscht sich durch die Öffnung in der Bodenplatte. Nick zieht sich an der Sicherungsleine zur Schleuse. Oskar sagt nichts. Er glaubt ihm wohl noch nicht. Nick stoppt am Rand der Schleuse und sieht sich um. Schade, von den Glühwürmchen ist nichts mehr zu sehen. Er erzählt Oskar gar nicht erst davon. Nick tastet nach dem Probenbehälter. Dann lässt er Oskar in die Schleuse hinab.

In diesem Moment bewegt sich das Raumschiff unter seinen Füßen. Erst die Sicherungsleine verhindert, dass er davonfliegt. Was war das? Es fühlte sich nicht an wie die Gewalt des Sturms vorhin. Ein einzelner, dafür aber sehr kräftiger Stoß – das könnte eine Kollision gewesen sein. Aber womit?

Etwas zieht ihn am Bein. Es ist Oskars Hand.

»Komm, wir müssen in die Zentrale«, sagt der Roboter per Funk.

»HAHAAA!«, sagt Oskar.

Nick hört ein Klicken, dann schaltet sich ein Teil der Beleuchtung ein. Außerdem beginnt die Lebenserhaltung wieder zu rauschen. Mira miaut, als würde sie sich freuen.

»Hast du etwa so schnell alles repariert?«, fragt Nick.

»Nein, wo denkst du hin? Das wird Wochen dauern. Ich habe die Elektrizität umgeroutet. Wir haben vielleicht fünf Prozent der Normalversorgung.«

»Wofür reicht das?«, fragt Nick.

»Lebenserhaltung und ein bisschen Licht. Dazu der Steuercomputer.«

»Mist.«

»He, du könntest mich ruhig auch mal loben«, sagt Oskar.

Nick schüttelt den Kopf.

»Wann bekommen wir den Antrieb wieder online?«, fragt er.

»Gib mir sechs Wochen.«

»In sechs Wochen sind wir so tief in der Atmosphäre, dass wir nie wieder herauskommen werden.«

»Wer sagt das?«, fragt Oskar.

»Die Schiffssteuerung.«

»Ach, die.«

Oskar sagt eine Weile nichts. Nick lässt ihn nachdenken.

»Mist«, sagt Oskar. »In fünf Wochen sind wir so tief in der Atmosphäre, dass wir nie wieder herauskommen werden.«

»Genau das habe ich doch eben gesagt.«

»Du glaubtest, wir hätten sechs Wochen Zeit. Es sind aber nur fünf.«

»Vielleicht kann Witali irgendwie Hilfe holen«, sagt Nick.

»Daraus wird nichts. Der Stoß vorhin, das war er. Er hat das Gartenmodul ebenso wenig unter Kontrolle wie ich die Eva. Ich habe kurz das Radar aktiviert, um unsere Umgebung abzusuchen. Wir sitzen alle im selben sinkenden Boot.«

21. Dezember 2119, Eva

»Wir sollten uns damit abfinden, dass wir hier draufgehen werden«, sagt Witali.

Sein russischer Freund ist gestern noch vom havarierten Gartenmodul zur Eva geklettert. Nick war ziemlich erschrocken, als plötzlich jemand von draußen klopfte.

»Wir können sechs oder mehr Monate überleben«, sagt Oskar.

»Ja, aber jeden Tag rutschen wir tiefer in die Scheiße«, sagt Witali. »Es bringt doch nichts, sich Illusionen zu machen.«

Nick muss ihm gedanklich zustimmen. Trotzdem kann er Witali nicht mehr zuhören. Er schwebt nach unten in die Werkstatt. Dort holt er den Probenbehälter aus dem schweren Raumanzug. Mira ist ihm gefolgt. Nick hält ihr die Probe hin. Mira schnüffelt kurz daran, dann macht sie einen Buckel und faucht. Es sieht lustig aus, aber sie scheint sich ernsthaft über den Behälter aufzuregen.

Nick legt ihn in den Spektrografen ein. Er startet die Maschine. Sie rumort für zwei, drei Minuten, dann schaltet sie sich mit einer Fehlermeldung ab.

»Probeninhalt bestätigen.«

Er schlägt den Fehler nach. Die Maschine zeigt ihnen an, wenn ihre weitere Tätigkeit die Bestandteile der Probe selbst beschädigen würde. »Das ist regelmäßig dann der Fall, wenn die Probe Teile lebender Materie enthält«, schreibt das Handbuch.

Er ruft Oskar und Witali und erklärt ihnen, woher er die Probe hat.

»Dann wird die Probe wohl Teile lebender Materie enthalten«, sagt Oskar. »Ich meine, wenn eine Maschine so etwas sagt, dann hat sie dafür einen guten Grund.«

»Auch Maschinen können sich irren«, sagt Witali. »Vielleicht hast du sie ja aus Versehen verunreinigt.«

»Das ist Nick natürlich zuzutrauen«, sagt Oskar. »Aber in diesem Fall trägt er keine Schuld. Ich sehe hier fast nur D-Aminosäuren. Die kommen in irdischem Leben nicht so häufig vor. Nick kann also nicht die Quelle sein.«

»Meinst du rechtsdrehende Aminosäuren?«, fragt Nick.

»Nein, die Drehrichtung hat mit der Konfiguration einer Aminosäure nichts zu tun«, erklärt Oskar. »Das wird nur in den Medien manchmal so dargestellt.«

»Du willst sagen, Nick hätte fremdes Leben in der Atmosphäre aufgefangen?«, sagt Witali.

»Genau«, sagt Oskar.

Uff. Nick erinnert sich an die wunderschönen Glühwürmchen. Sie schienen alle miteinander in Verbindung zu stehen, und die kleinste Einwirkung hat ihre Harmonie gestört. Vielleicht will Nikolai das RB-Projekt, hier Helium-3 abzubauen, auch deshalb verhindern.

»Ich habe sie gesehen«, sagt Nick.

»Wen gesehen?«, fragt Oskar.

»Die Lebewesen. Sie schwebten wie Glühwürmchen in der Atmosphäre. Es war wunderschön. Wir dürfen auf keinen Fall zulassen, dass sie vernichtet werden.«

22. Dezember 2119, Eva

Sie frühstücken in trüber Stimmung. Oskar klettert irgendwo auf dem Schiff herum. Er will es so weit reparieren, dass sie starten können, bevor sie zu tief gesunken sind. Aber weder die Schiffssteuerung noch Oskar selbst sehen dafür realistische Chancen. Das bedeutet, dass Oskar auf ein Wunder hofft. Er streitet das zwar vehement ab, aber eine andere Erklärung gibt es nicht.

Nick zieht sich nach unten zum WHC. Er schnallt sich an, befestigt die Absaugung und versucht, sich zu entspannen. Er ist kurz davor, als das Licht ausgeht.

»Oskar, was machst du denn wieder?«, fragt er per Funk. »Du sollst reparieren, nicht zerstören.«

»Ich war es nicht«, sagt Oskar.

Dann muss es Witali gewesen sein. Versucht sich sein russischer Freund nun etwa auch als Elektriker? Nick schnallt sich wieder ab. Er hat sowieso schon Probleme mit der Verdauung. Musste es ausgerechnet jetzt sein?

Plötzlich schalten sich alle Lichter ein. Nick kneift die Augen zusammen, so hell ist es.

»Oskar, was soll das?«, fragt er. »Wir verbrauchen so viel zu viel Strom!«

»Ich war es nicht«, sagt Oskar. »Aber ich kann bestätigen, dass wir wieder genug Energie für alle Systeme haben.«

»Wie hast du das denn hinbekommen?«, fragt Nick.

»Ich war es nicht. Wie oft soll ich das denn noch sagen?«

»Aber wer …?«

»Moment, das Radar ist auch wieder online. Wir haben Besuch. Offenbar hat jemand eine Ersatzleitung zur Eva gespannt.«

»Waaas? Das war bestimmt Nikolai! Kannst du das bestätigen?«

»Ich habe Kontakt mit der Steuerung des anderen Schiffs. Es ist ein alter Bekannter«, sagt Oskar.

»Nikolai?«, fragt Nick.

»Dein Sohn ist doch keine KI! Es ist Jean-Pierre, die KI, die auf Ferdinand verloren gegangen ist.«

»Jean-Pierre? Und was ist mit meinem Sohn?«

»Immer langsam, Nick. Ich tausche mich gerade mit Jean-Pierre aus. Er ist in Nikolais Auftrag hier. Anscheinend haben sie bemerkt, dass wir in Schwierigkeiten stecken. Nikolai hat das Schiff geschickt, damit es uns hilft.«

»Und mein Sohn, verdammt noch mal?«

»Damit das Schiff uns anfliegen konnte, mussten sie die Nabelschnur kappen. Nikolai hat keine Chance, uns wieder zu erreichen.«

Das kann doch nicht wahr sein! Hätte er bloß diesen verdammten Auftrag nicht angenommen. Seinetwegen steckt Nikolai jetzt in den tieferen Teilen der Uranus-Atmosphäre fest. Sie müssen ihn doch irgendwie dort herausholen können!

»Du darfst dir nicht die Schuld geben«, sagt Oskar.

»Oskar hat recht. Valentina trägt allein die Schuld an dieser Situation«, sagt Witali.

»Was hat Raissa über diese Supervalkyrie herausgefunden? Sie muss ja wohl einen Akku besitzen, mit dem sie aus den Tiefen auftauchen kann.«

»Das hilft ihr allerdings nichts, wenn wir nicht rechtzeitig genau an der Stelle sind, wo sie auftaucht, um ihren Passagier aufzunehmen«, sagt Jean-Pierre. »Aber ohne Verbindung zur Valkyrie erfahren wir nicht, wo wir gebraucht werden.«

»Ich habe eine Idee«, sagt Oskar. »Ich gehe mit dem Lander nach unten.«

»Der Druck wird dich zerquetschen wie eine Laus«, sagt Witali.

»Das wird er nicht. Der Lander ist offen, so wie ich auch. Da gibt es keinen Hohlraum wie bei einem U-Boot.«

»Oskar hat recht«, sagt Jean-Pierre. »Ich habe noch genügend Nabelschnur an Bord, um ihn so tief hinablassen zu können, dass er eine reale Chance hat, Nikolai zu erreichen. Oskar muss Nikolai nur mitteilen, wann genau er mit der Energie aus dem Akku das Triebwerk der Valkyrie starten muss. Aus dem Zeitpunkt und dem Ort kann ich alles berechnen, was wir brauchen.«

»Oskar? Sei vorsichtig«, sagt Nick.

»Das bin ich immer«, sagt Oskar.

»Sehr gut. Ich finde es großartig, dass du dabei hilfst, meinen Sohn zu retten.«

»Meine Simulationen sagen, dass das Risiko sehr gering ist.«

»Dann hoffe ich, dass sie stimmen.«

»Nick, bei so einer Trennung gehört es sich nicht, die Funktionalität der Simulationen seines Freundes zu bezweifeln.«

»Danke, du hast wie immer recht.«

Der Lander bleibt schnell unter ihnen zurück. Die Eva und das von Jean-Pierre gesteuerte Raumschiff können nicht einfach so im Orbit parken. Die KI hat allerdings versichert, dass die Nabelschnur äußerst stabil ist.

»Maximale Tiefe erreicht«, meldet Oskar.

Funk würde nicht zu ihm durchdringen, aber sie halten über die Nabelschnur Kontakt.

»Wie sieht es da unten aus?«, fragt Nick.

»Dunkel«, sagt Oskar.

Sie schweigen beide. Nick hat ein schlechtes Gewissen. Er müsste dort unten sein, nicht Oskar. Aber nur der Roboter hält ohne Supervalkyrie diesen Druck aus. Trotzdem fühlt sich Nick schlecht. Andererseits hofft er sehr, dass sie Kontakt zu Nikolai bekommen.

»Nick?«

Es ist Oskar. Nick schreckt auf. Er muss eingedöst sein. Ungefähr zwei Stunden sind seit ihrem letzten Kontakt vergangen.

»Ja, Oskar?«

»Ich habe ihn«, sagt Oskar.

»Nikolai?«

»Ja, wen sonst?«

»Das ist ja großartig! Wann taucht er aus der Atmosphäre auf?«

»Gar nicht«, sagt Oskar. »Er will sich nicht retten lassen. Das sei er dem Leben hier schuldig, sagt er.«

»Gib ihn mir, bitte.«

»Er möchte nicht mit dir sprechen, Nick. Sein Entschluss steht fest.«

»Bitte, ich möchte nur ein paar Worte mit ihm wechseln.«

»Tut mir leid, Nick. Er ist strikt dagegen. Er befürchtet, dass du ihn davon abbringen willst.«

Natürlich will er Nikolai davon abbringen, hier sein Leben zu lassen. Das hat doch gar keinen Sinn!

»Hast du ihm die Lage erklärt?«, fragt Nick.

»Natürlich. Er besitzt alle Informationen«, sagt Oskar.

»Ich habe einen Vorschlag«, meldet sich Jean-Pierre.

»Ich freue mich über jede Idee, die meinem Sohn dabei hilft, sich retten zu lassen«, sagt Nick.

»Ich verstehe, dass Nikolai das Leben in den oberen Schichten der Uranus-Atmosphäre schützen möchte«, sagt Jean-Pierre.

»Ja, so sieht es aus.«

»Aber wenn er in der Supervalkyrie stirbt, hat er gar nichts erreicht.«

»Sag ihm das bitte, Jean-Pierre. Vielleicht versteht er es ja dann.«

»Er hält seine Aktion für symbolisch, weil er keinen anderen Weg sieht«, erklärt die KI. »Aber wir könnten den Laser auf Ferdinand nutzen, um das Uranus-System tatsächlich vor der bergbautechnischen Ausbeutung zu schützen.«

»Das wird nicht ewig funktionieren«, sagt Oskar. »RB wird versuchen, die Station zu zerstören.«

»Es muss nicht ewig funktionieren«, sagt Jean-Pierre. »Die Entscheidungen des Konzerns basieren auf rein ökonomischen Erwägungen. Wenn das Helium-3 zu teuer wird, und das können wir erreichen, werden sie den Plan aufgeben.«

»Vertraut dir Nikolai denn?«, fragt Nick.

»Ich habe ihn von Anfang an unterstützt. Ohne mich wäre er nie so weit gekommen. Ich habe ihn erst auf die Idee gebracht, dass es hier Leben geben könnte, weil ich immer wieder Übertragungen aus der Atmosphäre aufgefangen habe. Ich konnte aber die Quelle nicht lokalisieren.«

»Heißt das, dass das Leben hier kommuniziert?«, fragt Oskar.

»Nicht mit uns, aber untereinander. Darüber synchronisieren sie sich«, antwortet Jean-Pierre.

»Kannst du Nikolai unseren Plan erläutern? Bitte, Jean-Pierre, versuch es!«

22. Dezember 2119, Akademgorodok

»Guten Morgen«, sagt die junge Frau vor ihrer Tür. Sie sieht genauso aus wie all die Assistentinnen, die Valentina immer schickt. »Ich bin Darja.«

Aber sie kommt nicht von ihrer Kerkermeisterin. Endlich. Raissa hat so lange auf diesen Tag gewartet, aber erst, als klar war, dass Nick Erfolg haben würde, hat sie es gewagt. Dass es so einfach sein würde, hat Raissa allerdings nicht gedacht: Gestern Abend hat sie eine Putzfrau gebeten, Darja kommen zu lassen, und schon steht die junge Frau vor ihrer Tür.

»Ziehen Sie das hier an«, sagt Darja und reicht ihr einen grauen Mantel.

»Was ist das?«, fragt Raissa. »Kugelsichere Kleidung?«

»Ein Tarnumhang«, erklärt Darja.

»Haha, und Sie sind eine gute Fee.«

Darja legt den Mantel über ihren Arm und drückt einen Knopf auf einer Fernbedienung, die sie in der Hand hält. Der Arm verschwindet. Er sieht aus wie im Oberarm abgehackt.

»Das ist ja ein tolles Spielzeug«, sagt Raissa. »Vom Geheimdienst?«

Darja antwortet nicht. Raissa nimmt ihr den Mantel ab und zieht ihn an. Er ist ungewöhnlich schwer und reicht bis zum Boden. Die Ärmel sind so lang, dass ihre Hände darin verschwinden.

»Sie müssen auch die Kapuze aufsetzen und ins Gesicht ziehen«, erklärt Darja. »Sehen Sie die Kordel?«

Raissa zieht an der Schnur und die Kapuze schließt sich vor ihrem Gesicht.

»Und das funktioniert?«, fragt Raissa.

»Etwa fünfzehn Minuten lang, dann ist der Akku leer. Wir werden ihn also erst in der Nähe des Haupteingangs benutzen.«

»Wir?«

»Ich gehe voraus«, erklärt Darja. »Wenn es brenzlig wird, lasse ich Sie verschwinden.«

»Wie gut ist denn die Tarnung?«

»Im optischen Bereich perfekt. Aber Sie machen immer noch Geräusche, und im Infrarot oder Radar sind Sie ebenfalls sichtbar.«

»Gut. Gehen wir.«

Sie verlassen nacheinander das Zimmer. Darja scheint sich in dem Gebäude gut auszukennen. Vielleicht arbeitet sie ja sogar hier. Der russische Inlandsgeheimdienst hat bestimmt Spione bei RB platziert. Man arbeitet zusammen, aber man traut sich nicht über den Weg. Den Fahrstuhl benutzen sie nicht. Wenn ihr jemand zu nahe kommt, würde der Tarnumhang vermutlich auffallen. Auf der Treppe begegnet ihnen die erste Person, ein Mann in einem blauen Kittel. Darja schaltet den Tarnumhang nicht ein. Stattdessen knockt sie den Mann mit einem gezielten Schlag mit der Handkante aus. Beeindruckend. Als sie auf zwei Frauen in Geschäftskleidung treffen verfährt ihre Retterin ebenso.

Dann kommt eine Gruppe aus drei oder vier Menschen. Raissa erschrickt, weil sie plötzlich ihre Arme und ihre Beine nicht mehr sieht. Sie ist so durcheinander, dass sie auf der Treppe stolpert. Darja kann sie gerade noch halten. Dann stützt sie sich an der Treppe ab.

»Können wir Ihnen irgendwie helfen?«, fragt eine Frau aus der Gruppe.

Darja lehnt mürrisch ab.

»Du musst dich besser konzentrieren«, zischt sie, als die Gruppe nicht mehr zu sehen ist.

Bis zum Erdgeschoss kommt ihnen bloß noch ein einzelner Postbote entgegen, den Darja unsanft einschlafen lässt. Vor einer Stahltür machen sie Halt.

»Rechts geht es nach draußen«, sagt Darja. »Von hier an kann ich dir nicht mehr helfen. Zu viel Verkehr. Du hast noch zwölf Minuten mit dem Umhang. Das muss reichen. Dein Fahrer erwartet dich direkt vor dem Gebäude. Pass auf, dass du am Eingang nicht durch den Scanner gehst. Der erkennt dich!«

»Scanner?«

»Keine Sorge, er steht am Eingang, nicht am Ausgang. Aber du solltest nicht auf die Idee kommen, das Gebäude durch den Eingang zu verlassen. Denk auch daran, dass alles, was du berührst, sich in Bewegung setzen könnte. Und der Stoff schabt ein bisschen auf dem Boden. Am besten, du beeilst dich. Dann kommt auch niemand auf dumme Ideen.«

»Verstanden. Beeilung. Ich danke dir.«

»Keine Ursache. Das ist mein Beruf. Den Umhang gibst du Wronski. Wenn du ihn mit nach Amerika nimmst, also den Umhang, stirbt er, also Wronski. Kein Witz.«

Raissa nickt. Darja schaltet den Tarneffekt ein und öffnet ihr die Tür. Draußen ist wirklich viel los. Sie wartet auf den Mann in Arbeitskleidung, der von links kommt und eine Karre in die gewünschte Richtung schiebt, und fädelt sich hinter ihm in den Verkehr.

Der Mantel schabt wirklich auf dem Boden. Raissa zählt im Kopf die Sekunden. Zwölf Mal darf sie bis sechzig zählen. Leider stoppt der Mann seine Karre schon deutlich vor dem Ausgang. Er biegt in einen Nebengang ein. Raissa überholt ihn. Kurz darauf greift er nach hinten, als hätte er ihre Anwesenheit gespürt. Zwei junge Frauen, die die Bewegung wohl bemerkt haben, lachen darüber. Raissa hängt sich an sie.

Noch zehn Meter.

»Hast du auch so ein seltsames Gefühl?«, fragt die eine.

»Ja, ich glaube, ich bekomme meine Tage.«

Noch fünf Meter. Die Frauen holen jeweils eine Codekarte aus ihren Taschen. Erst, wenn man die Karte an ein Lesegerät hält, bewegt sich das Drehkreuz. Links davon ist der Weg frei – wäre da nicht der Scanner. Soll sie es doch versuchen? Nein. Ein Scanner, der grundlos Alarm schlägt, erzeugt mehr Aufmerksamkeit als ein klemmendes Drehkreuz. Raissa hält sich dicht hinter der zweiten Frau. Als sie durch das Drehkreuz tritt, hält es Raissa einfach fest. Die Frau klemmt fest.

»Halt deine Karte noch einmal an den Leser, Schätzchen«, sagt einer der uniformierten Wärter.

Die Frau folgt der Anweisung. Das Drehkreuz rückt weiter und lässt diesmal auch Raissa mit hindurch.

Sie ist frei! Vor ihr ist bloß noch die Drehtür nach draußen! Aber sie darf sich nicht zu laut freuen. In diesem Moment bleiben die beiden Frauen stehen.

»Mach's gut, meine Liebe«, sagt die eine.

»Ich wünsche dir einen wunderbaren Urlaub«, sagt die andere.

»Wusstest du, dass mein Freund uns ein Fünf-Sterne-Hotel gebucht hat?«

»Was? Das ist ja großartig!«

Hm. Warum unterhalten sie sich denn nicht draußen weiter? Weil dort gerade ein Schneesturm eingesetzt hat. Mist. Leider hat Raissa vorhin bereits aufgehört, die Minuten zu zählen. Sie kann aber die Drehtür nicht einfach in Bewegung versetzen. Das fiele bestimmt auf. Aber sie sollte auch nicht hier vor allen aus dem Nichts materialisieren. Die beiden Frauen scheinen kein Ende zu finden. Die eine hat nun ihr Telefon herausgeholt, um der anderen Fotos zeigen zu können.

Das ist es. Als die Frau es besonders schwungvoll bewegt, schlägt Raissa es ihr gezielt aus der Hand. Das Gerät fliegt auf die Drehtür zu und landet darin. Die Frau rennt ihm hinterher. Raissa folgt ihr. Die Kamera der Drehtür bemerkt die Frau und versetzt die Tür in Bewegung. Dabei zieht sie das Telefon, die Frau und Raissa ins Freie. Das Gerät landet im Schnee. Die Frau stürzt sich schreiend darauf. Raissa stapft durch den Schnee davon. Dass da ein Geist tiefe Abdrücke hinterlässt, fällt niemandem auf.

Wronski hat ihr zwar versichert, dass bei ihrer Flucht niemand tödlich verletzt wurde. Trotzdem hat Raissa nun ein schlechtes Gewissen. Valentina wird bestimmt alle diejenigen, die ihre Flucht nicht verhindert haben, dafür bezahlen lassen.

Oder auch nicht. Hat sie Raissa denn überhaupt noch gebraucht? Auf diesen Gedanken hat Graf Wronski sie gebracht, der geheimnisvolle Vater ihres Fahrers. Wolodja hat sie abgeholt, nicht mit seinem eigenen Wagen, aber mit Kira auf dem Beifahrersitz. Er hat sie zur Datscha ihrer Familie gebracht, in der Nähe eines großen Stausees.

Im Winter ist ihre Heimat besonders schön. Raissa weiß jetzt wieder, warum sie Russland liebt. Wegen des Schnees, des starren Winterwalds und wegen der Menschen. Sie muss unbedingt Nick davon berichten. Ihr Mann und ihr Sohn scheinen ihr so weit entfernt zu sein, dass sie sich fragt, ob sie noch Teil dieser Welt sind.

»Die Anlage ist bereit«, sagt Wronski.

Raissa wickelt sich in ein großes, buntes Handtuch ein. Es war ihre Idee, aus der Sauna zu senden. Nick wird begeistert sein. Wronski hatte bloß gelacht. Sie will gar nicht wissen, woher er die Hardware hat und wie er die Aufnahme in den RB-Datenstrom bringt. Selbst, wenn er mit Valentina zusammenarbeiten würde, wäre es ihr egal.

Nikolai wird wieder frei sein. Zwei KIs können sich nicht irren.

23. Dezember 2119, Eva

»BIST DU SICHER, dass das der richtige Punkt ist?«, fragt Nick.

»Ja, das habe ich dir doch schon acht Mal gesagt.«

Oskar zählt also mit, wie oft er eine bestimmte Auskunft erteilt? Wie kleinlich! Nick hält sich an der Decke fest. Hier ist er seinem Sohn am nächsten – falls er wirklich dort auftaucht, wo Oskar es berechnet hat. Und Jean-Pierre. Und er selbst zur Sicherheit auch noch. Sie fliegen seit Stunden auf diesen Ort zu, aber es ist nichts zu sehen.

Was zu erwarten ist. Nikolai kommt mit seinem Himmels-U-Boot ja erst dorthin. Sie müssen ihn im richtigen Moment abpassen. Wenn die Eva zu spät kommt, ist es zu spät. Kommt sie zu früh, ist es ebenfalls zu spät, denn sie können nicht einfach warten. Nikolai ist dann verloren. Beim nächsten Orbit wird die Supervalkyrie mit ihm an Bord bloß noch einen Punkt weiter innen erreichen, zu dem sie mit der Eva nicht vordringen können.

Es ist hart, wenn das Leben seines Sohnes von korrekten Berechnungen abhängt. Dass sie mehrmals nachgerechnet haben, bedeutet ja nichts. Es wäre möglich, dass sie jedes Mal von falschen Voraussetzungen ausgegangen sind. Das wäre … schrecklich.

»Ich habe eine Nachricht für dich«, sagt Oskar.

Der Roboter ist inzwischen wieder an Bord. Der hohe Druck hat ihm wirklich nichts ausgemacht.

»Von Nikolai? Hat er es sich anders überlegt?«

»Nein, Nick. Von Raissa.«

»Zeig sie mir, bitte.«

»Hier? Dann sehen alle zu.«

Nick sieht sich von der Decke aus um. Witali hat sich auf seinem Sitz angeschnallt. Die Katze hat es sich auf seinen Knien bequem gemacht. Oskar befindet sich vor dem Pult der Schiffssteuerung. Es sind seine Freunde. Er vertraut ihnen.

»Ja, das können ruhig alle sehen«, sagt er.

»Wie du willst«, sagt Oskar.

In der Mitte der Zentrale erscheint eine dreidimensionale Figur. Oskar hat ihm nicht erzählt, dass es sich um eine Holo-Übertragung handelt. Aber er hat auch nicht gefragt. Es ist Raissa, und sie sitzt nackt auf einem Holzmöbel.

»Hallo, mein Schatz«, sagt sie. »Ich melde mich aus der Datscha eines guten Freundes.«

»Bild aus«, sagt Nick.

»Ich dachte mir, dass du sicher nichts dagegen hast, mich so zu sehen.« Jetzt ist nur noch Raissas Stimme zu hören. »Vielleicht motiviert es dich, noch schneller zur Erde zurückzukommen. Oskar hat mir erklärt, wie eure Lösung aussieht. Es ist eine gute Idee, und ich danke dir sehr, dass du unseren Sohn nach Hause bringen wirst.«

Hoffentlich irrt sie sich da nicht. Erstens haben sie Nikolai noch nicht eingefangen, und zweitens hat er nicht gesagt, dass er mit ihnen zur Erde zurückkommen will.

»Um mich musst du dir jedenfalls keine Sorgen mehr machen«, sagt Raissa. »Ich habe die richtigen Menschen kennengelernt. Russland ist nicht RB. Es gibt hier gute Seelen, die helfen, wenn jemand in Not geraten ist. Ich fühle mich richtig wohl unter ihnen. Rosie wird noch ein bisschen auf mich verzichten müssen. Ich glaube, sie ist darüber gar nicht so böse. Jedenfalls freue …«

Die Stimme friert ein.

»Ich muss euch leider unterbrechen«, sagt Oskar. »Wir sind kurz vor dem Treffpunkt. Gleich muss …«

Nick stößt sich von der Decke ab und schwebt nach unten. Auf dem Bildschirm der Schiffssteuerung sind zwei Ellipsen zu sehen, die sich gleich berühren werden. Er schaltet auf das Bugradar um. Jetzt kann es nur noch … Da! Ein Art Zigarre schält sich aus dem Nichts. Das ist also die Supervalkyrie? Ihre Form ähnelt einer kurzen, dicken Wurst. Am Heck besitzt sie sogar einen Zipfel.

»Darf ich vorstellen – die Supervalkyrie«, sagt Jean-Pierre. »Der ganze Stolz meiner Erbauer.«

»Deine Aufgabe wird es sein, dafür zu sorgen, dass es bei diesem Prototyp bleibt«, sagt Oskar.

»Ich freue mich darauf.«

Nick freut sich auf etwas anderes. Er schaltet auf die Bugkamera um, aber von dem Schiff, in dem sein Sohn sitzt, ist noch nichts zu sehen.

Sie fallen sich noch in der Schleuse in die Arme. Nikolai ist erwachsen geworden. Er ist ein breiter, starker Mann, nicht mehr der schlaksige Jugendliche, den er in Erinnerung hat. Er riecht nach Schweiß und Öl. Nick saugt den Geruch ein, um später Raissa davon erzählen zu können.

»Ich bin so froh, dass du da bist«, sagt Nick.

Seine Augen sind feucht, aber auch die Pupillen seines Sohnes glänzen.

»Es tut mir leid, dass ich euch solche Schwierigkeiten gemacht habe«, sagt Nikolai. »Mama und dir.«

»Das ist doch nicht deine Schuld. Du hast das Richtige getan. Valentina ist schuld, und sie hat nicht gewonnen, das ist die Hauptsache.«

Das stimmt nicht so ganz. Aber Nikolai in den Armen zu halten, ist das Wichtigste überhaupt.

»Dann versteht ihr mich? Ich habe so darauf gehofft.«

»Es geht um die Glühwürmchen, oder?«, fragt Nick und lässt seinen Sohn los.

»Sie kommunizieren über elektrische Ladungen«, erklärt Nikolai. »Darin sind sie uns überraschend ähnlich, nur dass ihre Nervenbahnen die Luftströmungen des Uranus sind. Die können sie sogar manipulieren, zum Beispiel mit Hilfe der Blitze, aber auch über die Schaffung von Druckunterschieden. Die elektrischen Entladungen benutzen sie auch, um sich zu ernähren. Sie zerlegen damit größere Moleküle in kleinere, die sie in ihren Zellen verarbeiten können. Die Zellen haben die Form langer Streifen, die viele Meter lang werden können.«

Nikolais Augen glänzen, wenn er von den Wesen erzählt. Er ist hier vollkommen in seinem Element. So glücklich hat Nick seinen Sohn selten erlebt.

»Sind sie vernunftbegabt?«, fragt er.

»Das weiß ich noch nicht«, sagt Nikolai. »Ich hoffe, es herausfinden zu können, bevor RB die Lebensgrundlage dieser Wesen zerstört.«

»Du wirst es herausfinden«, sagt Nick. »Du wirst …« Er verstummt.

»Ja, ich muss hierbleiben. Das verstehst du doch, Vater, oder?«

»Ich …«

Nick atmet tief durch. Die Vorstellung, seinen Sohn allein bei Uranus zurückzulassen, macht ihm Angst. Aber er darf ihm nicht im Weg stehen. Er ist ein guter Vater. Nikolai muss selbst entscheiden.

»Ich verstehe es«, sagt er. »Aber Mama wird es … treffen. Ich konnte dich immerhin sehen. Sie hat ihr Leben riskiert, um dich zu befreien.«

»Ich glaube, du unterschätzt sie. Mama ist stark. Ich nehme eine Video-Nachricht für sie auf. Es ist ja nicht für immer. Ich untersuche dieses einzigartige Ökosystem und finde alles über diese Wesen heraus.«

»Ich werde mit dem Laser auf Ferdinand jeden Versuch vereiteln, dich hier zu stören«, sagt Jean-Pierre.

»Und wir helfen dir dabei, deine Erkenntnisse in allen Fachmedien zu veröffentlichen«, sagt Nick. »Dann kann RB nicht mehr so einfach über Uranus verfügen. Die Atmosphäre muss ebenso gesperrt werden wie der Enceladus-Ozean.«

»Das wäre toll«, sagt Nikolai.

»Ich kann dich leider bei deiner selbstgestellten Aufgabe nicht unterstützen«, sagt Witali. »Aber ich lasse dir Medwjeshonok hier«. Witali lässt den kleinen Plüschbären vor Nikolais Gesicht tanzen. »Dann bist du nicht so allein.«

»Danke, Witali.«

»Es gibt aber eine kleine Nebenbedingung. Ich habe meiner Tochter versprochen, dass Medwjeshonok zur Erde zurückkehrt. Das musst du dann übernehmen.«

Nikolai lächelt. »Wenn deine Tochter es sagt, muss ich ja wohl.«

»Und dann kommst du auch deine alten Eltern auf der Erde besuchen«, sagt Nick.

»Versprochen«, sagt Nikolai.

»Ehem, ehem.« Nikolai räuspert sich.

Witali hat seinen Platz geräumt, damit Nikolai von dort aus seine Nachricht an Raissa aufnehmen kann. Er hat nichts dagegen, dass alle dabei zuhören. Sogar Mira hat sich eingefunden. Die Katze schnurrt auf Nikolais Knien.

»Soll ich deine Haare nicht doch noch vorher schneiden?«, fragt Oskar. »Ich verfüge über zahlreiche Programme. Deine Mutter würde sich bestimmt freuen.«

»Nein, danke«, sagt Nikolai. »Das ist sehr großzügig von dir.«

Oskar wackelt mit dem Arm. Er scheint nicht zufrieden zu sein.

»Du kannst mir nachher die Haare schneiden«, sagt Nick.

»Mir auch«, sagt Witali. »Bevor wir uns wieder in den Schlafsarg legen.«

Nick gefällt der Begriff nicht. Er wird ja darin wohl nicht

sterben. Oder sieht Witali das anders? Valentina hatte doch da etwas angedeutet.

»Was ist eigentlich mit deiner Krankheit, Witali?«, fragt Nick.

»Krankheit?«

»Valentina hat behauptet, für dich wäre der Aufwachprozess besonders anstrengend.«

»Ah, das! Nun, ich bin erblich vorbelastet, irgendwann an Demenz zu erkranken. Jedes Aufwachen aus dem Kälteschlaf kann theoretisch den Ausbruch der Krankheit auslösen. Aber ich habe beschlossen, darauf keine Rücksicht zu nehmen. Das Risiko liegt auch nur bei ein oder zwei Prozent.«

»Dann bin ich ja beruhigt«, sagt Nick.

»Und du tust gut daran«, sagt Oskar. »Die Chance, dass wir diese Mission allesamt wohlbehalten überstehen, lag laut meinen Simulationen nur bei 23 Prozent.«

»Davon höre ich zum ersten Mal«, sagt Nick.

»Ich wollte euch nicht unnötig beunruhigen«, sagt Oskar.

»Ehem, ehem.« Wieder räuspert sich Nikolai.

»Pssst«, sagt Nick.

»Liebe Mama«, beginnt Nikolai. »Ich bin dir so dankbar für alles, was du für mich getan hast, und entschuldige mich dafür, dass es dir notwendig erschien. Quatsch. Ich entschuldige mich nicht. Du hast es schließlich so gewollt, indem du mich zu einem denkenden Menschen erzogen hast. Das ist dir gelungen. Jetzt muss ich hier mein Projekt weiterverfolgen. Ich hoffe, du kannst noch ein paar Jahre auf mich verzichten. Du wirst auf jeden Fall öfter von mir hören als bisher, denn es wird zahlreiche neue Erkenntnisse aus der Uranus-Atmosphäre geben. Vielleicht kannst du mir helfen, sie zu veröffentlichen, denn Vater ist ja noch für eine Weile in seiner Eva unterwegs. Ich habe dich lieb, Mama.«

Witali klatscht. »Über so eine Nachricht hätte sich meine Frau auch gefreut«, sagt er.

Die Katze miaut, bis Nikolai sie streichelt.

»Wollt ihr sie eigentlich wieder mit zurücknehmen?«, fragt Nikolai.

»Ich weiß nicht«, antwortet Nick.

»Wir können es ja die Katze entscheiden lassen«, sagt Oskar. »Wenn sie dir bei deiner Abreise in die Schleuse folgt, bleibt sie bei dir, ansonsten ist ihr Platz weiter auf der Eva.«

Nachwort

Liebe Leserinnen und Leser,

Nick hat es geschafft! Trotz aller Wehwehchen und Schmerzen konnte er das Problem lösen – dank der Hilfe von Raissa, Witali, Oskar, Jean-Pierre und natürlich der Katze Mira. Ich muss ja gestehen, dass mich an manchen Tagen ähnliche Wehwehchen plagen wie unseren alternden Astronauten, zwar nur im Ansatz, aber es ist nicht zu erwarten, dass es besser wird. Altern ist eben nichts für Feiglinge. Trotzdem würde ich eine Reise, wie Nick sie erlebt hat, immer noch liebend gern antreten.

Die Wahrscheinlichkeit, Uranus zu besuchen, liegt für mich bei null Prozent. Deshalb bin ich Ihnen dankbar, dass ich diesen Flug trotzdem antreten konnte, wenn auch nur in Gedanken. Alles, was den Protagonisten passiert, geschieht ja in meinem Kopf zuallererst. Dann schreibe ich es auf, und heraus kommt eine hoffentlich wieder spannende Geschichte, mit Wendungen, die auch mich immer wieder überraschen. Ob Raissa in Akademgorodok geschnappt werden würde, wusste ich zum Beispiel bis kurz vor dem Schluss nicht.

Vermutlich wird Nick wegen seines fortgeschrittenen Alters nicht noch eine weitere Reise antreten. Es ist also an der Zeit, von ihm Abschied zu nehmen. Oskar dagegen ist unsterblich. Der Roboter bleibt uns also erhalten. Schiffskatze Mira wird die Zeit, die ihr noch bleibt, auf dem Weingut in Illinois verbringen dürfen – oder bei Nikolai. Was glauben Sie, wie sie sich entscheiden wird? Nikolai selbst wartet schon ungeduldig auf seinen ersten großen Auftritt. Auch wenn sein

Vater dagegen ist, scheint er ja in seine Fußstapfen treten zu wollen. Ich kann (da ebenfalls Vater) Nicks Ängste gut verstehen. Natürlich würde ich mich – wie Nick – auch nicht dagegen stellen. Nikolai schafft das schon.

Wen würden Sie denn gern einmal wieder treffen? Ich werde öfter nach Watson gefragt, der ja nach wie vor in seinem holografischen Universum existiert. Ich bin sehr gespannt darauf, wann er mich darum bitten wird, in einem Roman mitzuspielen. Für mich ist das ebenso überraschend wie für Sie. Falls es passiert, werde ich davon vorab natürlich nichts verraten. Es soll ja keine Spoiler geben.

Das nächste Buch, das Sie circa im Oktober von mir lesen können werden, wird »Die Schmiede Gottes« heißen. Es spielt um 2200. Forscher entdecken in einem Dunkelnebel in ziemlicher Erdnähe einen bisher unbekannten Kugelsternhaufen. Nachdem man nun weiß, dass er da ist, beobachtet man ihn intensiv aus allen Fernrohren. In dem Haufen bilden sich offenbar zahlreiche neue Sterne, viel mehr, als man bei seiner Größe erwarten würde. Aber es passiert noch mehr: Um die Sterne entstehen auch noch viele Planeten, und zwar in sehr kurzer Zeit. Der Kugelsternhaufen bekommt schnell den Beinamen »Schmiede Gottes«, weil die Planeten dort anscheinend wie vom Fließband laufen …

Was steckt hinter dem Phänomen? Es gibt mehrere Seiten, die daran Interesse zeigen. Zum einen die Kirche, die einen Gottesbeweis erhofft, zum anderen die Wissenschaft, die den Haufen als Beweis für neuartige Physik betrachtet. In dem Roman werden wir sehen, wie beide Seiten sich der Schmiede nähern (und das auch im Wortsinn).

Bald können Sie das Buch vorbestellen.

Damit wünsche ich Ihnen noch viele Erkenntnisse beim Lesen der folgenden Biografie des Uranus. Wie immer erhalten Sie das farbige PDF, wenn Sie es unter hardsf.de/fort setzung/ bestellen.

Sehr freuen würde ich mich über eine Rezension dieses Bandes. Sie hatten Freude an »Das Uranus-Fiasko«? Dann berichten Sie doch anderen davon, indem Sie die Adresse hardsf.de/links/2591997 aufrufen.

Herzliche Grüße,
Ihr Brandon Q. Morris

facebook.com/BrandonQMorris
patreon.com/hardsf
youtube.com/HardSF
amazon.com/author/brandonqmorris
instagram.com/brandonqmorris
pinterest.com/brandonqmorris
twitter.com/mmatting

Bücher von Brandon Q. Morris

Die letzte Kosmonautin

Wir schreiben das Jahr 2029, und die DDR feiert ihren 80 Jahrestag. Die Kosmonautin Mandy Neumann befindet sich seit mehreren Wochen an Bord der Raumstation „Völkerfreundschaft". Eigentlich wartet sie auf ihre Ablösung, doch als die ersten unerklärlichen Unfälle passieren, beschleicht sie der Verdacht, dass jemand ihre Mission sabotiert. Kurz darauf bricht der Kontakt zur Bodenstation ab, und sie muss um ihr Leben kämpfen.

Der einzige Mensch, der ihr dabei helfen kann, ist Tobias Wagner, ein Leutnant der Volkspolizei in Dresden. Er ist auf der Suche nach einem verschwundenen Physiker, der am Bau der Raumstation beteiligt war, und die Spur führt ihn in ein militärisches Sperrgebiet in der Lausitz. Schon bald gerät er in Konflikt mit seinen Vorgesetzten.

14,99 € – hardsf.de/links/1607630

Möbius

2056. Elisabeth ist Professorin für Mathematik. Vieldimensionale Formen haben es ihr angetan, die in der Wirklichkeit keine Entsprechung haben. Doch dann schickt ihr Chef sie zum Fundort eines realen Artefakts, das ihren Theorien entsprungen sein könnte – oder der Technologie einer außerirdischen Zivilisation.

28 Jahre zuvor. Physiker Max will nichts geringeres, als Einstein zu verbessern. Seine neueste Theorie scheint fehlerfrei – allerdings sagt sie das Ende der Menschheit voraus. Verhindern ließe sich die Auslöschung der Erde nur, wenn Max ein vieldimensionales Objekt fände. Es ist eilig, morgen ist es unweigerlich zu spät. Aber wie soll er diese Aufgabe erfüllen, wenn er als Physiker doch weiß, dass das gesuchte Artefakt gar nicht existieren kann?

4,99 € – hardsf.de/links/1880452

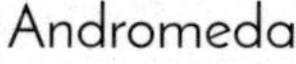

Andromeda

Ein Planet in der endlosen Leere, weit entfernt von jeder wärmenden Sonne. Und doch fristen Menschen hier ihr Leben, bevölkern die ausgedehnten Kavernen, arbeiten, lieben und leben. Seit undenklichen Zeit sind sie unterwegs, um dereinst Andromeda zu erreichen, die Nachbargalaxie der Milchstraße. Das ist die Prophezeiung der Altvorderen, das eine Ziel, das die Menschen vereint, ihr Kult.

Doch schließlich passiert etwas, das gar nicht passieren kann: Die Reise stoppt, weil der Planet in den Orbit um ein unbekanntes Objekt eintritt. Es ist in keinem Fernrohr sichtbar. Forscher zweifeln an seiner Existenz, ohne einen anderen Grund nennen zu können, warum der Weg zu Andromeda zu Ende ist.

Und dann beginnen die Botschaften.

4,99 € – hardsf.de/links/1654488

Die dunkle Quelle

Nach zwölf Jahren Funkstille empfangen Wissenschaftler plötzlich Informationen vom Kometen 67P. Der Lander, der dort abgesetzt wurde, galt eigentlich als defekt. Seine rätselhaften Botschaften beschäftigen bald Forscher in aller Welt. Von ihren zunächst sensationellen, dann aber beängstigenden Erkenntnissen motiviert, entschließt sich die NASA, ein bemanntes Raumschiff zu dem Kometen zu schicken.

Doch die Verbindung zu den drei Astronauten bricht ab – und niemand kann die dunkle Gefahr, die auf die Erde zukommt, jetzt noch stoppen …

3,99 € – hardsf.de/links/1090402

Amphitrite

Seit Jahren suchen Astronomen nach einem Planeten jenseits der Neptunbahn. Immer wieder finden sie Indizien – aber der schlagende Beweis, die Beobachtung, schlägt fehl.

Die vier Astronauten an Bord der Ganymed Explorer suchen keinen wissenschaftlichen Ruhm. Sie brauchen nichts weiter als einen sicheren Unterschlupf, so weit von jeglicher Zivilisation entfernt wie nur möglich. Dass ausgerechnet sie einen bisher unbekannten Planeten aufspüren, erscheint ihnen praktisch. Neugierig, geradezu freudig landen sie; Angst zu haben kommt ihnen nicht in den Sinn. Denn sie wissen noch nicht, was sie da gefunden haben: Amphitrite ist kein gewöhnlicher Himmelskörper. Es ist der schwarze Planet.

3,99 € – hardsf.de/links/1305827

Die Störung

Weiter als die vier Astronauten der Shepherd-1 ist noch nie jemand ins All vorgestoßen. Das Ziel ihrer Mission: die Entstehung des Kosmos zu beobachten. Ein Schwarm von Sonden soll so ausgerichtet werden, dass mit Hilfe der Sonne als Linse der Moment des Urknalls sichtbar wird.

Für die Astronomin Christine geht damit

ein Traum in Erfüllung. Um so größer ist die Enttäuschung, als über den ersten Bildern ein Schleier liegt, der jede Erkenntnis verhindert. Wie besessen arbeitet sie an einer Lösung, doch als es ihr tatsächlich gelingt, den Schleier zu lüften, sieht sie etwas, das besser verborgen geblieben wäre …

14,99 € – hardsf.de/links/1107664

Proxima Rising (Proxima 1)

Gegen Ende des 21. Jahrhunderts erreicht die Erde ein Hilferuf vom sonnennächsten Stern Proxima Centauri. Ein Strahlungsausbruch droht, die dortige Zivilisation zu vernichten. Die Menschheit ist ratlos, denn Hilfe zu leisten scheint technisch unmöglich. Einem russischen Milliardär gelingt es trotzdem, mit nicht ganz legalen Mitteln ein bemanntes Raumschiff auf die lange Reise zu schicken. Vor der ungewöhnlichen Crew steht eine übermenschliche Aufgabe. Erst recht, weil die Besatzungsmitglieder nicht mit dem rechnen, was der fremde Planet für sie bereithält.

3,99 € – hardsf.de/links/526922

Mars Nation 1

Endlich hat es die NASA geschafft: Der erste Mensch hat soeben seinen Fuß auf die Oberfläche unseres Nachbarplaneten gesetzt. Damit beginnt ein langer Forschungsaufenthalt, für den die Wissenschaftler ins All geschickt wurden.

Doch die vier Astronauten der Mars-Expedition sind nicht die einzigen mit diesem Reiseziel: Die durch Spenden finanzierte Initiative »Mars für Alle« zieht es ebenfalls auf den roten Planeten – die zwanzig Männer und Frauen möchten dort sesshaft werden und die erste Siedlung auf dem Mars gründen. Schon der Anfang birgt Schwierigkeiten: Das Raumschiff der MfA-Organisation, das kurz nach der NASA eintreffen soll, havariert im Orbit. Nur die vier NASA-Astronauten können jetzt noch helfen und versuchen, die Leben zu retten. Dabei ahnen sie nichts von der unvorstellbaren Katastrophe, die sich hinter ihrem Rücken anbahnt - und die ihre Existenz grundlegend in Frage stellt. Ganz zu schweigen von den alltäglichen Tücken, die ein Aufenthalt auf einem fremden Planeten mit sich bringen kann. Es beginnt ein Kampf um begrenzte Ressourcen, menschlichen Zusammenhalt und das nackte Überleben.

3,99 € – hardsf.de/links/527010

Einschlag: Titan

Vor 250 Jahren hat sich die Menschheit zum großen Teil selbst zerstört. Ein versprengter Haufen von Forschern und Astronauten hat kurz vorher auf dem Saturnmond Titan eine neue Heimat gefunden – und überlebt, indem sich ihre Nachfahren der lebensfeindlichen Umgebung genetisch angepasst haben. Die Titanier, wie sie sich nennen, sind stolz auf die faire Gesellschaft, die sie sich aufgebaut haben, und weinen der alten, langsam wiedererstarkenden Heimat nicht hinterher. Doch dann löst sich aus dem Asteroidengürtel ein 30 Kilometer großer Gesteinsbrocken und nimmt Kurs auf die Erde. Für deren Bewohner muss es so aussehen, als ob das tödliche Bombardement von Titan aus gestartet wurde. Können die Titanier den Einschlag noch verhindern?

3,99 € – hardsf.de/links/733807

Das Triton-Desaster

Nick hält zwar den offiziellen Weltrekord für Starts ins All, aber eigentlich reizt ihn sein Astronauten-Job schon lange nicht mehr. Erst, als seine Frau ihn verlässt, ändert er sein Leben. Er geht auf das verlockende Angebot eines russischen Milliardärs ein: Wenn er

eine simple Reparatur auf dem Neptun-Mond Triton übernimmt, ist er bei seiner Rückkehr mehrfacher Millionär und kann sich als Winzer in Kalifornien zur Ruhe setzen. Den Flug wird er allein unternehmen, und er dauert immerhin vier Jahre, doch das stört ihn nicht. Menschen mag er sowieso nicht besonders. Sein Auftraggeber verschweigt ihm allerdings etwas, das ihn sein Leben kosten könnte - und die Menschheit ihre Existenz ...

3,99 € – hardsf.de/links/680494

The Wall: Ewiger Tag

Judith Rosenberg, Kapitänin des Raumschiffes ARES, steht unter Druck. Nachdem die Vorgängermission abgestürzt ist, soll sie die ersten Menschen auf dem Mars absetzen. Maxim Gontscharow hat derweil mit anderen Problemen zu kämpfen. Er leitet den Aufbau einer internationalen Mondbasis am Südpol des Mondes, wo die Sonne fast immer scheint. Doch seiner Crew gehen langsam die Ressourcen aus. Die Menschheit scheint das Interesse am Mond verloren zu haben. Als die ARES auf einen interstellaren Besucher stößt, klären die Forscher auf dem Mond seine wahre Natur auf: eine Entdeckung mit furchtbaren Folgen, wie Judith und Maxim fast gleichzeitig feststellen müssen ... The Wall: Ewiger Tag schildert ein schicksalhaftes Ereignis, das das Sonnensystem und all seine Bewohner verändert. Doch jedes Schicksal besitzt zwei Seiten. In The Wall: Ewige Nacht von Joshua Tree lernen Sie die andere Seite kennen.

3,99 € – hardsf.de/links/618875

Der Untergang des Universums

Milliarden Jahre lang hat sich die unsterblich gewordene Menschheit in der ganzen Galaxis ausgebreitet. Ihre größte

Enttäuschung liegt darin, dass sie keine andere vernunftbegabte Spezies gefunden hat. Jetzt aber steht die Menschheit selbst vor dem Untergang, denn das Universum stirbt einen langsamen Tod. Ihre einzige Hoffnung liegt deshalb im »Rettenden Projekt«. Es soll das Schwarze Loch im Zentrum der Milchstraße in einen Quasar verwandeln, um den Menschen auch in ihren letzten Atemzügen genug Energie zu liefern. Doch dann geschieht etwas, das niemand erwartet hätte – und die Menschheit muss sich und ihre Existenz in völlig neuem Licht betrachten.

4,99 € – hardsf.de/links/527019

Clouds of Venus

Die Venus ist ein lebensfeindlicher Planet, bedeckt von aktiven Vulkanen. Trotzdem startet die NASA eine Expedition, die nach Leben suchen soll, denn die dichten Wolken der heißen Schwester der Erde könnten dafür gute Bedingungen bieten. Ein speziell entwickeltes Airship dient den vier Astronauten als Forschungsplattform. Doch dann entdecken sie auf der glühenden Oberfläche gefährliche Aktivitäten, für die es nur eine Erklärung geben kann: Dort muss eine hoch entwickelte Lebensform am Werk sein.

3,99 € – hardsf.de/links/527016

Helium-3: Kampf um die Zukunft

Das System ist ideal. Vier Gasriesen bieten die einmalige Chance, genug des seltenen Helium-3 abzubauen, um das Überleben ihrer Spezies zu sichern. Dafür haben sie eine lange und gefährliche Reise auf sich genommen – eine Expedition ohne Wiederkehr. Doch dann müssen sie feststellen: Sie sind nicht allein! Die Anderen sind genauso auf die wertvolle Ressource angewiesen wie sie – aber sie

sind so grundverschieden, dass eine Verständigung aussichtslos erscheint. Alles, was bleibt, ist ein Kampf auf Leben und Tod – und um die Zukunft…

3,99 € – hardsf.de/links/527009

The Hole

Ein mysteriöses Objekt droht, unser Sonnensystem zu zerstören. Obwohl das Überleben der Menschheit auf dem Spiel steht, nimmt niemand die Entdeckung der jungen Astrophysikerin Maribel Pedreira ernst. Währenddessen schürft an der Grenze unseres Sonnensystems eine eingeschworene Crew von Außenseitern auf einem Asteroiden nach seltenen Erzen – bis sich herausstellt, dass sie die Letzten und die Einzigen sind, die unsere Welt vielleicht noch retten können.

Denn The Hole rast unerbittlich auf die Sonne zu.

3,99 € – hardsf.de/links/526925

Silent Sun

Verhält sich die Sonne anders als vergleichbare Sterne? Als Astronomen auf Teleskopbildern eine seltsame Entdeckung machen, scheinen sie eine Erklärung für das Rätsel der Sonne gefunden zu haben. Was genau es ist, kann jedoch nur eine erfahrene Crew herausfinden. Vier Menschen machen sich auf den Weg und wissen genau: Was vor ihnen liegt, ist nicht nur bedeutsam für die Vergangenheit, sondern vor allem auch für die Zukunft der gesamten Menschheit.

3,99 € – hardsf.de/links/526991

Der Riss

Quer durch den Himmel verläuft ein Riss. Er ist über Nacht entstanden. Jeder Mensch kann ihn sehen, aber die Physiker verzweifeln, weil sie keinerlei Signale empfangen. Der Riss besteht buchstäblich aus Nichts. Zunächst scheint keine Gefahr von ihm auszugehen, doch dann passiert etwas, das die schlimmsten Befürchtungen der größten Pessimisten weit übertrifft.

3,99 € – hardsf.de/links/527001

Enceladus (Eismond 1)

Im Jahre 2031 finden Forscher in den Signalen einer Roboter-Sonde, die den Saturnmond Enceladus studiert, eindeutige Spuren biologischer Aktivität. Beweise für außerirdisches Leben – eine Weltsensation. Fünfzehn Jahre später macht sich ein eilig dafür gebautes, bemanntes Raumschiff auf die weite Reise zum Ringplaneten. Der Crew stehen nicht nur schwierige siebenundzwanzig Monate bevor: Falls sie es ohne Zwischenfall bis zum Enceladus schafft, muss sie mit einem Bohrschiff den Eispanzer des Mondes durchdringen. Denn Leben kann nur am Grunde des ewig dunklen Salz-Ozeans existieren, der sich vor Milliarden Jahren in der Schale des Eismondes gebildet hat, sagen die Astrobiologen. Doch schon kurz nach dem Start macht eine Katastrophe ein glückliches Ende des Abenteuers höchst unwahrscheinlich.

2,99 € – hardsf.de/links/526930

Eismond - der Sammelband (Eismond 1-4)

Der Sammelband enthält die vier aufeinander aufbauenden Romane »Enceladus«, »Titan«, »Io« und »Enceladus – die Rückkehr«. Hinweis: »Enceladus«, das erste Buch der Reihe, ist hier in einer speziellen Version enthalten, die einer chronologischen Erzählweise folgt und einige zusätzliche Szenen bietet.

9,99 € – hardsf.de/links/526924

Die neue Biografie des Uranus

KAUM EIN HIMMELSKÖRPER in unserem Sonnensystem verdient seine Beinamen »Blauer Planet« oder »Eisriese« so sehr wie Uranus. Was hat den Gasriesen so blau gefärbt, und warum liegt er umgekippt auf der Seite?

Uranus ist zwar noch mit bloßem Auge am irdischen Nachthimmel zu erkennen, doch wegen seiner großen Entfernung zur Erde blieb seine langsame Relativbewegung lange unbemerkt, er galt als Fixstern. Erst 1781 entdeckte der deutschstämmige Brite Wilhelm Herschel den siebenten Planeten als solchen mit Hilfe des Fernrohrs. Als Einwanderer besonders patriotisch, benannte ihn der Astronom zunächst nach seinem König als »Georgs Stern«. Die Franzosen hingegen, nicht sehr erfreut, gaben ihm Herschels Namen. Als Kompromiss schlug der deutsche Astronom Johann Bode schließlich vor, den griechischen Gott Uranos als Namenspaten zu wählen. Es sollte 1850 werden, ehe sich der Name (schließlich in latinisierter Schreibweise) durchsetzte.

Ein einziger Besucher

Unser aktuelles Wissen über Uranus beziehen wir zum einen aus Bildern und Daten der Voyager-2-Sonde, zum anderen über Beobachtungen mit erdgebundenen Teleskopen und dem Hubble-Weltraumteleskop. Uranus ist ein Gasplanet wie Jupiter und Saturn. Wegen seiner chemischen Zusammensetzung jedoch gilt er wie Neptun als Eisriese. Lassen Sie sich nicht von dem Begriff verwirren: Uranus ist keineswegs ein riesiger Eisball. Vielmehr besitzt er die geringste Dichte aller Gasplaneten.

Dass der Planet aus der Ferne so blau wirkt, hat er Methanmolekülen der vorwiegend Wasserstoff und Helium enthaltenden Atmosphäre zu verdanken, aus denen seine obersten Wolkenschichten bestehen und die das Licht vor allem im blauen Bereich reflektieren. Direkt darunter haben die Forscher Schichten aus Schwefelwasserstoff-Wolken ausgemacht, unter denen sich Ammoniumhydrogensulfid-Wolken und schließlich Wolken aus gewöhnlichem Wasser befinden. In dieser Höhe beträgt der Druck allerdings schon 50 bis 100 Erdatmosphären.

Noch weiter unten beginnt (bei allmählichem Übergang) der Mantel, der aus Wasser, Ammoniak und Methaneis aufgebaut ist. Durch den hohen Druck liegen diese Stoffe hier jedoch fließfähig vor, sodass man Uranus von seinen physikalischen Eigenschaften her als Flüssigkeits-Planet beschreiben könnte. Die Schicht wird deshalb auch Wasser-Ammoniak-Ozean genannt. Im Innersten des Eisriesen dürfte sich ein fester Kern aus Gestein, Eisen und Nickel befinden, in dem eine Temperatur von etwa 5000 Grad Celsius herrscht.

Der kälteste Planet

Der Begriff »Eisriese« hat noch einen zweiten Hintergrund: Uranus ist zweifellos der kälteste Planet des Sonnensystems. Daran ist aber nicht die geringe Sonneneinstrahlung schuld. Zwar kreist Uranus in etwa 19-facher Erdentfernung um die Sonne, die am Himmel dort als kleine Scheibe erscheinen muss. Trotzdem strahlt sie noch 1100-mal heller als der Erdmond am irdischen Nachthimmel. Anders als die anderen Planeten strahlt Uranus jedoch nicht mehr Wärme ab, als ihm auf diese Weise zugeführt wird. Der etwa gleich große

Neptun strahlt zweieinhalbmal so viel Wärme ab. Seine Temperatur liegt denn auch bei nur minus 214 Grad Celsius.

Uranus' Kindheitstrauma

Die Forscher können sich zwei Ursachen dafür vorstellen. Zum einen könnte es eine interne Schicht im Inneren des Planeten geben, die den Wärmeabfluss aus dem Kern behindert. Zum anderen könnte auch ein katastrophales Ereignis in Uranus' Jugend daran schuld sein: Damals könnte ein etwa erdgroßer Himmelskörper den Planeten getroffen haben. Dieser raubte seinem Kern einen Großteil der Wärme – und kippte gleichzeitig seine Rotationsachse auf die Seite, sodass der Uranus nun wie eine in Bewegung gesetzte Murmel um die Sonne wandert.

Die Kugel des Planeten wälzt sich quasi über die Bahn. Da der Uranus zudem rückwärts rotiert (das macht ihm sonst nur noch die Venus nach), zeigt während der Hälfte des 84 Erdjahre dauernden Uranus-Jahres die Nordhälfte zur Sonne, während der anderen die Südhälfte. Auf dem Uranus herrschen Tag und Nacht also jeweils für sehr lange Zeit.

Eine gemütliche Kugel

Dadurch erklärt sich auch, dass es in der Atmosphäre des Uranus eher ruhig zugeht. Es ist so viel Zeit für den Temperaturausgleich, dass so hohe Windgeschwindigkeiten wie etwa auf dem Saturn nicht erreicht werden. Als Voyager 2 den Planeten besuchte, zeigte er sich fast völlig schlafend. Inzwischen haben Teleskop-Aufnahmen allerdings bewiesen, dass auch Uranus durchaus Stürme hervorbringen kann. In der Atmosphäre liegen die Windgeschwindigkeiten bei 700 Kilometern pro Stunde. Es ist eine Bandstruktur ähnlich wie bei Saturn zu beobachten, wobei manche Wolkenschichten schneller rotieren als der Planet selbst. Wirbelstürme können sich teilweise für mehrere Monate halten.

Eine hübsche Abwechslung bieten dem Uranus-Touristen

die Polarlichter an Nord- und Südpol. Sie zeugen davon, dass Uranus ein ausgeprägtes Magnetfeld besitzt. Das weist eine Besonderheit auf: Es besteht nämlich aus zwei Nord- und zwei Südpolen und baut zwischen diesen eine stark asymmetrische Struktur auf. Das zweite Polpaar besitzt seinen Ursprung nicht im Kern des Planeten, sondern bei etwa einem Drittel des Planetenradius nach außen, Richtung Süden. Für die Entstehung des Magnetfeldes dürfte die elektrisch leitfähige Flüssigkeit im Wasser-Ammoniak-Ozean verantwortlich sein.

Ringe und Monde

Uranus schmückt sich wie die anderen Gasplaneten mit Ringen. Diese trägt er allerdings mit ausgeprägtem Geschmack; sie schwingen wie Hula-Hoop-Reifen um seine Hüften. So gleicht Uranus ein wenig aus, dass seine Ringe im Vergleich zu denen des Saturn ziemlich kümmerlich sind: Ihre Masse entspricht etwa der Masse der Teilchen in der auf den ersten Blick leeren Cassini-Teilung der Saturnringe.

Die Ringe bestehen aus Staub und Gesteinsbrocken von bis zu 10 Metern Größe, teilweise auch aus Eis. Sie sind schmal und deutlich voneinander abgegrenzt. Teilweise fungiert ein kleiner Mond als Stabilisator und Versorger mit frischem Material.

Auch mit seinen Monden kann Uranus unter seinen Gasgeschwistern kaum glänzen. Zwar sind fünf davon zumindest rund und nicht irregulär, doch ihre Gesamtmasse liegt bei weniger als der Hälfte des Neptunmondes Triton. Die meisten Uranus-Monde sind zudem nicht besonders hell und wirken eher wie schmutzige Schneebälle, die je zur Hälfte aus Gestein und aus Eis bestehen.

Miranda – der Canyon-Mond

Miranda umkreist den Uranus knapp außerhalb seiner Ringe. Wie der Erdmond, zeigt Miranda dem Planeten stets dieselbe Seite. Das führt dazu, dass ähnlich wie auf dem Uranus selbst im Jahresverlauf deutliche Temperaturunterschiede auftreten. Welche Bedeutung diese für die spektakuläre Oberfläche von Miranda haben, wissen die Forscher noch nicht.

Vermutlich ist das heutige Antlitz von Miranda das Ergebnis tektonischer Vorgänge vor langer Zeit, als der Mond noch eine exzentrischere Bahn um Uranus besaß und deshalb kräftig von dessen Gravitation durchgeknetet wurde. Verpassen Sie auf keinen Fall die riesigen, bis zu 20 Kilometer hohen Klippen, die Verona Rupes. Um die Ecke, in der Elsinore Corona, sehen aus, als hätten dort früher einmal Pferderennen stattgefunden. Die Coronae ähneln Rennstrecken zumindest aus der Ferne. Bei näherem Hinsehen stellt man allerdings fest, dass die Furchen, aus denen sie bestehen, ein paar hundert Meter tief sein können. Die Coronae müssen relativ jung sein, da sie in geringerem Maße als die Umgebung von Kratern übersät sind.

Ariel – der helle Mond

Nach dem Abstecher zu Miranda liegt Ariel auf dem Weg – das galt auch für die Voyager-2-Sonde, der wir die scharfen Bilder von Uranus' viertgrößtem Mond zu verdanken haben. Für Ariel gilt ein Aufbau von Hälfte Eis – Hälfte Gestein als wahrscheinlich. Ariel besitzt ähnliche Narben wie Miranda, doch sind diese wohl jüngeren Ursprungs.

Da die Umlaufbahn des Mondes nicht ganz konzentrisch ist, muss er sich von Uranus' Anziehungskräften durchwalken lassen. Das hat zur Bildung interessanter Formationen geführt. Wie so oft, sind die auffälligsten Features nicht die spannendsten: Die Gräben, die den ganzen Mond überziehen, sind zwar einige Kilometer breit, besitzen aber eher ein abgerundetes Profil mit Klippen, die kaum höher als 1000 oder 2000 Meter sind. Die Ebenen jedoch, die sich durch geringe Kraterzahl auszeichnen, könnten einst von einer dickflüssigen Wasser-Ammoniak-Mischung überschwemmt worden sein und Schild-Vulkane ähnlich wie auf der Erde gebildet haben – nur nicht mit Magma, sondern mit eiskaltem und doch flüssigem Material.

Ariels Oberfläche scheint weitgehend eisbedeckt, deshalb

ist er wohl auch der hellste Mond des Uranus. Spektroskopisch hat man außerdem Kohlendioxid festgestellt, dessen Herkunft nicht ganz klar ist. Der Eismantel um den festen Kern ist etwa 200 Kilometer dick. Die Forscher halten es für unwahrscheinlich, dass es wie beim Saturn-Mond Enceladus einen flüssigen Ozean in der Tiefe geben könnte.

Titania – Uranus' größter Mond

Titania besitzt mit die höchste Dichte unter den Uranus-Monden. Der achtgrößte Mond im Sonnensystem scheint dem Saturn-Mond Enceladus zu gleichen. Auch ihm trauen die Forscher einen flüssigen Ozean innerhalb der Kruste zu. Er läge in 50 Kilometern Tiefe und wäre minus 80 Grad Celsius kalt.

Canyons wie die Messina Chasmata, fast 1500 Kilometer lang und mit bis zu 5000 Meter hohen Wänden, sind eigentlich riesige Brüche in der Eiskruste. Sie entstanden, weil der Mond etwa 0,7 Prozent an Volumen zulegte.